La Fragmentación Política Argentina:
Presidentes y Antinomias

Máximo Leibman

Copyright © 2009 Máximo Leibman

All Rights Reserved

ISBN 978-0-9564636-0-9

Cover Art by Lucas Leibman

Índice

Introducción..1

Primera Sección – DEMOCRACIA E INESTABILIDAD POLÍTICA..................................8

Capítulo I – LA CAUSA VS. EL RÉGIMEN (1916-1922; 1928-1930)..............................9
   1. Destruir para reparar
   2. La Nación vs. el régimen, el imperialismo y los obreros contestatarios
   3. Personalistas vs. antipersonalistas
       a) El 'enemigo interno' en el Congreso Nacional y las provincias

Capítulo II – PUEBLO VS. OLIGARQUÍA (1946-1955)...17
   1. Braden o Perón
   2. La polarización de la política argentina
   3. La 'peronización' de la Argentina
       a) Todo argentino debía ser peronista
       b) Descamisados vs. explotadores
       c) La desunión nacional
       d) La erradicación de los extremismos
   4. "Cuando uno de los nuestros caiga, caerán cinco de ellos"
       a) La apropiación de la 'identidad cristiana'
       b) Peronismo vs. antiperonismo

Capítulo III – PERONISMO VS. PERONISMO (1970-1976)..33
   1. El retorno a antiguas antinomias
   2. El Justicialismo: La idiosincrasia argentina
   3. La exclusión de la izquierda peronista
   4. El Estado vs. la subversión

Segunda Sección – SEMI-DEMOCRACIA O SEMI-AUTORITARISMO............................45

Capítulo I – DEMOCRACIA LIMITADA VS. DEMOCRACIA PLENA (1932-1943)............46
   1. El ocultamiento discursivo de la exclusión política
   2. Fraude electoral y exclusión política
   3. El discurso republicano de un Gobierno fraudulento
       a) Vencedores vs. vencidos, perseguidores vs. perseguidos
   4. La continuación del régimen fraudulento y la exclusión política
       a) La Segunda Guerra Mundial y la identidad política nacional

Capítulo II – LOS ENEMIGOS: PERÓN, LA DICTADURA Y EL COMUNISMO
(1958-1966)...53
   1. El triunfo electoral a partir de la proscripción del peronismo y el enfrentamiento del Gobierno con la dictadura
   2. "Un enemigo real: El comunismo"
   3. La 'desperonización' de la clase trabajadora y la erradicación del comunismo

Tercera Sección – AUTORITARISMO..64

Capítulo I – LOS NACIONALISTAS VS. LA UCR (1930-1932)..65
    1. Los nacionalistas vs. la democracia
        a) La exclusión política de los partidos
        b) La sucesión presidencial y la disyunción entre la sociedad política y la sociedad militar

Capítulo II – LA BÚSQUEDA DE UNA NUEVA HEGEMONÍA
    (1943-1946)...69
    1. El Gobierno militar vs. los Gobiernos fraudulentos y el comunismo
    2. El Gobierno militar vs. el fraude electoral
    3. El Gobierno militar vs. los políticos civiles

Capítulo III – ANTIPERONISMO VS. PERONISMO (1955-1958; 1966-1970)..................74
    1. El antiperonismo de la Revolución Libertadora
        a) La 'desperonización' de la Argentina
        b) La proscripción del peronismo
        c) Los peronistas: "Enemigos irreconciliables de la argentinidad"
        d) El exterminio de la oposición
    2. La Revolución Argentina: Autoritarismo y exclusión política
        a) La 'unidad nacional' a partir de la exclusión de los 'enemigos internos'
        b) El Gobierno militar vs. los enemigos de la Revolución Argentina
        c) El GAN y la exclusión política de los 'enemigos internos'

Capítulo IV – LA NACIÓN VS. SUS ENEMIGOS INTERNOS Y EXTERNOS
    (1976-1983)...95
    1. La eliminación de la subversión
    2. La búsqueda de la 'unidad nacional'
    3. Argentina vs. Inglaterra
    4. El discurso democrático de la dictadura

Cuarta Sección – DEMOCRACIA Y ESTABILIDAD POLÍTICA...................................109

Capítulo I – UNA EXCEPCIÓN AL PARADIGMA AMIGO-ENEMIGO
    (1922-1928)...110
    1. La integración y la ilustración democrática de las masas populares
    2. Un remedio contra los 'enemigos internos': El pluralismo ideológico
    3. La integración política de los Otros

Capítulo II – AUTORITARISMO O DEMOCRACIA: EL DILEMA ARGENTINO
    (1983-1989)...114
    1. La ruptura con el pasado autoritario
    2. La misión del Gobierno radical: La consolidación de la democracia
    3. La reversión del paradigma amigo-enemigo y la relación del Gobierno democrático con las Fuerzas Armadas
    4. La ruptura con el paradigma amigo-enemigo
    5. La creación de una identidad política democrática
        a) Protagonismo popular, pluralismo ideológico, libertad y tolerancia
        b) El sujeto democrático

6. La sucesión presidencial: La consolidación de la democracia argentina y el fin de la visualización del adversario político como 'enemigo interno'

Capítulo III – EL FIN DE LA IDENTIFICACIÓN POR ALTERIDAD
   (1989-1999)..128
   1. Un Gobierno de 'unidad nacional'
   2. El adversario ya no es el 'enemigo'
   3. Tolerancia y pluralismo ideológico
   4. La reforma constitucional y la consolidación de la democracia
      a) La evolución de la democracia argentina

Capítulo IV – CRISIS SIN ENEMIGOS (1999-2001)..135
   1. La crítica de un Gobierno democrático a su par saliente
      a) Honestos vs. corruptos
      b) Sí al pluralismo ideológico, no a la violencia
   2. La crisis: Reflejo de la consolidación de la democracia argentina

Conclusiones Finales..141

Epílogo...144

Notas...149

Apéndice..158

Bibliografía y Fuentes..162

Introducción

La generación de argentinos nacidos entre finales de la década del 70 y principios de los 80 creció sabiendo que el país democrático que tenía el privilegio de habitar era muy distinto al país que habían conocido sus padres y abuelos. A pesar de la crónica crisis socioeconómica que afectaba y aún afecta a la Argentina, los argentinos de mi generación aprendieron que debían sentirse afortunados por vivir en una Argentina democrática. La Argentina del siglo XX se caracterizó por el enfrentamiento de una sociedad que, llevada por sus líderes, oscilaba entre extremos y cambios de rumbo desconcertantes, donde los héroes de hoy eran los villanos de mañana y viceversa. Intrigado por este fenómeno decidí ahondar en el tema. Mi intención fue comprender qué era lo que había distanciado a los distintos sectores del pueblo; por qué Argentina no había logrado alcanzar una identidad política nacional indiscutida. Comprendí que un buen comienzo para estudiar esa disputa, producto de la cual yo observaba una suerte de fragmentación atravesándola, convenía analizar su origen, el cual, a mi entender, residía en una cuota importante en el mensaje ideológico que el Estado – vía los presidentes de la República – transmitía a la ciudadanía. Por consiguiente, opté por estudiar esta fragmentación político-ideológica a través del discurso presidencial.

Fundamentos teóricos. Detrás de los discursos de cada Gobierno existe una ideología política. En la revisión de los discursos presidenciales se observa que en la Argentina existió una indiscriminación conceptual entre los proyectos políticos de los Gobiernos militares y de los Gobiernos democráticos. Esto hizo que los discursos presidenciales indistintamente utilizaran conceptos como 'soberanía', 'unión nacional', 'integración nacional' e 'identidad nacional', con una amplia variedad de matices. Asimismo, conceptos como: 'ética', 'enemigo', 'Nosotros', 'Otros',[1] 'pueblo', 'nación' y 'Estado Argentino' han sido evocados desde signos opuestos. Estas ideas se expresan, metodológicamente, como pares de opuestos y antinomias que surgen de la lógica del discurso.

En Argentina, la identidad política nacional o la definición de ésta, ha sido un tema de constante conflicto, en gran parte debido a una recurrente tensión entre el autoritarismo y la democracia. Lejos de haber quedado definida de manera compartida, la identidad política nacional argentina tiene un núcleo confrontativo, resultado de una historia en la cual los distintos Gobiernos contribuyeron a la fragmentación de la misma. Esto hizo que, al comenzar la tercera ola democratizadora (Huntington, 1991), el Gobierno de Raúl Alfonsín, en 1983, tuviese un importante déficit democrático, caracterizado por la fragmentación de la identidad política nacional y, consecuentemente, la incapacidad de contener a la diversidad de subgrupos que operaban negativamente en la nueva escena política.

Al estudiar las ideologías argentinas se advierte que existió un momento histórico donde se procuró consolidar la 'argentinidad' a partir de la creación del Estado Nacional, dando origen a la identidad nacional argentina como elemento integrador de una sociedad cada vez más heterogénea. A pesar de ello, el espacio simbólico común de los argentinos como comunidad no logró, a lo largo de su historia, ser expresado metafóricamente por un sentido, un relato o una imagen colectiva que contenga o articule a la diversidad de subgrupos. Por el contrario, una fractura irreconciliable ha dividido a Nosotros de los Otros; fractura que se oculta bajo la presunción de una supuesta homogeneidad. Tanto Gobiernos democráticos que alcanzaron el poder a través del sufragio popular como Gobiernos autoritarios que llegaron a la conducción del país mediante golpes de Estado, tendieron a alimentar una visión de la Argentina como nación amenazada desde el exterior del país – por supuesto – pero en alianza con los de adentro (los 'enemigos internos'). Consecuentemente, la necesidad histórica de la continuidad de la nación como un todo motorizó y retroalimentó mecanismos de integración propios de esta partición. El Nosotros argentino asumió una homogeneidad donde el Otro era el 'enemigo'.

En la Argentina, tanto Gobiernos autoritarios como democráticos creyeron necesario recrear o sanear a la Nación, dándole un carácter refundacional a cada asunción presidencial. Esto hizo que en cada período presidencial se visualizara la existencia de Otros identificados como enemigos. En los sucesivos mensajes de los presidentes a la ciudadanía desde el primer Gobierno democrático, en 1916, y por lo menos hasta 1983, un sector de la población ha sido excluido, negado o visualizado como un 'enemigo interno', el cual ha sido identificado como 'antipatria'. Se implantaba en la sociedad, desde la cima misma del Gobierno, la existencia de un Otro cuyos intereses eran enemigos de la Nación Argentina. Esta falta de aceptación de la alteridad tanto bajo Gobiernos autoritarios como democráticos, más la imposición por parte de un sector de su propio sentido de nacionalidad, impidió llegar a un consenso capaz de contener las diferencias entre estos grupos, lo que resultó siempre en la anulación del ideal de nación (conjuntamente con los intereses, los valores, los héroes, etc.) de los vencidos. Esto formó parte de la fragmentación de la identidad política nacional argentina, la cual ha sido confrontativa en su esencia. No obstante, y a pesar de los diversos argumentos en contrario, los presidentes de la tercera ola democratizadora lidiaron exitosamente con esta fragmentación. Esto se vio reflejado en la crisis de 2001, donde lo acontecido se dio dentro de un marco constitucional; no hubo golpe de Estado ni intervención militar de ninguna naturaleza; tampoco emergió un 'enemigo' a exterminar o erradicar como en el pasado, pese al recordado "¡Que se vayan todos!".

Resumiendo, entre 1916 y 1983, en general los presidentes – bajo diferentes argumentos y situaciones conflictivas – tendieron a promover, desde el discurso, el paradigma amigo-enemigo. Visualizaban a los adversarios políticos como 'enemigos internos' a exterminar o excluir de la vida política nacional. Esta división dilemática en términos de la aniquilación del Otro mostró un cambio a partir de 1983, con consecuencias positivas para la construcción de la democracia. Existe una diferencia clave en la dimensión política de la identidad nacional antes y después del arribo de la tercera ola democratizadora a la Argentina, en 1983. Previamente, esa dimensión se hallaba fragmentada por un Otro denunciado como 'enemigo interno'. Desde el retorno a la democracia, semejante fragmentación ha tendido a diluirse, se busca la coincidencia y la coexistencia a través de la legitimación de los marcos constitucionales, poniendo fin a los golpes de Estado en la Argentina.

Presidencialismo. Otro motivo por el cual esta investigación se basa en el análisis del discurso presidencial nació del argumento que sostiene que el presidencialismo ha sido uno de los factores que han contribuido a la inestabilidad política en América latina (Linz, 1990). Por ende, al ser Argentina un país presidencialista, se adoptó el análisis de discursos presidenciales como fuente para el estudio de la temática de esta tesis. Ahora bien, se debe aclarar qué se entiende por términos como 'democracia' y 'democracia presidencialista'. Conforme a su procedimiento, la definición de democracia debe satisfacer tres criterios (Mainwaring; Shugart, 2002). Primero, una democracia debe celebrar elecciones abiertas y competitivas que determinen quién será el encargado de establecer la política pública. En otras palabras, los resultados de elecciones no pueden ser determinados por medio del fraude, la coerción o proscripciones importantes. Un país determinado puede tener un conjunto de instituciones que parezcan formalmente democráticas y, a pesar de ello, el carácter democrático del funcionamiento real del sistema puede ser severamente cuestionado. Los comicios deben, principalmente, contemplar la posibilidad de alternancia en el poder, aún cuando la alternancia de hecho no se produzca durante décadas. En segundo lugar, en el período contemporáneo debe existir el sufragio adulto prácticamente universal. Tercero, deben estar presentes las garantías fundamentales para los derechos civiles tradicionales, tales como la libertad de palabra, la libertad de organización y el debido proceso legal.

Existen dos definiciones características de 'democracia presidencialista': Una, el jefe del Ejecutivo (presidente) es popularmente electo; y dos, los mandatos tanto del presidente como de la asamblea son fijos. Estas características pueden ser contrastadas con las del parlamentarismo, en el cual: (a) el jefe del Ejecutivo (primer ministro) no es elegido en forma popular sino que, en cambio, es elegido por el Parlamento; y (b) los mandatos no son fijos, dado que la permanencia en el poder del primer ministro y su gabinete depende de la confianza de la mayoría parlamentaria, y el gabinete tiene el poder de disolver el Parlamento y convocar a elecciones anticipadas. Los rasgos fundamentales del presidencialismo – cualesquiera sean las variaciones que existan entre sus diversos tipos – son el origen separado (es decir, la elección popular del Ejecutivo) y la permanencia independiente (o sea, que ni el Ejecutivo ni el Legislativo pueden recortar el mandato del otro).

Las críticas al régimen presidencialista se originaron a partir de evidencia empírica, la cual develó el mal funcionamiento de los sistemas presidencialistas, al menos en lo referido a la sustentabilidad de la democracia a lo largo de períodos prolongados. Mayormente, las críticas al presidencialismo se basan en la observación de que ha habido pocas democracias presidencialistas estables por períodos prolongados. Una frecuente conclusión es que la democracia presidencialista es menos exitosa que la democracia parlamentaria. Un estudio realizado por Stepan y Skach, en 1994, determinó que de las 43 democracias consolidadas existentes en el mundo entre 1979 y 1989, había 34 sistemas parlamentarios, 2 semi-presidencialistas, y sólo 5 presidencialistas. Los autores indicaron que el predominio abrumador de los sistemas parlamentarios dentro del conjunto de las democracias era indicativo de una capacidad mayor para sostener la democracia. En segundo término, observaron que los sistemas parlamentarios tenían probabilidades mucho mayores que los sistemas presidencialistas de ocupar los primeros lugares en el Índice de Democratización de Vanhanen, mientras que los sistemas presidencialistas tenían probabilidades mucho mayores de encontrarse entre los últimos. Sin embargo, este dato también ha sido refutado.

Los estudiosos del tema no basaron sus críticas hacia el presidencialismo sólo en las correlaciones entre el tipo de régimen y el historial de éxitos y fracasos democráticos. Sin embargo, a raíz de esta correlación han identificado varias debilidades características de los sistemas presidencialistas. La primera crítica consiste en que el mandato fijo del cargo presidencial introduce una rigidez que es menos favorable a la democracia que la flexibilidad que ofrecen los mecanismos parlamentarios de no confianza y disolución, argumentando que el mandato presidencial fijo provoca dificultades a la hora de hacer frente a crisis importantes. Otra de las críticas hacia los sistemas presidencialistas es que éstos presentan mayores tendencias al inmovilismo que los sistemas parlamentarios, por dos razones principales: en comparación con los sistemas parlamentarios, los sistemas presidencialistas son más aptos para engendrar Gobiernos de minoría y poderes ejecutivos débiles; los sistemas presidencialistas son menos capaces que los sistemas parlamentarios de manejar esos problemas cuando surgen. Una tercera crítica sostiene que el presidencialismo "incorpora una lógica en la que 'el ganador se lleva todo' que es poco favorable a la estabilidad democrática". Finalmente, existe una cuarta crítica que refiere a la elección popular directa de los presidentes, que en sí misma parece ser un "desiderátum". Sin embargo, el lado negativo de las elecciones populares directas es que pueden resultar elegidas personalidades ajenas a la clase política con escasa experiencia en política partidaria y legislativa.

En un estudio reciente se observa que la facciosidad del oficialismo actúa como una variable de inestabilidad política, mientras las movilizaciones sociales contra el presidente detonan la remoción de éste (Ollier, 2006). Todo análisis sobre la facciosidad del oficialismo debe tener en cuenta el discurso presidencial, el cual no ha sido suficientemente estudiado.

Asimismo, un aspecto que no ha sido considerado por los estudios institucionalistas sobre presidencialismo es el nivel discursivo presidencial, el cual constituye el objeto de estudio de esta investigación. Se demostrará que bajo el mismo régimen presidencialista se produjo una transformación discursiva presidencial, y aún bajo el primer período de análisis (1916-1983) la impronta homogeneizadora caracterizaba a los distintos discursos presidenciales.

Populismo. De acuerdo a Gino Germani, por lo general, el discurso populista incluye componentes opuestos, tales como el reclamo por la igualdad de derechos políticos y la participación universal de la gente común, pero unido a cierta forma de autoritarismo a menudo bajo un liderazgo carismático. El discurso populista contiene una demanda de justicia social y fuertes componentes nacionalistas. Conjuntamente, existe una afirmación sobre "los derechos de la gente común como enfrentados a los grupos de interés privilegiados, generalmente considerados contrarios al pueblo y a la nación" (Germani, 1978, p. 88).

Sin embargo, Ernesto Laclau asegura que existen rasgos relevantes que Germani no menciona o, por el contrario, se pueden encontrar populismos en los cuales varios de estos rasgos están ausentes (Laclau, 2005). Asimismo, Laclau menciona que el discurso populista "constituye el terreno primario de constitución de la objetividad como tal". El discurso no está esencialmente restringido a las áreas del habla y la escritura, sino que es un complejo de elementos en el cual las relaciones juegan un rol constitutivo, lo cual significa que "esos elementos no son preexistentes al complejo relacional, sino que se constituyen a través de él". Por consiguiente, 'relación' y 'objetividad' son sinónimos. Laclau adhiere al argumento de Saussure, quien afirma que "en el lenguaje no existen términos positivos, sino sólo diferencias: algo es lo que es sólo a través de sus relaciones diferenciales con algo diferente. Y lo que es cierto del lenguaje concebido en sentido estricto, también es cierto de cualquier elemento significativo (es decir, objetivo): una acción es lo que es sólo a través de sus diferencias con otras acciones posibles y con otros elementos significativos – palabras o acciones – que pueden ser sucesivos o simultáneos. Los tipos de relación que pueden existir entre estos elementos significativos son sólo dos: la combinación y la sustitución" (Laclau, 2005, p. 92).

A diferencia de Germani, Laclau no concibe al 'populismo' como un tipo de movimiento, lo cual implicaría una identificación "con una base social especial o con una determinada orientación ideológica", sino que lo entiende como una 'lógica política'. Laclau argumenta que "las lógicas políticas están relacionadas con la institución de lo social". No obstante, tal institución no se constituye arbitrariamente, "sino que surge de las demandas sociales y es, en tal sentido, inherente a cualquier proceso de cambio social". Dicho cambio se da a partir de la "articulación variable de la equivalencia y la diferencia, y el momento equivalencial presupone la constitución de un sujeto político global que reúne la pluralidad de las demandas sociales". En consecuencia, esto implica "la construcción de fronteras internas y la identificación de un 'otro' institucionalizado". Tal combinación de momentos estructurales, "cualesquiera que sean los contenidos ideológicos o sociales del movimiento político en cuestión", denota populismo de una clase u otra (Laclau, 2005, p. 150).

Metodología de la investigación. Para realizar esta investigación me basaré en el esquema exploratorio (Selltiz, 1976) y el estudio histórico-comparativo (Duverger, 1962). Según Selltiz, muchos estudios exploratorios proponen la formulación de un problema para posibilitar una investigación más precisa o el desarrollo de una hipótesis. No obstante, un estudio exploratorio puede tener otras funciones: aumentar la familiaridad del investigador con el fenómeno que se desea investigar por medio de un estudio más consecuente y mejor estructurado, o con el marco en el que proyecta llevar a cabo tal estudio; aclarar conceptos; establecer preferencias para posteriores investigaciones; y reunir información acerca de posibilidades prácticas para llevar a cabo investigaciones en marcos de vida actual.

En relación a esta tesis, la discusión debe estar centrada en los estudios dirigidos primordialmente hacia la formulación de problemas que buscan una investigación más precisa o hacia los que tienden al desarrollo de hipótesis. Sin embargo, los argumentos esgrimidos y la definición de los procedimientos pueden ser aplicados a los estudios exploratorios con diferentes objetivos. La investigación exploratoria es necesaria para obtener la experiencia que será útil para la formulación de hipótesis relevantes para una investigación más definitiva. El esquema exploratorio habilita a una mayor familiarización con la problemática de la fragmentación de la identidad política nacional; permite ampliar y revisar las ideologías y las ideas de las posturas presidenciales. Cualquiera sea el motivo por el cual se emprende un estudio exploratorio, la ingenuidad y la buena suerte jugarán inevitablemente una parte en la determinación de su eficacia. No obstante, es posible sugerir ciertos métodos que son, con muchas probabilidades, especialmente provechosos en la búsqueda de importantes variables e hipótesis significativas. En este sentido, las hipótesis pueden servir como directrices para posteriores investigaciones, como así también, haber sido establecidas de forma explícita por anteriores investigaciones. Por ende, la tarea a desarrollar consiste en reunir las distintas hipótesis que han sido planteadas, evaluar su utilidad sobre la base de una posterior investigación y considerar si sugieren o no nuevas hipótesis (Selltiz, 1976). El objetivo de utilizar esta metodología permite partir de ciertas ideas o hipótesis para el abordaje de la bibliografía, o sea los discursos presidenciales, para luego unificar criterios y ampliar nuevas ideas con respecto a las posiciones ideológicas esgrimidas por los presidentes argentinos en sus discursos y argumentar sobre su influencia en la fragmentación de la identidad política nacional.

En virtud de que esta tesis toma distintos períodos presidenciales, desde 1916 al 2001, el estudio histórico-comparativo servirá para confrontar las similitudes y diferencias de estos fenómenos análogos. Según Duverger, de acuerdo a la técnica general de la comparación de los problemas de estructura y de tipología, el método comparativo supone el previo establecimiento de una tipología: la comparación no es válida más que entre hechos del mismo tipo, hechos de análoga estructura. En otras palabras, la comparación supone una previa sistematización, el establecimiento preconcebido de una teoría. Existe la necesidad de una analogía de estructura (períodos presidenciales): a) deben ser semejantes y b) no ser demasiado diferentes. El estudio histórico-comparativo supone la identificación y delimitación del hecho a estudiar; la formulación de una hipótesis; la recolección; la sistematización; y el análisis de datos, a partir de fuentes primarias y/o secundarias. En este caso, los discursos presidenciales, como fuente primaria, y la bibliografía académica sobre la política argentina, como fuente secundaria. Este método posibilita sacar conclusiones o hacer comparaciones entre diversos hechos históricos después de reconstruirlos. De esta manera se logra un registro minucioso de acontecimientos a fin de interpretarlos de mejor manera o determinar las relaciones de causalidad de los mismos (Nérici, 1980).

En síntesis, esta investigación analizará, mediante el estudio exploratorio con una perspectiva histórico-comparativa, los diferentes discursos presidenciales; cómo visualizan la identidad política argentina los presidentes de los Gobiernos autoritarios y los Gobiernos democráticos. El enfoque toma las manifestaciones discursivas de los presidentes desde 1916 hasta 2001, apuntando a reconstruir – desde posiciones ideológicas divergentes – sus visiones de la identidad política nacional. Cómo los presidentes, en sus proclamas, expresan su proyecto político y su misión política.

Se efectuará una revisión bibliográfica de fuentes primarias y secundarias; una lectura de los discursos presidenciales y plataformas políticas, como así también los escritos de las visiones opositoras y los periódicos de la época. Se dimensionará cada uno de los conceptos para unificar el criterio de lectura de los discursos presidenciales. Se dividirá cada uno de los procesos históricos, reacomodando el mapa político de acuerdo a las

alternancias entre Gobiernos autoritarios y democráticos: radicales, militares, y justicialistas. Se establecerán las variables comunes para el análisis de cada discurso político, con el fin de relevar los puntos propuestos. El objetivo es notar y analizar la ideología subyacente en los discursos presidenciales. El análisis de los discursos presidenciales tendrá en cuenta las siguientes variables:
- El diagnóstico presidencial (especialmente al asumir el poder).
- Las soluciones (a los males que aquejan a la Argentina).
- La misión política (que sostienen los distintos presidentes).
- La definición que cada presidente hace de Nosotros y Otros (y de estos últimos como 'enemigos').

Esta investigación estará dividida en cuatro secciones. La primera de ellas, dedicada a estudiar discursos presidenciales de períodos constitucionales signados por la inestabilidad política, analizará los discursos de Hipólito Yrigoyen, Juan D. Perón, Héctor J. Cámpora, Raúl Lastiri, y María Estela Martínez de Perón. En el primer capítulo de esta sección, analizando los discursos de Yrigoyen, se podrá observar cómo la identidad política nacional se debatía entre los principios democráticos enarbolados por el Gobierno radical y la amenaza de los 'enemigos internos', por un lado, el régimen conservador-oligárquico y, por el otro, los agentes nacionales del comunismo y el anarquismo. El segundo capítulo de esta sección estará dedicado a evaluar los mensajes de Perón, quien mediante la creación de un Nosotros constituido únicamente por sus seguidores y la exclusión política de la oligarquía, promovió la polarización de la Argentina en torno a la antinomia peronismo-antiperonismo. Posteriormente, durante las presidencias de Cámpora, Lastiri y Martínez de Perón, a esta antinomia se le sumó una nueva, constituida por el peronismo de izquierda y el peronismo de derecha.

La segunda sección estará compuesta por el análisis discursivo de Gobiernos semi-democráticos o semi-autoritarios. El Gobierno de Agustín P. Justo estuvo signado por la proscripción política de Marcelo T. de Alvear, la restauración del régimen conservador, y el consecuente marginamiento del radicalismo personalista. El segundo presidente de este período, Roberto M. Ortiz, asumió la presidencia de la Nación fraudulentamente, para luego buscar desvincularse de esta práctica corrupta planteando una antinomia entre integridad y fraude electoral. Ortiz fue sucedido en el cargo por su vicepresidente Ramón Castillo, cuyo Gobierno se caracterizó por la exclusión política de la UCR, el enfrentamiento con los agentes extremistas derivados de la Segunda Guerra Mundial, y el recrudecimiento de una política fraudulenta. El segundo capítulo de esta sección estará concentrado en el análisis discursivo de los Gobiernos de Arturo Frondizi y Arturo Illia. Sus administraciones estuvieron signadas por la proscripción del peronismo; el tutelaje militar; y la lucha oficialista contra los 'enemigos internos', los extremismos de izquierda, que diera origen a la 'doctrina de seguridad nacional', también conocida como 'fronteras internas'.

La tercera sección comprenderá a los Gobiernos autoritarios. En los discursos del Gobierno golpista de 1930, liderado por José Félix Uriburu, se puede observar el enfrentamiento con la UCR, la exclusión política de este partido, y la consolidación del nacionalismo como modelo político hegemónico. En esta misma sección también se analizarán los discursos del Gobierno militar establecido en 1943, presidido primero por Arturo Rawson, luego por Pedro Pablo Ramírez, y más tarde por Edelmiro J. Farrell. En los mensajes de este Gobierno de facto se observará: una condena a los Gobiernos fraudulentos; un intento por establecer un hegemonismo ideológico a través de la imposición del nacional-catolicismo; y una condena a los políticos civiles. Posteriormente, se estudiará el discurso de la Revolución Libertadora, en el cual podrá observarse el intento de este Gobierno de facto por llevar adelante la 'desperonización' del país, reflejada en el discurso antiperonista de Eduardo Lonardi y Pedro Eugenio Aramburu, que intensificaría la antinomia peronismo-antiperonismo.

En este mismo capítulo se estudiará el discurso de la Revolución Argentina. Los Gobiernos autoritarios de Juan Carlos Onganía, Roberto Marcelo Levingston, y Alejandro Agustín Lanusse buscaban la 'unidad nacional' a través de la imposición de un sistema represivo, la desintegración de los partidos políticos y, principalmente, la erradicación de los 'enemigos internos': la guerrilla y el peronismo. El discurso del Estado reflejaba una búsqueda de hegemonismo ideológico, representado en la figura del 'ser argentino', con la consecuente exclusión política que esta figura acarrea. Finalmente, el último capítulo de esta sección demostrará que en los discursos de Jorge Rafael Videla y Eduardo Viola se reflejaba el propósito de alcanzar el hegemonismo ideológico a través de la eliminación de la subversión. También se evaluará, a través del estudio de los mensajes de Leopoldo Forunato Galtieri, la creación por parte de la Junta Militar de un 'enemigo externo', Gran Bretaña, a raíz de la guerra de Malvinas. En el discurso del último presidente militar, Reynaldo Bignone, se observará un cambio discursivo en el Gobierno de facto: se dejaba de lado el objetivo de alcanzar la hegemonía ideológica y la disidencia política pasaba a estar aceptada, anticipando el retorno de la democracia.

La última sección analizará el discurso de los Gobiernos democráticos, en los cuales el paradigma amigo-enemigo no estaba presente. El primer capítulo de esta sección estudiará los mensajes de Marcelo T. de Alvear, quien constituye una excepción al paradigma amigo-enemigo existente en los discursos presidenciales que van desde 1916 hasta 1983, dado que la figura del 'enemigo interno' no aparece en las proclamas de este mandatario. En 1983, tras la asunción presidencial de Raúl Alfonsín se produjo un cambio fundamental en el discurso presidencial: una reversión en el paradigma amigo-enemigo. Los adversarios políticos dejaron de ser visualizados como 'enemigos internos' a excluir de la vida política del país. Posteriormente, se evaluará cómo Carlos Menem pretendía darle a su triunfo electoral una condición de 'unidad nacional'. En este sentido, el discurso presidencial tenía un carácter integrador y, consecuentemente, desaparecería la figura del 'enemigo interno' de las proclamas presidenciales. En el último capítulo de esta investigación se estudiarán los mensajes de Fernando De la Rúa ante la crisis socioeconómica del país, que provocaría un levantamiento popular y la posterior renuncia del presidente. Se demostrará cómo el desenlace del Gobierno de la Alianza fue una corroboración de que la democracia se había consolidado en la Argentina, y junto con ella, la desaparición del paradigma amigo-enemigo del discurso presidencial.

Primera Sección – DEMOCRACIA E INESTABILIDAD POLÍTICA

En la primera sección de esta investigación se indagará sobre los discursos presidenciales de períodos constitucionales signados por la inestabilidad política. En tales oportunidades, los mandatarios a cargo del Poder Ejecutivo fueron: Hipólito Yrigoyen, Juan D. Perón, Héctor J. Cámpora, Raúl Lastiri, y María Estela (Isabel) Martínez de Perón.

El discurso de Yrigoyen enarbolaba principios democráticos, mientras que enfrentaba a los 'enemigos internos': el régimen conservador-oligárquico y los agentes nacionales del comunismo y el anarquismo. En el segundo capítulo, donde se analizará el discurso de Perón, podrá observarse que el Gobierno impulsaba el surgimiento de un Nosotros constituido únicamente por peronistas, mientras que alentaba la exclusión política de la oligarquía. Semejante situación hizo que la política argentina sufriera una polarización en torno a la antinomia peronismo-antiperonismo. El tercer capítulo trata la segunda etapa del peronismo en el poder, donde el Poder Ejecutivo estuvo a cargo de Cámpora, Lastiri, el propio Perón, y por su segunda esposa, Isabel Perón. Durante esta fase del peronismo, a la mencionada antinomia se añadió otra constituida por el peronismo de izquierda, por un lado, y el peronismo de derecha, por el otro.

Capítulo I – LA CAUSA VS. EL RÉGIMEN (1916-1922; 1928-1930)

El mandato de Hipólito Yrigoyen significó un cambio fundamental para la identidad política del país. La victoria radical ante el régimen conservador-oligárquico connotó el nacimiento de la democracia argentina con una clara antinomia. La Argentina accedía a un Gobierno representativo bajo esa circunstancia. En este capítulo se observará, también, el enfrentamiento del Gobierno nacional con las ideologías de izquierda, arraigadas en los movimientos obreros. Por lo tanto, la cuestión de la identidad política nacional se debatía entre los principios democráticos enarbolados por el Gobierno radical de Hipólito Yrigoyen y la amenaza de los 'enemigos internos', por un lado, el régimen conservador-oligárquico y, por el otro, los agentes nacionales del comunismo y el anarquismo.

La asunción presidencial de Hipólito Yrigoyen, el 12 de octubre de 1916, fue la instauración democrática emanada de la promulgación de la Ley Sáenz Peña en 1912. Fue la primera elección presidencial democrática en la historia Argentina. Por primera vez un presidente accedía al poder sin acciones fraudulentas, con plena participación ciudadana, excepto por las mujeres y los extranjeros. La plataforma radical estaba basada en el designio constitucional de elecciones libres, mediante la emisión del sufragio secreto y obligatorio por parte de un electorado masculino nativo, como proyecto inseparable de la existencia de dicho partido. El radicalismo surgió con una sola misión: derrocar al régimen conservador-oligárquico que defendía los intereses británicos, el enriquecimiento de las clases altas, los intereses de la elite terrateniente y, al igual que el radicalismo, la consolidación de la economía agroexportadora.

Yrigoyen manifestaba que la misión de su Gobierno era crear un Estado Nacional con sentido patriótico y soberano. Diagnosticaba que había existido una falta de participación popular en la vida política durante los años del régimen conservador y, a su vez, afirmaba que solamente mediante la participación de todos los sectores populares, la *"República"* constituiría y reconquistaría todos los poderes para extinguir los *"males"* y las *"anormalidades"*, *"corregir los errores"* y *"destruir el régimen más falaz y descreído de que haya mención en los anales de las naciones"*.[2]

Cuando Yrigoyen se refería al *"régimen"* por él doblegado, no lo reconocía como la suma de los distintos partidos políticos, ya sea el Partido Demócrata Progresista o el Partido Socialista, sus competidores en las elecciones presidenciales, sino que lo tomaba como una entidad abstracta, un 'enemigo' a excluir. En su diagnóstico sentenciaba que el *"régimen conservador"* había sido responsable de daños en el crecimiento y desarrollo democrático de la Argentina, por ende, el nuevo Gobierno debía poner fin a un modo de hacer política que consideraba dañino.

El discurso de Yrigoyen estaba dirigido hacia el *"pueblo"* de la *"República"* y proponía la unión del *"pueblo argentino"*, contrapuesta al marginamiento político practicado por el régimen. Al hacer referencia a la *"República"*, declaraba su intención de sanear la democracia limitada del régimen. Planteaba que la misión de su Gobierno era solucionar los *"males"* y las *"anormalidades"*, la corrupción, proponiendo la participación popular, terminando definitivamente con el fraude electoral. Aseguraba que se respetaría la *"opinión"* del pueblo *"y las soluciones de sus derechos soberanos"*. Las elecciones libres eran el único procedimiento o solución viable para excluir al régimen conservador fraudulento. Para el presidente, los Otros, los políticos del *"régimen"*, debían ser eliminados de la vida política del país, por considerarlos 'enemigos internos' de la patria ya que abusaban del recurso del fraude y atentaban contra los derechos constitucionales. Existía un enfrentamiento entre el régimen y la nueva fuerza política que asumía el Gobierno, originando una antinomia entre el régimen conservador y la causa radical.

Yrigoyen diagnosticaba que *"La Nación"* había *"dejado de ser gobernada para gobernarse por sí misma, en la integridad augusta de sus preceptos fundamentales"*, de donde, según él, debían *"derivarse todos sus perfeccionamientos"*. Con estas palabras Yrigoyen concebía que la Carta Magna regiría con sus legítimos principios y sólo podía hablarse de Gobierno en la medida en que estuviesen respetados los valores republicanos y federales. La Nación podía ser legítimamente gobernada solamente si estaba representada por la mayoría electoral, terminando con la parcialización democrática de los *"usurpadores"* del Gobierno, pertenecientes al *"régimen conservador"*.[3]

Yrigoyen se mostraba como el único posible promotor del cambio en el que confluían los objetivos de la UCR con los de la Nación. El discurso de Yrigoyen hacía que su partido y la Nación quedaran equiparados en una unidad,[4] mientras que lo contraponía al régimen conservador, declarando:

"La Unión Cívica Radial es la Nación misma [...] que interviene directamente en la lucha cívica, con el propósito de constituir un Gobierno plasmado a imagen y semejanza de sus bases constitutivas, principios e ideales".[5]

En resumen, en el análisis del discurso de Yrigoyen se debe distinguir entre las buenas intenciones de este mandatario y las proclamas proclives a generar exclusión política. Entre las primeras se encontraban, por ejemplo, la creación de un Estado Nacional con sentido patriótico y soberano; procurar la participación política de los sectores populares; el saneamiento de la democracia limitada a través de la erradicación del fraude electoral; la defensa de los principios democráticos; y el engrandecimiento del país mediante el desarrollo político, social y económico.

Por otro lado, las proclamas de este presidente tendieron hacia la exclusión política, especialmente, a raíz de la condena que hacía Yrigoyen de las prácticas políticas fraudulentas desarrolladas por el conservadurismo. Asimismo, inculpaba al régimen derrocado de haber sido perjudicial para el crecimiento y desarrollo del país. En particular, ponía énfasis en el fraude electoral y el avasallamiento de los principios constitucionales. Haber equiparado a la causa radical con la causa nacional también fue motivo de división política. Al declarar que la UCR era la Nación misma, todo lo que el Gobierno visualizaba como ajeno al oficialismo era, del mismo modo, ajeno a lo nacional. Tal como señalara David Rock, a esta situación se le sumaba que el radicalismo se había desarrollado como un movimiento de masas que basaba su fortaleza en actitudes emocionales, y no tanto como un partido político, en el sentido estricto de la palabra (Rock, 2001). Una concepción de estas características genera exclusión y crea antinomias.

1. Destruir para reparar

Yrigoyen concebía su misión como *"un apostolado"* que anteponía, por sobre todas las cosas, su *"ideología doctrinaria"* para lograr lo que hasta entonces había parecido imposible: *"realizar el bien común"* a partir del cumplimiento de los propósitos democráticos de la causa radical. Yrigoyen expresaba: *"Sé bien que he venido a cumplir un destino admirablemente conquistado: la reintegración de la nacionalidad sobre sus bases fundamentales"*.[6]

Yrigoyen se veía como el representante de la magna obra del pueblo: la instauración del sufragio universal. Su discurso proponía, como solución, la legitimidad como valor necesario para destruir la política del fraude y defender los ideales democráticos de la Constitución, con el fin de lograr la *"reintegración nacional"*. Aquellos que atentaran contra la legitimación de la Carta Magna se transformarían en los 'enemigos' del pueblo.

El presidente diagnosticaba que habían existido *"ataques sistemáticos a todas las medidas, orientaciones y probidades del Poder Ejecutivo"*, los cuales habían *"causado el desastre de la República, precisamente en el período que debió ser más fecundante, porque ya constituida, no tenía más problemas a ventilar que los de su propio engrandecimiento"*.[7]

Yrigoyen diagnosticaba que existían grupos que atentaban contra el desenvolvimiento de su Gobierno. Estos grupos antinacionales eran los Otros, adversarios y posibles 'enemigos internos' que no adherían al movimiento radical, provocando desmanes en vez de participar en una labor fecunda para la *"reintegración nacional"*. A su vez, el programa de la *"reparación"* le significó a Yrigoyen el repudio de actores políticos que consideraban que, por no ser radicales, se les negaba legitimidad y espacio (Zarazaga, 2004).

La *"reparación nacional"*, misión de este Gobierno, se lograría controlando las acciones corruptas del *"régimen conservador"* o, como expresaba este presidente, *"todas las injusticias morales y políticas, sociales y positivas, que agraviaron al país durante tanto tiempo"*. Como solución definitiva para lograr la *"reparación nacional"* se debía alcanzar la *"representación pública"* y *"acatar los mandatos de la opinión"* para, así, posibilitar la *"salud moral y física de la patria"*.[8]

La *"reparación nacional"* constituía la misión de este mandato presidencial. Yrigoyen expresaba que *"la magna obra de la reparación"* había sido lograr la conquista de la *"justicia"*, el *"derecho"*, y la *"libertad"*, que fundamentaban *"la esencialidad de la vida universal"*, además de haber sido una *"contienda de moral política"*. Aseveraba que la *"reparación nacional"* también era una solución que comprendía *"la obra fundamental del pueblo argentino"* para que la Argentina pudiera, *"sin exclusiones [...] tomar el rumbo sereno hacia las fecundas sendas de los progresos y de los perfeccionamientos humanos"*.[9]

A pesar de que en este caso proponía una reparación sin exclusiones, el discurso yrigoyenista sostenía que la identidad política de la UCR debía ser la identidad política nacional, por ser la misma cosa; concepción tendiente a generar exclusión política. La *"reparación"* era la preocupación y el bastión de lucha de este Gobierno, la única vía para destruir la política del *"régimen"* y mejorar el contexto sociopolítico y económico de la República Argentina.[10] Apuntaba a una legitimación de las instituciones públicas, contrapuesta a las acciones políticas ilegítimas del *"régimen"*. Como afirmaba Yrigoyen, esta disputa había sido una *"contienda de moral política"*. El núcleo de la misión presidencial consistía en extirpar los vicios del fraude electoral gestados por el régimen. Para ello se debían instaurar los auténticos valores democráticos, hasta entonces prácticamente desconocidos para la mayor parte de la ciudadanía.

2. La Nación vs. el régimen, el imperialismo y los obreros contestatarios

Yrigoyen contraponía su Gobierno con el régimen conservador, diagnosticando:

"El Gobierno actual significa clausurar un ciclo de los más funestos extravíos, y la nueva época se caracterizará por una renovación esencial de todos lo valores éticos y constitutivos".[11]

Esta frase definía la misión de la causa radical: terminar con la política fraudulenta practicada por el régimen y renovar los valores de la República. La *"reparación nacional"* fue el valor preponderante para la transformación política del país. Yrigoyen decía que de no haber existido una fuerza *"renovadora"*, *"legítima"*, *"republicana"*, *"patriótica"* y *"defensora"* de la *"soberanía nacional"*, como el radicalismo, *"la reparación no hubiera podido imponerse y el régimen habría dilatado su usurpación, llegando en su desborde a torcer las corrientes mismas de la historia y a comprometer las finalidades de la Nación"*.[12]

Interpretando las palabras de Yrigoyen, el régimen no gozaba de legitimidad popular sino que había llegado al poder mediante la usurpación del Gobierno de la Nación. Según el presidente, de no haber sido por el radicalismo, que posibilitó la apertura democrática, el *"régimen"* habría continuado en el Gobierno, perjudicando los intereses de la Nación.

Otra de las misiones presentes en el discurso yrigoyenista se refería a evitar la penetración de los capitales extranjeros en la Argentina. En contraposición con la política económica de los conservadores, Yrigoyen afirmaba que *"el Poder Ejecutivo"* no enajenaría *"un adarme de las riquezas públicas",* ni cedería *"un ápice del dominio del Estado sobre ellas",* en alusión a la explotación de los yacimientos petrolíferos nacionales.[13]

Otro foco conflictivo que Yrigoyen debía enfrentar fue la Primera Guerra Mundial, ante la cual tuvo una posición que, por un lado, admitía la amistad con todos los países, negociando libremente pero defendiendo el patrimonio nacional a favor de las necesidades argentinas y, por otro lado, consideraba a los monopolios extranjeros como *"explotadores"* del patrimonio local. El discurso de Yrigoyen denotaba una actitud compleja con respecto a la política económica y su relación con los monopolios extranjeros. Diagnosticaba que el imperialismo extranjero era, en cierta medida, un 'enemigo' que defendía sus intereses, sus inversiones, con la anuencia de los representantes del régimen, en desmedro de los intereses locales. En sus proclamas, Yrigoyen dejaba en claro su empeño por defender el patrimonio nacional.[14] Estas afirmaciones fueron proclamadas con el fin de que el Estado Argentino pudiera conservar y resguardar los derechos de explotación y comercialización de los yacimientos petrolíferos.[15] Yrigoyen defendió el patrimonio nacional, enfrentándose a la intervención extranjera y denunciando a aquellos que estuvieran dispuestos a vender los bienes de la Nación a costa de la pobreza del pueblo. La defensa del patrimonio argentino dejaba ver la antinomia entre los deseos de Nosotros, aquellos que adherían a la causa radical, frente a los intereses de los 'enemigos externos', los capitales extranjeros, apoyados por los 'enemigos internos', el régimen conservador.

Además de su enfrentamiento con el conservadurismo y los capitales extranjeros, Yrigoyen tuvo que lidiar con dos focos principales de conflicto: su posición frente a la Primera Guerra Mundial y la discordia que provocaban los obreros y campesinos, militantes del marxismo, socialismo y anarquismo, quienes no se sentían identificados con los lineamientos del proyecto político radical. Con respecto a la Primera Guerra Mundial, la neutralidad de la Argentina provocó una escisión dentro del Partido Radical y un enfrentamiento con la oposición, sus adversarios y las Fuerzas Armadas. Según Rock, la posición neutralista de Yrigoyen fue meramente por razones económicas, dado que la guerra había generado una elevación de los precios internacionales que tuvo consecuencias inflacionarias en la Argentina: los salarios reales no dejaron de bajar desde 1914 hasta 1921 (Rock, 2001).

Si bien la política de Yrigoyen pudo resolver los apremios en diferentes frentes, tuvo un Gobierno conflictivo. El presidente utilizó al Ejército para prevenir posibles fraudes electorales en las provincias. A su vez, el Poder Ejecutivo dictaminó la intervención federal en las provincias con el objetivo de remover del poder a las autoridades heredadas del régimen derrocado, para reemplazarlas por autoridades elegidas por la voluntad popular (Zarazaga, 2004).[16] El Gobierno de Yrigoyen debió lidiar con huelgas y reacciones de las clases populares, particularmente de los peones rurales durante la Semana Trágica y los acontecimientos de la Patagonia. Estos hechos se dieron a partir de huelgas obreras que fueron reprimidas mediante la utilización de fuerzas militares, dejando un alto saldo de muertos (Rouquié, 1994).

La represión ordenada por este presidente denotaba una paradoja: tomaba decisiones a favor de las clases populares, solicitando al Congreso Nacional mejoras sociales y económicas para los trabajadores, mientras que, a su vez, utilizaba a las fuerzas militares para aplacar las revueltas populares. Para el Gobierno, el mayor conflicto dentro de las clases populares era que los obreros y peones respondían a ideologías *"subversivas"*[17] que no adherían a los principios radicales. Esto llevó, en 1919, a un quiebre en la relación de Yrigoyen con los obreros a propósito de los conflictos sociales. Yrigoyen tuvo que acudir a la violencia para reprimir a los movimientos de izquierda.[18]

El primer mandatario reconocía la conducta *"laudable puesta de relieve por el Ejército, en los acontecimientos de índole diversa en que directa o indirectamente le tocó actuar. [...] En las intervenciones a las diversas provincias, esa conducta"* había *"determinado el reconocimiento de los pueblos, el cual"* había *"sido expresado* [...] *por las entidades representativas de los distintos partidos políticos* [...]*".*[19]

La ambigüedad de esta solución se presentaba frente a la representatividad política y a las necesidades económicas y sociales de los obreros. Las sucesivas huelgas, promovidas por los movimientos obreros, en el diagnóstico de Yrigoyen tenían un carácter *"subversivo"*, producido por, como él mismo expresaba, *"elementos ajenos a nuestra nacionalidad* [...]*"*.[20] De esta manera, se producía una fractura entre un sector de las clases populares y el radicalismo yrigoyenista. Los obreros contestatarios eran visualizados como 'enemigos internos' debido a que éstos se regían por ideales considerados anti-argentinos por el Gobierno nacional, lo cual, según el presidente, justificaba la utilización del Ejército en pos de su represión y erradicación.

Yrigoyen finalizó su primer período presidencial con escisiones en los distintos sectores políticos del país, incluso en las Fuerzas Armadas. Sin embargo, logró que el radicalismo continuara en el poder, llevando a Marcelo T. de Alvear a la Presidencia de la Nación mediante comicios legítimos, en octubre de 1922.

Conclusión: La exclusión política ejercida por el Gobierno nacional durante los años del régimen conservador, llevó al discurso de Yrigoyen a ser revanchista y confrontativo. La condena contra el régimen presente en las proclamas de este mandatario causó un distanciamiento político entre argentinos. Las maniobras políticas practicadas en perjuicio del conservadurismo (como las intervenciones federales) atentaron contra la construcción de una identidad política nacional fundada en el pluralismo, la diversidad y la diferencia. Desde esta perspectiva se observa que durante el mandato de Yrigoyen existía una clara división entre Nosotros, el radicalismo, y los opositores y adversarios políticos, a quienes el Gobierno consideraba 'enemigos internos' por no adherir a la causa radical, que para el Gobierno representaba a *"la Nación misma"*. Por este motivo, los adversarios políticos no eran respetados como Otros con derecho a participar en la vida política argentina, sino que se los consideraba 'enemigos internos, lo que justificaba su represión. De este modo se planteaba la disputa entre una identidad política nacional pluralista y una identidad política nacional basada en la homogeneidad. El resultado fue una identidad política nacional fragmentada. La tendencia discursiva hacia la homogeneidad fue, paradójicamente, determinante en la fragmentación política e ideológica de la sociedad, produciendo una fractura en la 'argentinidad'.

3. Personalistas vs. antipersonalistas

En 1924, como consecuencia de discrepancias entre Yrigoyen y Alvear, se produjo una escisión dentro del radicalismo entre personalitas (yrigoyenistas) y antipersonalistas (antiyrigoyenistas). Durante la presidencia de Alvear, a causa de la profunda incidencia de Yrigoyen en la división de los sectores políticos, se organizaron diferentes alianzas, conocidas como el *"contubernio"*, formado por conservadores, militares, y antipersonalistas.[21] Algunas de ellas fueron débiles respuestas que sostenían la necesidad de rearmar nuevas tendencias o corrientes políticas que quebraran el monopolio de Yrigoyen. El caudillo radical criticaba a estas agrupaciones al describirlas como asociaciones ilegítimas entre sectores que debían estar en posiciones contrarias pero que aceptaban aliarse con el objetivo de vencer al radicalismo yrigoyenista. Alvear, por su parte, no había podido evitar la división dentro de la Unión Cívica Radical. En cierto sentido se puede argumentar que la fragmentación se había trasladado al interior del radicalismo.

El antipersonalismo, que pretendía la refundación del partido, fue derrotado por los sectores yrigoyenistas en elecciones internas, primero, y posteriormente, en 1928, en los comicios nacionales (Ollier, 2001). La escisión en el radicalismo produjeron el resquebrajamiento político de un país que se encontraba en un incipiente proceso democrático. A pesar de la pacífica presidencia de Alvear, el enfrentamiento político en torno a la figura de Yrigoyen constituía un peligro para la estabilidad institucional de la República. No obstante, Alvear logró el traspaso democrático de la Presidencia de la Nación. Yrigoyen, nuevamente, encabezó la fórmula de la UCR. Con la gran prensa y una cuasi coalición partidaria en contra, se llevó a cabo la campaña electoral y, en abril de 1928, Yrigoyen cosechó 840.000 votos, mientras que la Fórmula de la Victoria (los antipersonalistas) obtuvo 440.000 votos (Luna, 1988).

Yrigoyen llegó así a una segunda presidencia. Con su triunfo se renovaba el espíritu de legitimidad y legalidad. Convencido de su misión, reconocía que la situación interna estaba gestando nuevas fuerzas ideológicas dentro de los círculos intelectuales y militares. El nacionalismo cobró fuerza como oposición, provocando desmanes y múltiples enfrentamientos durante toda su gestión. La segunda presidencia de Yrigoyen no puede ser entendida sin atender a ciertos procesos gestados durante el período presidencial de Alvear, condicionados por el contexto internacional en transformación: la crisis económica mundial. Yrigoyen, tanto en su primera presidencia como en la segunda, se enemistó con las Fuerzas Armadas. Desde distintos grupos militares se gestaron reclamos no reconocidos por Yrigoyen, pero que, por el contrario, Alvear supo sobrellevar. Para 1930, la situación económica y las condiciones políticas por las que atravesaba la Argentina y el Gobierno de Yrigoyen, en particular, agravaron las relaciones con las Fuerzas Armadas.

El espectro político, durante la segunda presidencia de Yrigoyen, promovió una 'constelación' de poderes en la sociedad argentina. Cuatro situaciones fueron especialmente relevantes para explicar el desenlace de 1930: 1) la influencia del factor ideológico nacionalista; 2) el cambio de actitud operado en el poder militar (ambos procesos se encontraban estrechamente relacionados); 3) el descrédito hacia el Gobierno de Yrigoyen; y 4) la Gran Depresión, factor que se sumó a la crisis social y política durante el segundo Gobierno de Yrigoyen. Todo esto dio paso a los ideales nacionalistas que triunfaron en todos los ámbitos de la vida popular argentina (Rouquié, 1994).

a) El 'enemigo interno' en el Congreso Nacional y las provincias

Yrigoyen diagnosticaba que desde 1916 hasta 1929, el foro legislativo no había escuchado las soluciones por él propuestas. Afirmaba "que la legislación nacional" era "inferior *a las exigencias de la sociedad*". La "*estructura económica*" no estaba "*suficientemente tutelada por leyes*" que garantizaran "*el resultado del trabajo*", que apoyaran "*con un crédito bien organizado el esfuerzo de la producción*", que estableciesen "*defensas previsoras contra las adversidades*" que acechaban "*el bienestar social*" y que abrieran "*perspectivas nuevas al dinamismo expansivo de sus industrias*".[22]

Las palabras del presidente denotaban que los legisladores no respondían a las demandas del pueblo, las acciones legislativas no eran acordes a las exigencias de la clase obrera. Yrigoyen concluía que las carencias legislativas afectaban a la "*legislación obrera*", y acusaba a los legisladores de considerar este tema como "*superfluo*" con respecto al "*desenvolvimiento de la prosperidad nacional*". Aquellos miembros del Poder Legislativo que no prestaban atención a las demandas del momento eran visualizados como 'enemigos internos'.

Continuando con la temática de una mejora en la legislación obrera, Yrigoyen planteaba como solución, "mejorar la legislación protectora de los que trabajan, creando *organismos preventivos de los conflictos que se suscitan y llevando a todos los obreros la certidumbre de que la asistencia del Estado*" acudiría "*en su socorro cuando las vicisitudes de la vida*" amenazaran "*la subsistencia de su hogar y el destino de sus hijos*".[23]

Yrigoyen se hacía eco del reclamo de las clases populares, comprendiendo que la insatisfacción de estos sectores perturbaba la paz interior. Consideraba que era deber del Estado velar por el bienestar de los obreros y sus familias, conciente de que el disconformismo de estos sectores era un potencial generador de enfrentamientos sociales que podría causar un incremento en el voto socialista. La democracia y los ideales patrióticos que el radicalismo sostenía estaban en peligro. Para Yrigoyen existían, dentro del Congreso Nacional, tendencias ideológicas que no respondían a los designios liberales del sufragio. Entendía que las actitudes políticas del régimen conservador estaban todavía presentes, influenciando a los legisladores, lo que condicionaba la permanencia del 'enemigo interno'.

Los procedimientos del golpe militar que destituyó a Yrigoyen reflejaban discrepancias entre radicales, conservadores y militares. Los enfrentamientos entre adversarios políticos (yrigoyentistas-antiyrigoyenistas, liberales-nacionalistas, civiles-militares) en torno a la crisis económica y el manejo político de Yrigoyen fomentaron la desconfianza de la opinión pública en la gestión presidencial.

De acuerdo a Rouquié, la reacción del pueblo ante el golpe fue la de cambiar banderas ante la frustración de la conducción radical, aceptando los nuevos conceptos de identidad política nacional depositados en el modelo de las Fuerzas Armadas que anhelaban la consolidación de una patria grande.[24] La 'conciencia nacional' y la 'identidad partidaria' se mantuvieron vigentes en el silencio de las masas y de los actores políticos, sujetas al cambio del contexto histórico y al devenir de la renovada acción presidencial. El radicalismo, un modelo democrático respetuoso de los valores constitucionales, padeció una escisión que dio lugar a que sus distintas facciones se volcaran hacia sus originales 'enemigos internos', la oligarquía y los conservadores, que a su vez, desde la cúpula militar, se dividían entre liberales y nacionalistas, confrontando las tendencias ideológicas del momento (Rouquié, 1994).

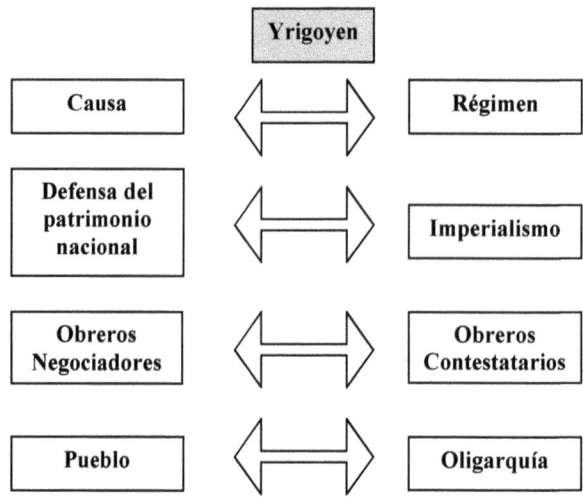

Conclusión: El desplazamiento político sufrido por los representantes del régimen, tras la victoria radical, dio inicio a una puja entre los principios democráticos abogados por el radicalismo y la exclusión política practicada por el conservadurismo, antagonismo que dividió la escena política de entonces. Yrigoyen definía a sus 'enemigos internos' como un *"régimen falaz y descreído"* y *"usurpadores"* del Gobierno, mientras Nosotros, la UCR, según el presidente era *"la Nación misma"*. La causa radical, que integraba a Nosotros, representaba la *"reparación nacional"*, y los Otros *"las injusticias morales y políticas, sociales y positivas"*. La causa radical tenía el objetivo de *"clausurar un ciclo de los más funestos extravíos [...] y una renovación esencial de [...] valores éticos y constructivos"*. Otro 'enemigo interno' estaba constituido por las corrientes izquierdistas. El Gobierno nacional calificaba a sus partidarios como *"elementos ajenos a nuestra nacionalidad"* inspirados en ideologías *"subversivas"*.

La exclusión política practicada por el Gobierno yrigoyenista estaba basada en la inculpación del régimen conservador por su mal manejo del quehacer nacional y por la utilización del fraude electoral, que el Gobierno radical condenaba explícitamente. La exclusión política sufrida por el régimen conservador produjo el rechazo de la clase dominante hacia el Gobierno, ocasionando un distanciamiento político entre argentinos. Cuando los que excluían pasaron a ser excluidos, el enfrentamiento político nacional se intensificó, y con éste la conflictividad por la interpretación de la identidad política nacional. Asimismo, la exclusión política sufrida por el comunismo también operó negativamente en la escena política de entonces. Esto sugiere que el discurso presidencial, cuando excluye, genera fragmentación política.

Se puede concluir que el discurso de Yrigoyen no aceptaba el pluralismo ideológico, especialmente por proclamar que la Unión Cívica Radical era la Nación misma. Por consiguiente, todo lo que no formara parte de los preceptos radicales quedaba fuera de lo nacional, mientras que la concepción yrigoyenista del radicalismo como un movimiento y no como un partido político promovía el marginamiento de quienes no se alinearan en sus filas.

En su segunda presidencia, Yrigoyen mantuvo su modalidad confrontativa, entre otras cosas, al acusar a un sector de los legisladores nacionales de defender intereses anti-argentinos. La advertencia que el presidente hacía sobre la presencia del 'enemigo interno' promovió a la fragmentación política durante las administraciones radicales. Como bien escribió Zarazaga, para Yrigoyen, una de esas facciones en las que se había dividido la Argentina no merecía espacio político en la Nación que surgía, mientras la otra era la Nación misma. El fundamento de la categórica división era en rigor la legitimidad democrática, pero al quedar ésta, en la concepción de Yrigoyen, tan inherentemente ligada al Partido Radical, implicaba, en cierta medida, la exclusión de cualquier Otro político de los escenarios legítimos del quehacer. La identificación que hacía Yrigoyen de su partido con la Nación provocaba que sus enemigos fueran necesariamente enemigos de la Nación misma, generando una situación inviable para los otros partidos políticos. La exclusión política practicada por este gobernante fue repudiada por los conservadores, los socialistas, los demócratas progresistas y los antipersonalistas. La no aceptación del pluralismo político e ideológico produjo un sentimiento antiyrigoyenista que, a su vez, tuvo como resultado el surgimiento de nuevas antinomias: yrigoyentistas-antiyrigoyenistas, liberales-nacionalistas, y civiles-militares.

Capítulo II – PUEBLO VS. OLIGARQUÍA (1946-1955)

El mandato de Juan D. Perón, quien fuera electo constitucionalmente, estuvo marcado por la inestabilidad política. El discurso de este mandatario dio origen al surgimiento de nuevas antinomias, con incidencia en la fragmentación de la identidad política nacional. Desde la campaña electoral, al enfrentarse con el embajador de los Estados Unidos, Spruille Braden, hasta su derrocamiento a manos de la Revolución Libertadora, Perón incitó, mediante su discurso y sus acciones, el distanciamiento político de la sociedad argentina. La creación de un nuevo Nosotros, constituido exclusivamente por sus seguidores, y la exclusión política de la oligarquía y los otros partidos políticos generaron una pugna ideológica y política entre argentinos. La confrontación se dio a partir de la creación de la Tercera Posición y la pretensión de convertir a la Doctrina Justicialista en una doctrina nacional. A esto se le sumaba el afán del presidente por erradicar de la política nacional a los agentes del imperialismo capitalista anglo-norteamericano y al comunismo y la conflictiva relación de Perón con la Iglesia Católica. El Gobierno de Perón llevó a una polarización del país basada en la antinomia peronismo-antiperonismo, mientras que el efecto de la antinomia pueblo-oligarquía no implicaba solamente la calificación de la oligarquía como 'enemigo' sino algo aún más grave: quien no estuviera con el pueblo (léase Perón) estaba con la oligarquía, lo cual constituía a la Unión Cívica Radical como parte de la oligarquía.

1. Braden o Perón

Los sectores opositores a Perón habían aceptado la cooperación del embajador estadounidense en la campaña electoral. Esto le permitió a Perón convertir al embajador en su rival por sobre la fórmula de la Unión Democrática constituida por José Tamborini y Enrique Mosca, lo cual catalizó la victoria electoral de Perón. Como señaló Zarazaga, a partir de entonces se constituyó un rasgo de la política argentina destinado a durar por generaciones, la política como una guerra de depuración recíproca entre peronistas y antiperonistas. Tras la victoria peronista, la polarización ideológica y política comenzó a ampliarse de manera progresiva, principalmente como consecuencia de las medidas adoptadas por el Gobierno de Perón, que llevaron a un aumento en las restricciones impuestas a la oposición y la eliminación de cualquier posibilidad de hacer crítica independiente (Zarazaga, 2004).

Durante la campaña electoral, Perón diagnosticaba que el embajador de los Estados Unidos se había entrometido en la política nacional, pronunciando:

"El pueblo argentino, el auténtico pueblo de la patria, repudia esa intromisión inconcebible y su indignación desborda y supera largamente la alegría enfermiza de los que se alinean presurosos en las filas del señor Braden. Los viejos políticos venales recogen sus palabras y hacen con ellas sus muletas, se sienten redimidos y perdonados, sin darse cuenta de que son ahora más miserables aún, afiliados y subordinados al extranjero, dentro de los propios confines patrios" (Perón, 12/2/1946, p. 285).

Para Perón, el aparato político que Braden sostenía estaba subsumido a las decisiones del embajador, sin tener en cuenta las necesidades del pueblo. Perón diagnosticaba que las clases populares, *"el auténtico pueblo de la patria"*, rechazaba la intromisión de Braden en la vida política del país. Manifestaba que sus opositores, los políticos del régimen conservador, se sentían absueltos con respecto a sus prácticas fraudulentas, sin cerciorarse de que eran *"más miserables"* que en el pasado porque se encontraban *"subordinados al extranjero, dentro de los propios confines patrios"*, ya que el imperialismo capitalista, personificado en Braden, se había implantado en el país y dominaba sus acciones políticas.

Dirigiéndose al pueblo, ante la inminencia de las elecciones presidenciales, exigía una toma de conciencia:

"*Sepan quienes voten* [...] *por la fórmula del contubernio oligárquico-comunista, que con ese acto entregan, sencillamente, su voto al señor Braden. La disyuntiva, en esta hora trascendental, es esta: o Braden o Perón* [...] " (Perón, 12/2/1946, p. 287).

Perón consideraba que el respaldo del embajador Braden a la Unión Democrática, a la cual definía como el *"contubernio oligárquico-comunista"*, atentaba contra la soberanía nacional. La palabra *"contubernio"* denotaba una confabulación entre sectores políticos que debían estar enfrentados entre sí pero que se aliaban para complotar en contra de Perón. De este modo, quedaba en evidencia quiénes eran los 'enemigos internos' de acuerdo a Perón: la oligarquía y el comunismo. A su vez, el discurso de Perón hacía que esta contienda electoral no fuera una mera rivalidad entre partidos políticos nacionales, sino que se transformaba en un enfrentamiento entre Braden y Perón, o entre la soberanía política nacional contra el imperialismo norteamericano. Mediante su discurso confrontativo, Perón transformaba la contienda política en una supuesta disputa entre la patria y la antipatria.

2. La polarización de la política argentina

Perón manifestaba que su misión era *"alcanzar la redención social"*. Declaraba que la revolución de 1943 no había sido un golpe militar sino una reivindicación social de la patria, tratando de terminar con *"los restos de feudalismo"* que existían en el país.[25] El diagnóstico de Perón era el siguiente:

'[...] *hemos venido a terminar con una moral social que permitía que los trabajadores tuvieran que comer sólo lo que se les diera por voluntad patronal y no por deber impuesto por la justicia distributiva. Se acusa a nuestro movimiento de ser enemigo de la libertad. Pero yo apelo a vuestra conciencia, a la conciencia de los hombres libres de nuestra patria y del mundo entero, para que me responda honestamente si oponerse a que los hombres sean explotados y envilecidos obedece a un móvil liberticida* [...]. *Porque la verdad verdadera es esta: en nuestra patria no se debate un problema entre 'libertad' o 'tiranía', entre Rosas y Urquiza,*[26] *entre 'democracia' y 'totalitarismo'. Lo que en el fondo del drama argentino se debate es, simplemente, un partido de campeonato entre la 'justicia social' y la 'injusticia social'"* (Perón, 12/2/1946, p. 277).

Perón diagnosticaba una situación política, social y económica comparable al *"feudalismo"*, donde la clase trabajadora estaba sometida ante el poder de la oligarquía. Para Perón, los trabajadores debían emanciparse del dominio económico de sus empleadores. Sostenía que su Gobierno no pretendía atentar contra la libertad de las personas, por el contrario, quería reivindicar a la masa obrera por considerarla explotada y humillada por la oligarquía. Esta antinomia fue la base del enfrentamiento entre los argentinos durante el Gobierno peronista. Además, Perón planteaba la existencia de otra antinomia, causante de la crisis argentina, la *"justicia social"* contra la *"injusticia social"*.

Advertía que su misión política era la causa de Nosotros, las masas populares. Argumentaba que su movimiento político quería una *"patria* [...] *socialmente justa y políticamente soberana"*. Para alcanzar estas finalidades, según él, no era necesario acudir a *"métodos extranjeros"* propuestos por los imperialismos, sino, por el contrario, basarse en la *"Constitución"* y en los mecanismos de las leyes *"como un medio de progresar, pero de progresar todos, pobres y ricos, en vez de hacerlo solamente éstos a expensas del trabajador"*. Perón se enfrentaba a los criterios que la oposición proponía como verdadera democracia. Para Perón, rotular *"de totalitarios a los obreros argentinos"*, como hacían sus adversarios electorales, era algo *"absurdo"* y *"grotesco"* porque habían sido los obreros, *"los oprimidos"* por el régimen conservador, los que lo habían apoyado y realmente debían ser los destinatarios de un bienestar general. Destacaba que sus opositores lo acusaba de *"demagogo"* y *"totalitario"*, por ser, según él, un *"demócrata en el doble sentido político y económico del concepto"*, porque quería que *"el pueblo, todo el pueblo (en esto sí que soy 'totalitario')"*, decía Perón, *"y no una parte ínfima del pueblo se gobierne a sí misma"* y porque deseaba que todo el pueblo adquiriera *"libertad económica [...], indispensable para ejercer las facultades de autodeterminación"* (Perón, 12/2/1946, p. 279).

Perón resignificaba el uso de la palabra *"totalitario"*. La oposición lo calificaba peyorativamente como un dictador totalitario pero Perón les contestaba que su totalitarismo era un 'totalitarismo reivindicador', que tenía el objetivo de que todos los argentinos tuvieran los mismos derechos y libertades. La solución que proponía era otorgar a los trabajadores la *"libertad económica"* que les permitiese dirigir sus propias vidas, sin depender de la voluntad de sus patrones.

La Secretaría de Trabajo y Previsión y la Vicepresidencia durante el Gobierno de Farrell le otorgaron poder político a Perón. Su función pública le permitió acceder a los medios de comunicación, forjando un vínculo directo entre el líder y el pueblo de la Nación.[27] Esto le brindó espacios para convocar y proclamar los designios a los que las Fuerzas Armadas, y él personalmente, aspiraban para la nueva Argentina que emergía (Rouquié, 1998).

Perón proclamaba su triple condición de *"soldado"*, *"trabajador"* y *"patriota"*, e invitaba a los trabajadores a cohesionarse, acabar con las divisiones y lograr la unidad de la Nación. La misión política de Perón estuvo signada por estos tres títulos. Como *"soldado"* debía cumplir las finalidades fijadas por el Ejército, entregándose sin *"egoísmo"* ni *"claudicaciones mezquinas"*. Como *"primer trabajador argentino"* debía *"continuar en la defensa de la clase trabajadora"*, promoviendo a una *"justicia superior"*, logrando *"la felicidad de la patria, buscando el bienestar de las masas que laboran su grandeza"*. *"Como patriota"*, trabajaría *"por el engrandecimiento material y moral"* de la *"patria"*. Reconocía ante los trabajadores que, aún siendo combatido, la voluntad y la *"férrea energía"* no le harían abandonar *"la defensa de estos ideales"* que conformaban, según Perón, las necesidades básicas y fundamentales del Estado en esos momentos (Perón, 8/6/1944, p. 274).

Perón, una vez liberado de su arresto en la isla Martín García, fue trasladado al Hospital Militar y luego a la Casa Rosada, donde dirigió las siguientes palabras a una muchedumbre peronista:

"Trabajadores: hace casi dos años, desde estos mismos balcones, dije que tenía tres honras en mi vida: la de ser soldado, la de ser un patriota y la de ser el primer trabajador argentino [...]. Hoy a la tarde, el Poder Ejecutivo ha firmado mi solicitud de retiro del servicio activo del Ejército. Con ello he renunciado voluntariamente al más insignio honor al que puede aspirar un soldado, llevar las palmas y los laureles de general de la Nación. Lo he hecho porque quiero seguir siendo el coronel Perón y ponerme con este nombre al servicio integral del auténtico pueblo argentino".[28]

Perón ratificaba su misión política de brindarse por completo al *"auténtico pueblo argentino"*, limitado a la clase trabajadora, única beneficiaria de la reconversión de la *"Nueva Argentina"*. Perón, al aceptar su candidatura presidencial, representaría a la mayoritaria clase popular, creando un Nosotros peronista, destinatario de sus palabras. Como expusieron Sigal y Verón, del colectivo se había desprendido un miembro: Perón mismo. Perón se erigía como un garante exclusivo de la unidad nacional, necesaria para el restablecimiento de la nacionalidad. Se transformaba en el artífice y único depositario del vínculo entre la Revolución de 1943 y el pueblo (Sigal; Verón, 2003)

3. La 'peronización' de la Argentina

Apoyado por Eva Duarte y las masas populares,[29] Perón doblegó y excluyó a aquellos enemigos militares, defensores del conservadorismo (Romero, 2001). Esta jornada histórica fue "la sorpresa de ver el apoyo popular a la obra social del Gobierno militar". Para los militares, la elección era clara: "o bien contribuir a que los políticos y la burguesía antimilitarista derrotara al ejército o bien aceptar a Perón a disgusto y recibir el apoyo del pueblo y de los sindicatos sin desvirtuar el espíritu de la revolución de junio [...]". La crisis de octubre, más que la revolución de los descamisados imaginada por los ideólogos peronistas, reveló la existencia de un poder militar autónomo, forzado a asumir sus responsabilidades y deseoso de delegarlas de la manera más ventajosa para sus intereses corporativos. El sistema peronista surgió de esa realidad objetiva (Rouquié, 1998, p. 72).

a) Todo argentino debía ser peronista

La Doctrina Justicialista y su concepto de Comunidad Organizada se reflejaban en los siguientes puntos: 1) Ser un movimiento que daba cabida a vastos sectores de la sociedad, utilizando al partido como brazo político ejecutor de las aspiraciones de los integrantes de aquél. 2) La base de su doctrina partía de tres ideas-fuerza: justicia social, independencia económica y soberanía política. 3) Formulaba la concepción de Comunidad Organizada que expresa la idea de un todo orgánico en la que el individuo podía realizarse y realizarla al mismo tiempo. 4) Para que esta Comunidad Organizada adquiriera su plenitud, debían estar presentes las ideas de proporción, armonía y equilibrio, como las condiciones básicas para resolver conflictos. 5) La Comunidad Organizada determinaba la idea de Tercera Posición en el primero de los dos significados detallados a continuación: a) Ser una armonía entre individualismo y colectivismo, en la medida en que el individuo se realiza plenamente satisfaciendo con su accionar el interés general. Partiendo de este concepto, el justicialismo rechazaba al individualismo capitalista basado solamente en el egoísmo y el lucro, y el colectivismo marxista que absorbía y despersonalizaba al individuo. b) La Tercera Posición se ubicaba en un punto equidistante de los dos imperialismos hegemónicos que se disputaban el control del mundo. Desde este enfoque coincidía con la idea-fuerza de independencia económica. 6) El concepto de Comunidad Organizada determinaba una armonía entre el capital y el trabajo, y asignaba al Estado el papel de árbitro para que estos términos, que no debían ser opuestos, alcanzaran un equilibrio que los ubicara en sus justas proporciones. 7) En consonancia con el concepto de independencia económica, el justicialismo era nacionalista y propiciaba la nacionalización de los resortes básicos de la economía como base fundamental para asegurar la concreción de aquella idea-fuerza con esta última afirmación (De la Vega, 1996).

Las 'Veinte Verdades del Justicialismo' fueron una parte esencial de la Doctrina Justicialista. Dentro de estas veinte afirmaciones existían tres que evidenciaban el espíritu de exclusión presente en el movimiento peronista. Tales manifestaciones fueron: *"Para un justicialista no puede haber nada mejor que otro justicialista"* (Torre, 1990, p. 56). Esta afirmación tendía a la uniformidad ideológica, ya que incitaba a que el justicialismo rechazara la posibilidad del intercambio de ideas con otras vertientes de pensamiento. Esta frase implicaba la construcción del 'enemigo interno'. Según Sigal y Verón, de cierto modo, para un peronista había algo "de impensable, de inconcebible, de fatalmente opaco, en la existencia de un no peronista". Esta opacidad era consecuencia de lo que estos autores definieron como "vaciamiento del campo político". Al no haber un eje común en el cual se pudieran situar simultáneamente Perón y sus enemigos, tampoco había un colectivo capaz de abarcar ambos términos, dado que el peronismo reivindicaba para sí el colectivo más amplio posible: los argentinos. Esto hacía que el 'enemigo interno' solamente pudiera ser nocivo, como resultado de haber sido expulsado del colectivo más amplio posible (Sigal; Verón, 2003, p. 74).

Asimismo, Perón ponía en evidencia la exclusión política sufrida por la oligarquía al sentenciar: *"Ningún justicialista debe sentirse más de lo que es ni menos de lo que debe ser. Cuando un justicialista comienza a sentirse más de lo que es, empieza a convertirse en oligarca"* (Torre, 1990, p. 56). Por último, el deseo por acaparar todo ámbito de la vida ciudadana se reflejaba en el discurso peronista de la siguiente manera: *"El justicialismo es una nueva filosofía de vida simple, práctica, popular, profundamente cristiana y profundamente humana"* (Torre, 1990, p. 57).

La victoria electoral le otorgó a Perón una gran concentración de poder, con más de dos tercios de las bancas en Diputados y casi la totalidad del Senado, pues sólo dos provincias fueron ganadas por la oposición. La débil oposición política facilitaba la imposición ideológica de la Doctrina Justicialista. Perón declaraba:

"Nuestra doctrina es una doctrina de moral, es una doctrina humanista, es una doctrina patriótica. De modo que no hay inconveniente en irla introduciendo en las escuelas, en los colegios, en la universidad, en todas partes. Si fuese una doctrina mala, yo sería el primero en combatirla; pero siendo buena, debemos tratar de introducirla en todos los lugares, en todos los hombres y todas las mujeres. Con eso aseguraremos el triunfo de una acción colectiva".[30]

A través de la Doctrina Justicialista, Perón pretendía formar hombres y mujeres acordes a los ideales peronistas. Mediante un vasto aparato propagandístico, se propuso la misión de introducir su doctrina en todos los aspectos de la vida del país, formando una identidad política nacional basada en ella. Como explicitó Zarazaga, la concepción militar se apoderó, una vez más en la historia argentina, de la concepción política de la Nación, otorgándole al oficialismo una estructura monolítica con escaso lugar para la diversidad de ideas. Las relaciones horizontales que se establecen dentro de un mismo partido entre las facciones de opinión diferente gozaron de poco margen en el seno del Partido Justicialista. Se prefería la eficiencia de la unidad de concepción establecida desde la cúpula a debatir, negociar o cooperar. Estaba establecido en la carta orgánica del Partido Justicialista que si uno de sus miembros accedía a la Presidencia de la Nación, éste estaba autorizado a cambiar cualquier decisión, revisar candidaturas y llamar a elecciones extraordinarias para cambio de autoridades. Esto le posibilitó a Perón manejar el partido de manera personalista, como si fuese un instrumento más de su empresa estatal. Desde la administración hasta la ubicación física del Partido Justicialista hacían que las actividades del partido se confundieran con las del Estado (Zarazaga, 2004).

La unanimidad[31] bajo la cual el peronismo pretendía erradicar al pluralismo político se vio reflejada en la ley 14.184, aprobada por el Congreso gracias a la mayoría oficialista. En su artículo 38, esta ley declaraba a la doctrina peronista como la 'doctrina nacional'. Al ser declarada nacional, esta doctrina trazaba una clara frontera que hacía extranjeros o traidores a quienes no la aceptaran. La riqueza del pluralismo político era desconocida con el objetivo de imponer una homogeneidad que dejaba poco margen a la política. El peronismo, al adjudicarse la exclusividad de la manifestación política de la patria, renunciaba a la competencia política con sus adversarios, convirtiendo a éstos en traidores. Por otro lado, este proceder incubaba el germen de la autodestrucción de este movimiento, dado que "la presión creciente que implicaban sus aspiraciones buscaría liberarse con la misma fuerza con que había sido impuesta, sometiendo al país a una nueva invasión de escena". A su vez, la centralización de los poderes en manos de Perón intensificó la tradición presidencialista de la Argentina, manifestándose en las relaciones que el presidente estableció con el Congreso y la Corte Suprema de Justicia (Zarazaga, 2004, p. 232).

Perón, al instaurar la Doctrina Justicialista, pretendía crear la primera doctrina nacional. Expresaba:

"Fue menester crear una doctrina nacional [...]. Sus principios esenciales ya estaban perfectamente establecidos el día que iniciamos la reconquista del país [...]. Y ningún argentino bien nacido puede dejar de querer, sin renegar de su nombre de argentino, lo que nosotros queremos cuando afirmamos nuestra irrevocable decisión de constituir una Nación socialmente justa, económicamente libre y políticamente soberana. Podrá quedar tal vez, en nuestra tierra, algún antiguo explotador del trabajo humano que no puede concebir una Nación Argentina socialmente justa; o algún astuto dirigente marxista a sueldo de intereses extraños a quien no le convenga nuestro justicialismo, porque le hemos hecho perder todos los argumentos que antes tenía [...]. Quedará quizás algún viejo abogado de empresas extranjeras que añore las viejas épocas, cuando también se pagaba la traición [...] y que no quiera saber nada con esta Nueva Argentina que nosotros proclamamos económicamente libre; y tal vez quede algún grupo de hombres, sin patria y sin bandera, que no puede querer que seamos una nación políticamente soberana [...]. ¡Pero ningún argentino de bien puede negar su coincidencia con los principios básicos de nuestra doctrina sin renegar primero de la dignidad de ser argentino! [...] Por eso afirmamos que nuestra doctrina es la de todos los argentinos y que por la coincidencia de todos en sus principios esenciales ha de consolidarse definitivamente la unidad nacional".[32]

De acuerdo a lo expresado en el discurso de Perón, todos los argentinos debían adherirse a las tres ideas-fuerza del Gobierno peronista. Aquellos que no lo hicieran eran considerados anti-argentinos y, por ende, excluidos de la política nacional. La *"unidad nacional"* se lograría solamente si todos los argentinos seguían los principios esenciales de la Doctrina Justicialista. La instauración de esta doctrina promocionada por el Gobierno echaba por tierra toda posibilidad de pluralismo ideológico. El Estado pretendía un hegemonismo ideológico que, como resultado de tal imposición, producía rechazo en la disidencia política, dividiendo a la sociedad, en vez de aunarla, como manifestaban el presidente en su discurso.

En el discurso peronista existía una coincidencia buscada entre el movimiento y los argentinos, que aparecía como una necesidad absoluta, implícita en el concepto mismo de argentinos. Quien no compartiera los deseos de Perón sería tildado de 'renegado', 'mal nacido', e 'indigno' del nombre de 'argentino'. Los anti-peronistas constituían la anti-patria. Al definirlos de manera puramente negativa, Perón despojaba a sus enemigos de toda sustancia. Para el peronismo, estar contra Perón era estar contra la patria misma. En su obra, Sigal y Verón definen este aspecto como el "vaciamiento del campo político". La doctrina estaba ubicada fuera del campo político, eran las banderías las que correspondían al mismo. La determinación del status especial de la doctrina articulaba la relación de la doctrina con la verdad y la concepción negativa de la política y los políticos. De acuerdo al mensaje peronista, si la doctrina justicialista era capaz de unir a todos los argentinos se debía a que expresaba simplemente la verdad, coincidía con la realidad. Por consiguiente, toda posición diferente a la peronista sería artificial por definición, destinada a dividir (Sigal; Verón, 2003).

Asimismo, la confusión entre conceptos significativamente diferentes como 'unidad nacional' y 'unanimidad ideológico-partidaria' fue el resultado de la identificación de la Nación con el peronismo. Consecuentemente, aquellos ciudadanos que no compartían las ideas de Perón eran vistos por el Gobierno como colaboradores de intereses antinacionales, haciéndoles perder su legitimidad como actores político. Esto provocó malestar en los antiperonsitas, lo cual imposibilitaba a la Argentina de conformar una política a partir de la construcción colectiva de consensos legítimos. Si bien Perón marginaba a sus adversarios del juego político, éstos, generalmente, habían a su vez excluido a los integrantes del peronismo de la esfera política y social, identificándolos con motes despectivos tales como 'aluvión zoológico'. Del mismo modo, "la concepción militar que intentaba plasmar una sociedad encolumnada tras Perón generaba paradójicamente, al desconocer su legitimidad, una oposición sedienta de pagar con la misma moneda el ostracismo al que había sido sometida" (Zarazaga, 2004, p. 232).

b) Descamisados vs. explotadores

Perón exclamaba que se debían respetar las *"divergencias ideológicas y doctrinarias"*[33] para terminar con los enfrentamientos entre argentinos. No obstante, su discurso revanchista y conflictivo más la exclusión política propiciada por este presidente derivaron en una realidad política opuesta a la que Perón decía anhelar para la Argentina. El fin de la exclusión de la clase trabajadora había hecho que los adversarios de la contienda electoral estuvieran ahora unidos dentro de la heterogeneidad del 'nuevo' Congreso Nacional. Por lo tanto, convocaba a la armoniosa convivencia de la antinomia ya mencionada, resaltando que la *"cultura de los trabajadores modestos"* podría *"ser deficiente"* pero que conocían *"mejor que nadie las necesidades y los problemas de los núcleos más débiles"*. Enfrentándose a la oligarquía, Perón acusaba:

"[...] se asustan de que hablemos de 'descamisados', olvidando que fueron ellos los que, por su egoísmo, dejaron a los obreros en camisa [...], quienes ahora se acuerdan de llamar 'trabajadores dignos' a los mismos obreros que despreciaron y explotaron [...]. La Nación no es patrimonio de los doctos ni menos de los adinerados, sino que está formada por todos. Por los ricos y por los pobres, por los cultos y por los ignorantes. Entre todos se forma la vida diaria".[34]

Reivindicaba el aporte que los trabajadores podían hacer a la política del país, mientras que condenaba a los conservadores por haber oprimido y explotado a la clase obrera. Esta *"Nueva Argentina"*, de la que hablaba Perón, había dejado de estar regida exclusivamente por la oligarquía para pasar a ser una Nación con representantes públicos provenientes de todas las clases sociales. El espacio político que la oligarquía argentina se vio forzada a ceder ante el ascenso presidencial de Perón, sumado al desprestigio de sus hombres por parte del Gobierno, produjeron un fuerte sentimiento antiperonista en la clase dirigente, en gran parte debido a los ataques emitidos por el discurso peronista.

c) La desunión nacional

Una de las declaraciones más trascendentes que Perón hizo con respecto a Nosotros y los Otros fue: *"Cuando se dice pueblo, somos nosotros, y cuando se dice aristocracia, capitalismo y otras cuantas calificaciones, son ellos"*.[35] Con estas palabras, Perón hacía una división tajante entre Nosotros, el *"pueblo"*, limitado a la clase trabajadora, y sus 'enemigos', la *"aristocracia"* y el *"capitalismo"*, a quienes excluía del *"pueblo"*, señalándolos como anti-argentinos.[36] Perón diagnosticaba que existía un enfrentamiento entre la clase trabajadora y la oligarquía. Afirmaba que el *"objetivo superior"* era *"la unidad de todos los argentinos"*, terminando con las *"luchas odiosas"* (que él también fomentaba), *"y diferencias absurdas"*, para que no hubiera *"hombres excesivamente ricos ni hombres excesivamente pobres"*.[37] Señalaba que la brecha económica que dividía a pobres y ricos era la causa de la desunión nacional. La solución que Perón impulsaba era la redistribución de la riqueza. Manifestaba que para poner fin a los enfrentamientos entre argentinos se necesitaba un país más igualitario. Este concepto de *"unidad"* denotaba la necesidad de construir una identidad política nacional. Perón les hacía saber a los trabajadores que este Gobierno, a diferencia de los *"Gobiernos oligárquicos"*, tendría en cuenta sus reclamos y atendería sus necesidades.[38]

Continuando con su prosapia conflictiva, Perón diagnosticaba:
"*Ahora sabe el pueblo que el Gobierno es suyo;* [...] *nuestro sistema republicano tiene hoy su más alta expresión desde que el Gobierno ha dejado de ser posesión de la oligarquía, y modestos hombres del pueblo* [...] *integran los cuadros de todos los poderes del país y de sus representaciones en el extranjero* [...]. *Quienes primero creyeron insultarnos con el mote de 'descamisados' y luego calificaron a nuestra victoria como 'aluvión zoológico', no podrán sino reconocer, por lo menos en lo íntimo de su conciencia – si es que aún les queda conciencia –, que los descamisados del aluvión zoológico han sabido defender en todas partes con ardoroso entusiasmo la dignidad nacional, mejor que los más conspicuos políticos y diplomáticos de la vieja oligarquía*".[39]

Perón esbozaba que haber terminado con el fraude electoral y retornado a una democracia honesta le había devuelto los derechos al pueblo, que era ahora el conductor del destino del país, y a través del voto podría impedir que llegasen al Gobierno los políticos que no lo representaban. Manifestaba que desde que la oligarquía había sido apartada del poder y desde que la clase trabajadora formaba parte de las decisiones del Gobierno, el sistema republicano gozaba de una plenitud sin precedentes. Concluía diciendo que los *"descamisados"*, oprimidos e ignorantes hombres de la clase trabajadora, defendían a la Nación mejor que los ilustres políticos de la *"oligarquía"*. Se observa aquí cómo para Perón la *"oligarquía"* no era parte del *"pueblo"*, sino que era su 'enemigo'.

A lo largo de su primera presidencia, Perón, además de difundir la Doctrina Justicialista y la Tercera Posición, y desarrollar el Plan Quinquenal, promovió la reforma constitucional.[40] Según Luís Alberto Romero, esta reforma era para la oposición, la continuación de un modelo autoritario y de un Congreso que trabajaba para ratificar todas las decisiones del Poder Ejecutivo. Detrás de la reforma constitucional, se acusaba a Perón de buscar la reelección para continuar con sus proyectos y programas justicialistas, fundamentalmente, extender hacia otros pueblos de América latina los principios de la Tercera Posición. Perón mantenía que la reforma constitucional era una imperiosa actualización de los principios organizativos de la Nación. Si bien reconocía que la Constitución de 1853 era flexible y adaptable a las circunstancias políticas ocasionales, esgrimía que la misma estaba basada en fundamentos ideológicos del siglo XIX, no adaptables al momento político de mediados del siglo XX (Romero, 2001).

Perón decía estar a favor de una reforma constitucional, no con el objeto de una reelección presidencial sino como la actualización de una anticuada Carta Magna. En su diagnóstico referido a la reforma constitucional destacaba dos cuestiones fundamentales:
"*a) actualizarla en lo que sea incompatible con los tiempos modernos y ponerla al día de acuerdo a la evolución del mundo* [...]. *b) Completarla en los diferentes aspectos en que evidentemente está incompleta de acuerdo con nuestra vida* [...]. *Entre todo ello es necesario tener en cuenta nuestra doctrina, ya que hemos de trabajar de acuerdo con lo que el pueblo desea y los hechos han establecido incontrovertiblemente que éste anhela cuanto estamos realizando*".[41]

Esta declaración evidenciaba la posible influencia que tendría la Doctrina Justicialista sobre la reforma constitucional. La Constitución Nacional, expresión máxima de la República, pieza fundamental de la identidad política nacional, tomaría un matiz peronista. La imposición ideológica que el Gobierno estaba llevado a cabo abarcaba ahora también a la Constitución Nacional.

Mientras tanto, Perón se enfrentaba a sus opositores y a los detractores de la reforma constitucional, diciendo:

> *"¿Por qué los atemoriza que el Poder Ejecutivo cuente con los elementos de acción suficientes para la defensa de las libertades y para el mantenimiento del orden público, dentro de la mayor legalidad, mientras que veían complacidos las ilegalidades y las extralimitaciones de aquellos Gobiernos? Sencillamente, porque entonces el Poder Ejecutivo eran ellos en tanto que ahora somos nosotros. No se interprete mi afirmación como un juego de palabras, sino como algo de profundo contenido. A nuestros enemigos no les preocupaban los abusos de poder, porque siempre se realizaban en su provecho o en el de la clase que representaban. Cuando hablaban de libertad, se referían a su libertad con desprecio de la de los demás. Y cuando señalaban la necesidad de mantener el orden público, se referían – y así había que entenderlo – a la necesidad de que el Estado dispusiese de la armazón coactiva indispensable para amparar al capitalismo en sus abusos contra las reclamaciones de las masas hambrientas, por muy justificadas que fuesen"*.[42]

Perón hacía una distinción entre los que estaban a favor y en contra de la reforma constitucional, entre Nosotros y los 'enemigos internos'. Esta manifestación tuvo el propósito de demostrar que el Gobierno ya no les pertenecía a *"ellos"*, la oligarquía, quienes amparaban *"las ilegalidades y extralimitaciones"* del régimen conservador. Ahora los peronistas, *"nosotros"* para este Gobierno, ostentaban el poder y se enfrentaban a los representantes del régimen depuesto, a quienes Perón veía como sus *"enemigos"*. El presidente decía, además, que las acciones políticas de éstos habían beneficiado únicamente a la oligarquía, mientras despreciaban al resto de la población. También sentenciaba que para el régimen conservador, el mantenimiento del *"orden público"* significaba la instauración forzosa de un aparato político que protegiese los intereses capitalistas, en desmedro de las masas populares. El paradigma amigo-enemigo estaba presente en cada una de estas afirmaciones. Perón se refería a sus *"enemigos"*, y por consiguiente de la Nación misma, como un sector de la sociedad que había sido vencido, y que merecía ser excluido políticamente o sometido a su voluntad por haber atentado contra los intereses del país.

De acuerdo a lo escrito por Sigal y Verón, el 'enemigo interno' estaba reducido a un principio abstracto de oposición, mientras se lo despojaba de toda pertinencia discursiva. El 'enemigo' hacía política y observaba con furia como Perón realizaba y resolvía el verdadero problema, el social. Consecuentemente, el adversario era construido como una oposición a la verdad del peronismo. De acuerdo al mensaje presidencial, el 'enemigo interno' no tenía proyecto político alguno, sino que estaba avocado a obstaculizar la obra del oficialismo, en la cual coincidían la verdad y la realidad. Por lo tanto, el adversario era el enemigo del pueblo, del país y de la Nación (Sigal; Verón, 2003).

d) La erradicación de los extremismos
El diagnóstico de Perón esgrimía que ante un mundo de grandes cambios políticos y sociales, la Argentina debía ubicarse con una conciencia política y una identidad política diferente a las tendencias que dominaban la política internacional. La Tercera Posición era una propuesta combativa, pensada para Latinoamérica y para aquellos países que sufrieran la intervención de las potencias hegemónicas de entonces, los Estados Unidos y la Unión Soviética (De la Vega, 1996). Perón había fundado la *"Tercera Posición"* como una solución que ofrecía al *"pueblo otro camino que no lo condujese a la explotación y a la miseria* [...], *una tercera posición argentina para los argentinos"* que *"permitiese seguir* [...] *la ruta de la libertad y de la justicia"*, alejada de los extremismos capitalistas y marxistas.[43]

Perón dejaba en claro que para ser parte de Nosotros durante su Gobierno se debía seguir lo estipulado por la Tercera Posición, mientras que los 'enemigos' eran aquellos que adherían a los ideales enarbolados por el imperialismo capitalista y el comunismo.[44] La Tercera Posición era un camino para lograr la paz, distinto de lo que significaban estos dos imperialismo antagónicos, una solución que buscaba la justicia social, debido a que *"el individualismo capitalista sometía a los hombres, a los pueblos y a las naciones a la voluntad omnipotente, fría y egoísta del dinero"* y *"el colectivismo, detrás de una cortina de silencio, sometía a los hombres, a los pueblos y a las naciones al poder aplastante y totalitario del Estado".*[45]

Este presidente manifestaba que la solución política para *"lograr la paz interior"* debía *"consistir en la anulación de los extremismos capitalistas y totalitarios, sean estos de derecha o izquierda".*[46] En el discurso presidencial, los extremismos aparecían como 'enemigos externos', quienes, en complicidad con sus agentes nacionales, los 'enemigos internos', impedían consolidar la 'unidad nacional' y forjar una identidad política propia de la Argentina, debido a que servían a intereses anti-argentinos. Perón manifestaba que la vida política argentina se encontraba convulsionada por la presencia de los 'enemigos internos', partidarios ideológicos de los imperialismos dominantes, que estaban provocando la desintegración de la identidad política nacional.

Resumiendo, el discurso peronista diagnosticaba que existía una convivencia entre pares de opuestos: imperialistas-antiimperialistas, oprimidos-opresores, ricos-pobres, entre otros, haciendo notar que la vida política argentina se caracterizaba por el desencuentro de un pueblo enfrentado, marcado por las disyuntivas entre peronistas y antiperonistas, burgueses y proletarios, comunistas y capitalistas. Los proyectos de la Doctrina Justicialista y Tercera Posición, dentro de la Comunidad Organizada, serían la vía para la integración nacional propuesta por este Gobierno. Ser argentino, para Perón, era estar identificado con los lineamientos de la Doctrina Justicialista, erigiendo a su persona como árbitro final de todas las decisiones.

Ya con vistas a una segunda presidencia, Perón intensificó su discurso fragmentador. El clima político de las elecciones se dio dentro de un marco de persecuciones políticas y destituciones a militares. La ambigüedad de los discursos de Perón, frente a la difícil situación política, se puede observar en el diagnóstico que hizo en el último discurso de su primera presidencia ante el Congreso Nacional, al ratificar los logros alcanzados a través de la Resolución de 1946, diciendo:

"Estos eran los seis puntos fundamentales de mis pensamientos y mi resolución de 1946: 1) Cuando se viven tiempos de desbordados imperialismos, los Estados, como Hamlet, ven frente a sí el dilema de ser o no ser; 2) Por eso, la cuestión más importante para el gobernante de hoy es decidirse a enfrentar al exterior si quiere ser, o sacrificar lo interno, si renuncia a ser; 3) Cuando defienda su independencia, haga respetar su soberanía y mantenga el grado de dignidad compatible con lo que debe ser una nación, deberá luchar duro con los déspotas y dominadores soportando virilmente sus golpes; 4) Cuando a todo ello renuncie, vivirá halagado por la falsa

aureola que llega desde lejos, no enfrentará la lucha digna, pero tendrá que enfrentar la explotación de su pueblo y su dolor que golpearán implacablemente sobre su conciencia. Tendrá a menudo que recurrir al engaño para que lo tolere a su frente y renunciará a su independencia y soberanía juntamente con su dignidad; 5) Esta es la primera incógnita que debo despejar en el Gobierno de mi país, delante mismo de mi pueblo; 6) Yo me decido por mi pueblo y por mi Patria. Estoy dispuesto a enfrentar la insidia, la calumnia y la difamación de los enemigos de adentro y de sus agentes de afuera".[47]

Perón manifestaba que los Estados del mundo se debatían entre el comunismo y el capitalismo, sin saber hacia cuál de ellos inclinarse. Por lo tanto, el Gobierno debía enfrentarse a estos dos imperialismos para defender su identidad política nacional, de lo contrario dejaría de *"ser"*, en este caso Argentina, para convertirse en otra cosa. Sostenía que para seguir siendo *"una nación"*, Argentina debía defender *"su independencia"*, *"su soberanía"* y su *"dignidad"*. De no ser así, la Nación no tendría que luchar contra los imperialismos, quienes alabarían al país hipócritamente por haberse sometido ante su poderío, pero los argentinos cargarían en sus conciencias con el dolor de haber permitido que se explotara al pueblo, renunciando, así, a su *"independencia"*, *"soberanía"* y *"dignidad"*. Perón concluía diciendo que enfrentaría a sus 'enemigos internos' y 'externos', en defensa del *"pueblo"* y de la *"Patria"*.

Según Potash, la primera presidencia de Perón se destacó, por un lado, por los importantes logros políticos, sociales y económicos, mientras que, por el otro, las crisis políticas dentro de las Fuerzas Armadas, el rol de Eva Perón y los altibajos de la economía argentina fueron las grietas que comenzaron a socavar la política peronista, en vísperas de su reelección presidencial. Las condiciones políticas y económicas, durante el período de campaña electoral, fueron los detonantes de la fractura con las Fuerzas Armadas y una regresión a una política económica que afectaba los ideales de la revolución de 1943, especialmente por sus tratados con los Estados Unidos. En septiembre de 1951, dentro de las Fuerzas Armadas se planteó la idea de llevar adelante un golpe militar que derrocara a Perón si éste no se avenía a rever sus proyectos políticos para una segunda presidencia. Fundamentalmente, exigían la exclusión de su esposa de la fórmula presidencial y un giro en las condiciones económicas del país. Las Fuerzas Armadas, ante las elecciones, desistieron de todo acto de sublevación, apoyando a Perón, debido a que su entorno, la masa obrera y el nuevo electorado femenino garantizaban la continuidad de la influencia militar en el Gobierno nacional. Por otro lado, el pueblo desconocía las dificultades que enfrentaba el Gobierno peronista. Sin embargo, estas contrariedades no empañaron el éxito de Perón en las elecciones de noviembre de 1951, al vencer a la fórmula de la UCR, conformada por Ricardo Balbín y Arturo Frondizi (Potash, 1984).

Durante el Gobierno peronista, Argentina padecía una severa fragmentación en su identidad política nacional, la cual fue agravada por el discurso y la doctrina de Perón. Mientras la doctrina proclamaba la integración y la uniformidad de la Nación, su discurso promovía a la violencia, acusando y denunciando a quienes para él atentaban contra la integridad de la causa y el movimiento justicialista. A lo largo de su primera presidencia persiguió a sus adversarios, prohibió la libertad de expresión en los medios de comunicación y condenó a prisión a aquellos que se declaraban enemigos del Gobierno peronista.[48] Perón hizo del discurso justicialista, el discurso del Gobierno y éste, en consecuencia, se convirtió en el discurso del Estado Argentino y de la Nación misma.

4. "Cuando uno de los nuestros caiga, caerán cinco de ellos"

La segunda presidencia de Perón estuvo marcada por la fatalidad. En abril de 1952, antes de que Perón asumiera el poder, fallecía su vicepresidente Quijano y se agudizaba la enfermedad de Eva Perón, quien moriría el 26 de julio del mismo año. La muerte de Evita le hizo perder a Perón su mejor aliado en la relación con los sindicatos. Tal como señalara Potash, el declive de Perón se acrecentó por la mala situación económica del país, por los conflictos en las Fuerzas Armadas y por los ataques de sus adversarios y antiguos seguidores. Como respuesta, Perón incrementó la violencia y represión contra sus opositores y 'enemigos internos'. Su personalismo y poder agravaban todavía más las divisiones entre peronista y antiperonistas. La crisis y el deterioro de Perón a partir de la muerte de Evita provocaron una mayor escisión política, no sólo dentro de las Fuerzas Armadas sino también dentro del movimiento justicialista, ante la evidencia de la falta de sucesores para la continuidad de la Doctrina Justicialista (Potash, 1984).

De acuerdo a la investigación realizada por Potash, Perón, en 1954, demostró que el andamiaje sobre el cual sostuvo su poder comenzaba a perder las bases que él mismo había sustentado. Firmó convenios con los Estados Unidos, recibió al hermano del presidente Eisenhower, solicitó créditos a ese país, y provocó una enemistad con la Iglesia Católica. Desde el inicio de su segunda presidencia hasta fines de 1954, el liderazgo político de Perón fue endeble y controvertido. Para fines de 1954, Perón mostraba un agotamiento en sus principios económicos y políticos, convirtiendo su plan de independencia económica y soberanía política en una versión política y económicamente dependiente del capitalismo estadounidense y británico. Durante los dos primeros años del segundo Gobierno peronista, la situación económica fue de alzas y bajas, se percibía una crisis política latente, proveniente de las actitudes políticas de Perón. Su primer error táctico se dio en el marco de la relación con la Iglesia Católica, institución que mantenía una relación de equilibrio armónico con el Estado desde la revolución de 1943, época en la cual se había impuesto la educación religiosa en los establecimientos escolares públicos (Potash, 1984).

a) La apropiación de la 'identidad cristiana'

La relación del Estado peronista y la Iglesia pasó de una estrecha relación, iniciada en la Revolución de 1943, a un conflicto radical en 1955. En 1943, el Gobierno de Ramírez aparentaba ser una restauración católico-nacionalista, mientras que en los comienzos del Gobierno peronista, la Iglesia y el Estado colaboraban mutuamente, dado que el peronismo y el catolicismo estaban ligados por infinidad de lazos, tanto espirituales como materiales. El Gobierno nacional solventaba a la institución religiosa, y ésta, a cambio, proporcionaba apoyo político. El quiebre de esta relación se produjo a partir del auge de una versión peronista de la religión promovida por el Estado: el 'cristianismo peronista'. De acuerdo a Caimari, el mismo era definido como "una religión popular, desinteresada de las formas pero fiel a la esencia social del mensaje cristiano, era presentado como el remedio a los antiguos males provocados por una Iglesia mundana y una religiosidad formal desligada del pueblo". Para el Gobierno nacional, el 'cristianismo peronista' "era mejor porque era más puramente cristiano que el catolicismo de la Iglesia pero, sobre todo, porque era peronista. Y eran los líderes del peronismo, no los de la Iglesia, quienes definían el buen cristianismo, así como a los buenos y malos cristianos". Perón mismo sostenía "que la Iglesia argentina estaba dominada por un clero concentrado en intereses puramente materiales y que creyentes católicos profesaban una religión formal y superficial. Progresivamente, sus acusaciones dejarían de ser alusiones aisladas, para ser absorbidas y desarrolladas en el marco del nuevo discurso religioso partidario" (Caimari, 1995, p. 461).

El Congreso Eucarístico de 1950 evidenció una identidad católica opositora, y un progresivo retraimiento del Estado como garante de la hegemonía del catolicismo en la sociedad argentina. A su vez, Perón se mostraba irritado por considerar "que el mundo católico daba cada vez más espacio y visibilidad a los adversarios del peronismo". Fue así como se elaboró el 'cristianismo peronista', que era predicado, en primer lugar, por Perón y Evita. La esposa del presidente "radicalizó los términos políticos de la nueva religión, mediante mensajes radiales que construían la definición peronista de la Navidad como la fiesta de los humildes, y paralelos entre los pastores de Belén y los descamisados de Perón. […] En el contexto de la peronización enérgica de la educación […], el catolicismo era, cada vez más, un elemento subordinado a la visión peronista del mundo, abrumadoramente dominante en los contenidos de la educación pública". Cristo no era presentado como una figura supernatural, sino "como un líder social, cuyos orígenes humildes eran enfatizados y cuyo mensaje permitía numerosos paralelos con la obra de Perón y Evita" (Caimari, 1995, p. 466).

Entre fines de 1954 y mediados de 1955, el conflicto entre el Gobierno peronista y la Iglesia Católica alcanzó proporciones escandalosas. El mismo Perón tomó la iniciativa y se escucharon críticas crecientes al clero por parte de la prensa y dirigentes oficiales. Perón rotuló a la Acción Católica como una organización internacional hostil al peronismo. La Iglesia, por su parte, aseguraba que la Unión de Estudiantes Secundarios (UES), organización que alentaba a los jóvenes a adherirse al movimiento justicialista, alejaba a la juventud argentina de la vida religiosa y la familia. El Gobierno decidió pasar de las declaraciones a las medidas concretas. Hubo sacerdotes arrestados y varios feriados religiosos fueron eliminados del calendario. Mientras que el Ministerio de Educación desmontó el dispositivo que garantizaba el espacio del catolicismo en las escuelas públicas. Asimismo, los legisladores justicialistas debatieron sobre la legalización del divorcio, la supresión de la enseñanza religiosa y, finalmente, un proyecto de reforma constitucional destinado a limitar la influencia de la Iglesia (Caimari, 1995).

Según Potash, las acciones anti-clericales del Gobierno peronista repercutieron en las Fuerzas Armadas y en diferentes sectores políticos. Los radicales, socialistas, conservadores y antiguos opositores de Perón intensificaron sus esfuerzos para enfrentar a los militares con el régimen. La causa que originó el conflicto con la Iglesia acrecentó la ruptura entre Perón y las Fuerzas Armadas, especialmente con la Marina (Potash, 1984).

Ante la tensa relación entre el Gobierno y la Iglesia, Perón procuraba defender la supremacía de la Doctrina Justicialista, declarando:

"La Doctrina Nacional, alma o espíritu de nuestro Pueblo, es la primera causa de nuestra existencia vital como nación. Es el equilibrio armónico de nuestra unidad nacional en sentimientos, en ideas y en decisiones. Nos acerca a todos los argentinos bajo los signos de un solo corazón, una sola mente y una sola voluntad".[49]

Los dichos de Perón convirtieron a la Doctrina Justicialista en un dogma tendiente a homogeneizar. Esta situación provocó malestar en el ambiente eclesiástico por considerar que la religión estaba perdiendo importancia ante la propagación de la doctrina peronista.[50] La imposición de esta doctrina, que pretendía aunar al pueblo argentino, catalizó un conflicto en el cual se dirimía y ponía en cuestionamiento la influencia de la Iglesia y el Poder Ejecutivo. La difusión de la Doctrina Justicialista alcanzó un nivel tan significativo que era capaz de disputarle a la entidad religiosa el dominio ideológico de la sociedad. De este modo, se observa hasta qué punto el Gobierno nacional pretendía llevar la imposición ideológica.

A principios de 1955, ciertos sectores del Ejército que habían participado en levantamientos contra Perón tenían como único objetivo matar al presidente. La Marina, que durante toda la gestión presidencial tuvo una relación distante con Perón, se movilizó para llevar a cabo un rápido derrocamiento. Entre el 11 y el 16 de junio de 1955, los enfrentamientos contra Perón comenzaron con un bombardeo por parte de la aviación de la Marina sobre la Plaza de Mayo. El 11 de junio, día de Corpus Christi, una multitudinaria marcha que se dirigía hacia la Catedral, terminó en el Congreso con la quema de una bandera argentina. La respuesta contra los grupos católicos, que se suponía habían perpetrado dicho acto, fue incendiar varias iglesias. Estos acontecimientos fueron el inicio de un tipo de violencia, en la cual civiles y militares se enfrentaban para defender causas contrapuestas. Era el inicio de una nueva antinomia: los defensores de Perón contra los defensores de la Iglesia. El Gobierno, por su parte, parecía ausente del foco armado, asegurando su desconocimiento de las causales de los ataques contra la Iglesia y la Casa de Gobierno. La Marina fracasó en su intento de derrocamiento y los promotores del conflicto tuvieron que huir del país o fueron condenados a cadena perpetua (Potash, 1984).

b) Peronismo vs. antiperonismo

Perón, frente a los hechos que intentaban desestabilizar su Gobierno, adoptó un discurso violento. El presidente no cambió de táctica, sino de política al anunciar que emprendería la pacificación nacional y que dejaba de ser el jefe de una revolución para convertirse en el presidente de todos los argentinos, demostrando implícitamente que había trascendido los límites constitucionales. No obstante, se trataba de una promesa tardía, pues su credibilidad estaba seriamente afectada.

Previa presentación de su renuncia, no ante el Congreso sino ante el partido, Perón dijo, dirigiéndose a la concentración organizada por la CGT:

"A la violencia hemos de responder con una violencia mayor [...]. Aquel que en cualquier lugar intente alterar el orden en contra de las autoridades constituidas, o en contra de la ley o de la Constitución, puede ser muerto por cualquier argentino [...]. Y cuando uno de los nuestros caiga, caerán cinco de ellos. Esto lo hemos de conseguir persuadiendo y, si no, a palos". (Perón, 31/8/1955, p. 317).

El presidente alentaba a sus seguidores a responder con violencia e incluso matar a aquellos que atacasen al Gobierno o se manifestasen en contra de la Doctrina Justicialista. Finalizó su discurso con una frase que develaba una crisis política comparable al inicio de una guerra civil: *"cuando uno de los nuestros caiga, caerán cinco de ellos".* En momentos de crisis y violencia, hubiera sido esperable que el presidente, como conductor de la República, emitiera un mensaje conciliador, que apuntara a aquietar los ánimos para que se pudiera lograr un acuerdo entre las partes en conflicto, y de ese modo evitar que la ciudadanía siguiera distanciándose política e ideológicamente. En cambio, Perón optó por un mensaje belicoso, incitando a la violencia y alentando a sus seguidores a que eliminaran al 'enemigo interno', el antiperonismo. El paradigma amigo-enemigo se había apoderado por completo del discurso presidencial. La culminación del Gobierno justicialista coincidía con el punto más alto de la antinomia peronismo-antiperonismo.

Desde los acontecimientos del 15 de junio hasta el 16 de septiembre de 1955, día en que la Revolución Libertadora se hizo cargo del Gobierno, la credibilidad de la administración peronista se vio debilitada debido al discurso violento del presidente. En su mensaje del 20 de septiembre de 1955, se dirigió al Ejército y al pueblo de la Nación, declarando que *"ni la Constitución ni la ley pueden ser superiores a la Nación misma y a sus sagrados intereses".* Esta manifestación la hacía en referencia a la situación caótica por la que atravesaba el país y ante la insatisfacción generalizada de la población. A pesar de haber sido un presidente constitucional, electo por el pueblo, según sus propias palabras, Perón prefirió renunciar a su cargo porque entendía que su permanencia en el Gobierno perjudicaba los intereses de la Nación Argentina. Perón expresaba al respecto:

"Si hemos enfrentado la lucha ha sido en contra de nuestra voluntad y obligados por la reacción que la preparó y la desencadenó. La responsabilidad cae exclusivamente sobre ellos, desde que nosotros sólo hemos cumplido el mandato irrenunciable del deber" (Perón, 31/8/1955, p. 317).

Este fue el desenlace del enfrentamiento entre peronistas y antiperonistas, una antinomia que llevó al país al borde de una guerra civil y que continuaría fragmentando políticamente a la sociedad argentina en décadas por venir. En esta misma locución, el presidente ratificaba que el Ejército era la única institución capaz de hacerse cargo de la situación, el orden y el Gobierno, para facilitar la *"pacificación"* del país, de la forma más *"adecuada y ecuánime"*. Según Perón, el Ejército era *"garantía de honradez y patriotismo"*. Reconocía que su renuncia era la única manera de ponerle fin a la violencia, a los bombardeos y al derramamiento de sangre de las *"poblaciones inocentes"* (Perón, 31/8/1955, p. 317).

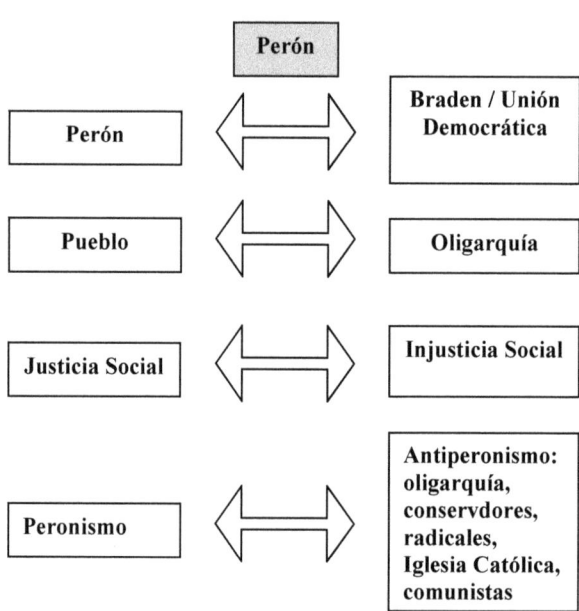

Conclusión: Desde antes de asumir la presidencia de la Nación, Perón comenzó a polarizar la política argentina en torno a su figura. El enfrentamiento con el embajador Braden fue la personificación de la disputa entre la soberanía política nacional y el imperialismo norteamericano. Al afirmar que quienes votasen por la Unión Democrática estaban entregando su voto al embajador estadounidense, Perón estaba manifestando implícitamente que éste era un acto anti-argentino. Esta era la manera que Perón tenía de expresar que quienes no adhirieran a sus principios políticos constituían un 'enemigo interno'. Por lo tanto, el *"contubernio oligárquico-comunista"*, la Unión Democrática, debía ser combatido por Nosotros, las masas populares, que según él constituían al *"auténtico pueblo de la patria"*. De esta forma comenzaba a insinuarse una 'peronización' de la identidad política nacional, conjuntamente con la exclusión política de quienes se opusieran a la Doctrina Justicialista, que traería aparejado el surgimiento de una antinómica relación entre la *"Tercera Posición"* y sus 'enemigos'.

El marginamiento político de la oligarquía, la condena que este presidente hacía del imperialismo, y la reivindicación de las clases populares generaron un distanciamiento político entre el capital y el trabajo, entre los *"descamisados"* y los *"explotadores"*, llevando a la Argentina a una confrontación ideológica entre la oligarquía y las masas populares y una polarización de la política entre antiperonismo y peronismo. Esta antinomia tomaba forma en el discurso presidencial con expresiones como: *"Cuando se dice pueblo, somos nosotros, y cuando se dice aristocracia, capitalismo y otras cuantas calificaciones, son ellos"*. El discurso de Perón era revanchista y conflictivo, no sólo por calificar a la oligarquía como anti-argentina sino por su manifiesto deseo de combatir a quienes visualizaba como agentes internos de los imperialismos dominantes. La falta de pluralismo ideológico llevó a la Argentina a sufrir una disgregación en su identidad política. La Doctrina Justicialista tomó tal dimensión que desde el Poder Ejecutivo se afirmaba que el verdadero argentino debía ser peronista. La magnitud del alcance de la Doctrina Justicialista en los distintos ámbitos de la vida nacional desencadenó el derrocamiento de Perón. La imposición ideológica impulsada por el Gobierno resultó en un enfrentamiento entre Perón y la Iglesia Católica, el cual intensificó la polarización del país entre peronistas y antiperonistas. A medida que crecía la exclusión política de los antiperonistas, caían las posibilidades de continuidad democrática. El derrocamiento de Perón fue, principalmente, el resultado de un Gobierno que no sabía de pluralismo ideológico ni de integración política.

Capítulo III – PERONISMO VS. PERONISMO (1973-1976)

El último capítulo de esta sección se centrará en el análisis discursivo de una nueva etapa peronista en el Gobierno nacional. Este período se destacó por el retorno del justicialismo al poder; la visualización del antiperonismo, especialmente la Revolución Libertadora, como un 'enemigo interno'; y la fractura dentro del movimiento peronista entre las tendencias de izquierda y de derecha. Juan D. Perón aparecía como el único líder político capaz de aquietar la turbulenta vida política del país. Sin embargo, a la antinomia peronismo-antiperonismo se sumó la antinomia entre la izquierda peronista (hegemonizada básicamente por Montoneros), y su contraparte, el peronismo de derecha conformado por el sindicalismo y los actores políticos que respondían a la influencia de José López Rega. En esta disputa volvió a operar la exclusión política, partiendo del mismo líder del movimiento, quien optó por dar su apoyo a quienes eran parte del peronismo histórico, el sindicalismo, mientras que la exclusión política sufrida por la facción izquierdista devino en terrorismo de Estado.

En 1970, cuando ya el general Roberto Marcelo Levingston había sucedido al general Juan Carlos Onganía a la cabeza del Gobierno militar de la época, Balbín y Perón (éste, a través de su delegado personal, Jorge Daniel Paladino) junto a líderes políticos de otras fuerzas (la Democracia Progresista, el conservadurismo, el Partido Socialista, el bloquismo sanjuanino) emitieron una declaración que fue el punto de partida de un amplio movimiento de reivindicación institucional: La Hora del Pueblo. Allí exigían el respeto de la soberanía popular y formulaban las bases de un sistema político equilibrado, respetuoso de la Constitución y del principio republicano de convivencia de mayorías y minorías. No se trataba de un frente electoral (de hecho, el peronismo se agruparía electoralmente en el Frente Justicialista de Liberación y Balbín sería candidato competidor por la UCR). Era un acuerdo de toda la oposición a la dictadura; un gesto levantado de todas las fuerzas que estaban dispuestas a trabajar en común para recuperar la república democrática. La Hora del Pueblo jugó un papel de enorme importancia en la búsqueda de reconciliación de los argentinos y de la canalización pacífica de los enfrentamientos entre peronismo y antiperonismo (Raventos, 2006).

Una vez que el general Alejandro Lanusse se convirtió en presidente de la Nación, a través de políticas propuestas por su Gobierno, tales como el Gran Acuerdo Nacional y el 'juego limpio', el país experimentó una fractura total entre militares y civiles. La retirada de los militares del Gobierno implicó una transformación de los ideales de la Revolución Argentina. Este proceso de orden y renovación declinó en una situación caótica, violenta, con una apertura democrática electoralista cuyo hecho más saliente fue el retorno de Juan D. Perón a la Argentina luego de 18 años en el exilio. Las movilizaciones sociales, los diálogos entre los representantes de la Revolución Argentina y los delegados de Perón, junto con la emergencia de agrupaciones guerrilleras generaron un cambio en los designios de dicha Revolución: era necesario volver a un poder civil que pudiera contener los problemas políticos, sociales y económicos que se habían convertido en una tarea ímproba para la conducción militar.

1. El retorno a antiguas antinomias

El retorno de Perón al país significó tanto una victoria personal del ex presidente, por haber recobrado todos los honores que había perdido en 1955, como una victoria del movimiento justicialista. No obstante, el regreso de Perón agravó los enfrentamientos ideológicos dentro del movimiento justicialista entre la insurrección izquierdista y las fuerzas sindicales. La Juventud Peronista condujo la campaña en un tono duro y combativo, mientras los dirigentes del peronismo tradicional se mantenían en la retaguardia. El 11 de marzo de 1973, el peronismo ganó las elecciones presidenciales, que exigieron una segunda vuelta electoral que no llegó a realizarse por decisión de Ricardo Balbín, por lo que Cámpora asumió como presiente de la Nación, el 25 de mayo de 1973. La izquierda peronista, principalmente la Juventud Peronista y los Montoneros, organizaron masivas celebraciones en Plaza de Mayo, una jornada que culminó con la liberación de los presos políticos encarcelados en Villa Devoto. Se había desencadenado la lucha entre la JP/Montoneros y los sectores más tradicionales del peronismo, conducidos por dirigentes sindicales y por José López Rega, a quien Perón designó para cubrir el cargo de Ministro de Bienestar Social.

Héctor J. Cámpora se refirió a Perón como el líder supremo de la Argentina, describiéndolo como *"el conductor por antonomasia, el brillante estratego, el timonel sagaz y avezado, que encontró siempre los medios aptos para orientarnos, aun desde el exilio injusto y agobiante en los días más turbulentos"*.[51] Perón aparecía como el único conductor capaz de sacar al país del caos político, social y económico en el que se encontraba inmerso. Cámpora comparó la situación nacional en la hora de su asunción presidencial con el comienzo de la primera presidencia de Perón, donde prevalecían la *"injusticia social, la dependencia económica y la marginalidad política* [...]*"*. Según él, había existido una *"burla a la voluntad popular"*, representada en *"interdicciones, inhabilitaciones, anulación de elecciones, prepotencias y golpes de Estado"*.[52]

Cámpora definía al golpe de Estado de 1955, el comienzo de la Revolución Libertadora, como *"la etapa más despiadada de la historia argentina"*. El presidente utilizaba un discurso que se retrotraía al pasado y volvía a dividirlo en dos campos, produciendo el surgimiento de un nuevo 'enemigo interno', la Revolución Libertadora. El nuevo Gobierno acusaba a los golpistas de haber ejercido violencia en perjuicio de los argentinos, cuando *"el 16 de junio de 1955* [...] *la metralla"* cayó *"sobre el Pueblo"* que clamaba *"su rabia y su impotencia"*. Para Cámpora, aquella *"dictadura"* había tenido el objetivo de destruir la *"comunidad organizada"* que Perón había impulsado, mientras remplazaba *"la solidaridad por el odio"* y *"la abundancia por la miseria"*. El Gobierno aseguraba que tras la caída de Perón, la felicidad del pueblo había sido sustituida por la violencia, llevando a la Argentina a un decaimiento político, social y económico.[53]

El discurso de Cámpora polarizaba la política argentina, haciendo notar las contradicciones que se habían dado durante la Revolución Libertadora; cuando se encarcelaban personas *"en nombre de la libertad"*; cuando la *"justicia"* no era tal por haber estado basada en pruebas falsas; cuando las *"comisiones investigadoras ilegales"* actuaban *"guiadas"* por *"rencores y mezquindades"*; cuando *"en nombre de la democracia"* se había obligado a disolver el *"Partido Justicialista y la Fundación Eva Perón"*; cuando *"en nombre de la razón"* se prohibía la libertad de expresión. Cámpora argumentaba que la Revolución Libertadora había querido excluir a Perón y su movimiento de la vida política argentina, sosteniendo que durante aquellos años *"decir Perón"* había sido *"un delito"* y *"decir Evita"* merecía *"castigo"*. No obstante, según Cámpora, el *"pueblo"* seguía siendo fiel al líder del movimiento y había tomado *"conciencia"* de que la Revolución Libertadora había convertido al país *"en un campo de saqueo de los intereses extranjeros"*.[54]

A pesar de la polarización política intrínseca en su discurso, Cámpora, como tantos otros presidentes argentinos, mencionaba la necesidad de un *"reencuentro argentino"* y de una *"Reconstrucción Nacional"*. La solución propuesta por el dirigente peronista para alcanzar la 'unidad nacional' era llevar a cabo una *"revolución"*. Era el momento de introducir grandes cambios en la política argentina a través de la *"independencia económica, la justicia social y la vigencia de una auténtica cultura nacional"*. Curiosamente, en su discurso, Cámpora remplazaba la tradicional idea-fuerza de *"soberanía política"* por *"una auténtica cultura nacional"*, haciendo que estos dos ideales se confundan y, a su vez, se asemejen al concepto de 'identidad política nacional'. Estas palabras denotaban la necesidad, cada vez más apremiante, que tenía el país de formar una identidad política propia o de resolver la fragmentación de la misma. Además, afirmaba que su Gobierno respetaría los acuerdos diseñados por el poder político civil. El Gobierno pretendía sanear las relaciones entre el capital y el trabajo, llamando a una *"tregua política y social"*. Se proponía recuperar las instituciones republicanas y respetar la Constitución para que el país no volviera a ser víctima de los Gobiernos de facto. Finalmente, Cámpora expresaba que las *"Fuerzas Armadas"* serían partícipes del *"proceso de la Reconstrucción Nacional"* pero siempre subordinadas al poder político civil.

Cámpora se mostraba como el representante de *"los hombres y mujeres"* de la *"patria"* quienes, según este presidente, querían el regreso de Perón al poder. No hacía distinción entre peronistas y antiperonistas, afirmaba que *"todos"* los argentinos habían sido *"solidarios en la lucha contra el régimen"* y que lo seguirían *"siendo en la cotidiana acción gubernativa"*. Cámpora había hecho del retorno del peronismo al poder presidencial una causa nacional, cuando en realidad existía un sentimiento antiperonista en gran parte de la población. De este modo, el *"régimen"* militar pasaba a ser anti-argentino, mientras que el peronismo se transformaba en la expresión máxima del sentir popular.[55]

El presidente intentaba enfrentar al pueblo con la *"dictadura"*, el 'enemigo interno' de este Gobierno. Había un declarado combate entre el peronismo y aquel Gobierno que, según Cámpora, había torturado, condenado y matado a sus opositores pero que no había logrado someterlos, ni intimidarlos, ni doblegarlos. Decía que *"el régimen"* militar, brazo ejecutor de los intereses de la oligarquía, había optado por utilizar métodos *"más sutiles"* para preservar su status quo, como ser la proscripción del peronismo en anteriores elecciones presidenciales, lo cual, de acuerdo a Cámpora, había sido un accionar dictatorial 'camuflado' en *"formas democráticas"*. El jefe de Estado expresaba: *"Una ley se dictó para proscribir a un hombre. Todo un edificio legal se erigió para proscribir a un pueblo, para profundizar los enconos y los desencuentros"*.[56] De este modo, responsabilizaba al Gobierno dictatorial antiperonista por el odio y el enfrentamiento político e ideológico que existía entre los distintos sectores de la población argentina. Acusaba al *"régimen"* militar de haber intentado destruir la Doctrina Justicialista. Hablaba del sometimiento del pueblo ante el *"régimen"*, diagnosticando, al igual que el líder del movimiento, que la *"explotación"* de los *"trabajadores"* a manos de *"los monopolios y las oligarquías"* generaba enfrentamientos entre sectores sociales.[57]

El enfrentamiento estaba planteado: el "Pueblo" contra el "régimen". De acuerdo a este gobernante, la *"dictadura"* estaba asociada al *"colonialismo"*, la *"opresión"*, la *"entrega"* y la *"brutalidad"*, mientras que la *"resistencia peronista era la lucha de un Pueblo"* en defensa de la *"libertad"*, la *"justicia"*, la *"Nación"* y *"su grandeza"*. Cámpora acusaba al 'enemigo interno' de haberse valido de violencia y *"elecciones tramposas"* para evitar que la ciudadanía argentina recuperara la *"soberanía popular"*. Sostenía que se había generado un círculo vicioso de violencia, donde el enfrentamiento político de los argentinos se retroalimentaba al incrementar la disputa entre un *"sistema [...] injusto y represivo"* y *"la resistencia popular"*.[58]

Cámpora proponía una *"Asamblea de la Unidad Nacional"*, como una solución pero también como un rechazo al *"régimen de la dependencia"*, en la lucha del pueblo por una *"liberación"* postergada a causa de las restricciones electorales impuestas por los Gobiernos de facto. En un nuevo intento por marcar diferencias entre Nosotros y los Otros, Cámpora hizo una distinción entre el diálogo constructivo de los políticos civiles y el discurso autoritario de los Gobiernos militares. La *"Asamblea"* fue un proyecto para fundar una identidad política nacional indiscutida.[59]

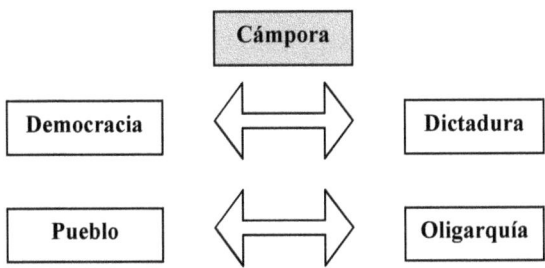

2. El Justicialismo: La idiosincrasia argentina

La frase que dio carácter al Gobierno de Cámpora fue: "Cámpora al Gobierno, Perón al poder". No obstante, durante el Gobierno de Héctor J. Cámpora, la figura de José López Rega cobró un espacio preponderante en el entorno de Juan D. Perón, provocando una fractura ideológica entre los objetivos políticos de Cámpora y las promesas y acciones pendulares de Perón. Por otro lado, la presencia de Perón en la Argentina obligaba a una apertura electoral para que éste asumiera la presidencia de la Nación. Esto hizo que Cámpora y Solano Lima renunciaran a sus cargos, debido a las controversias dentro del Partido Justicialista y a los manejos políticos de Perón. Cámpora fue desplazado por los grupos políticos de derecha del entorno de Perón. Ante esta renuncia, asumió la primera magistratura Raúl A. Lastiri, el 30 de julio de 1973.

Lastiri le hizo saber al pueblo que posibilitaría una apertura electoral que tendría a Perón como candidato. El objetivo fundamental era acceder a una elección libre, sin proscripciones, que se cumpliera la voluntad popular. Lastiri hacía hincapié en *"la legitimidad del proceso"*, las sustituciones presidenciales, por haberse cumplido los pasos necesarios para llegar a una *"democracia auténtica [...] mediante su adecuación a la realidad política [...]"*. Después de experiencias electorales donde el peronismo había estado proscripto, este representante del movimiento intentaba señalar la autenticidad y legitimidad del Gobierno que le tocaba presidir, un hecho destacable en la política argentina. De acuerdo a Lastiri, la recuperación de las instituciones republicanas era fundamental para el desenvolvimiento político del país, debido a que *"En todo régimen de Gobierno, la firmeza y estabilidad de sus instituciones sólo se logra si ellas son la expresión real y efectiva de la naturaleza de la cosa pública de la estructura social y, sobre todo, del ejercicio del liderazgo político [...]"*. Para Lastiri, *"sólo el pueblo"* podía *"brindar la autenticidad en el ejercicio del poder constituido"*. En este sentido, el orden institucional del país era importante, ya que le permitiría al *"pueblo"* tener acceso a una elección de *"gobernantes"*, sin *"limitaciones ni presiones internas o externas"*, como ocurriera en elecciones pasadas.[60]

Manifestaba que la misión de su Gobierno era: la *"unión nacional"*; la vigencia de las *"instituciones"*; el cumplimiento del *"mandato del pueblo"*; el ejercicio del *"derecho"*, la *"paz"* y el *"progreso"*; y el cumplimiento del Gobierno en ofrecer *"justicia"*, *"paz"* y *"seguridad"*. Diagnosticaba que desde la asunción presidencial de Cámpora, *"el país"* estaba *"inmerso en la etapa de la reconstrucción"* que lo llevaría *"a la liberación nacional [...]"*. Aseguraba que, a pesar de la provisoriedad de su Gobierno, se mantendrían en *"plena vigencia"* las *"instituciones"*, y resaltaba la importancia de la *"oposición"*, por considerar que ejercía *"una labor constructiva y crítica responsable, que el Gobierno"* debía *"destacar, por su trascendencia para la convivencia republicana"*.[61]

La imagen reparadora que este Gobierno proyectaba se contraponía con la naturaleza represora y proscriptiva de la dictadura militar. El discurso republicano de Lastiri tenía el objetivo de marcar diferencias entre el autoritarismo del régimen militar y la tolerancia en el disenso y el respeto por la pluralidad ideológica que este Gobierno decía acoger como valor fundamental de la democracia. Sin embargo, contrariamente al carácter democrático que este presidente pretendía darle a su discurso, Lastiri expresaba:

"*El justicialismo postula la transformación que el pueblo necesita, con sentido revolucionario, pero dentro de la real idiosincrasia argentina, sin que nuestro criollo estilo de vida tenga que variar empujado por imposiciones extrañas que no hacen a nuestras aspiraciones [...]. El liberalismo, representado por intereses foráneos, ha pretendido siempre deformar estas justas intenciones de los Gobiernos populares. Fuerzas de origen extraño, también intervienen para distorsionar el proceso argentino; las de izquierda, pretendiendo ubicarnos en moldes extraños; y las de derecha, intentando ahogarnos en intereses ajenos. Nuestra lucha es con los dos frentes para poder así hacer una revolución nuestra, auténticamente argentina, con sentido de patria, para que ninguno que sienta verdadero patriotismo, pueda sentirse ajeno a esta empresa*".[62]

De este modo, se afirmaba que sólo el *"justicialismo"* podía representar *"la real idiosincrasia argentina"* y el *"criollo estilo de vida"*. Sin contemplación alguna por el pluralismo ideológico, el Gobierno excluía políticamente al *"liberalismo"* y a las tendencias de *"izquierda"* y de *"derecha"*. El discurso republicano de Lastiri era compatible con la aseveración de que solamente la Doctrina Justicialista era *"auténticamente argentina"* y tenía *"sentido de patria"*. De acuerdo al discurso presidencial, todo aquel que no se identificara con el proyecto peronista no sentía *"verdadero patriotismo"* y, por ende, era anti-argentino.

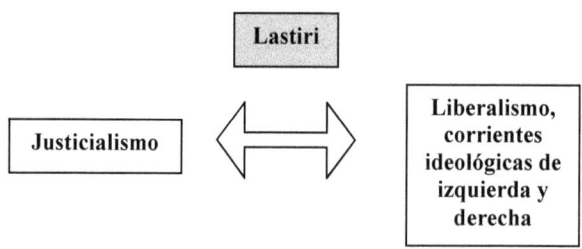

3. La exclusión de la izquierda peronista

El 20 de junio de 1973, Juan D. Perón retornó definitivamente al país. Diferentes agrupaciones populares se movilizaron hacia el aeropuerto de Ezeiza con el fin de darle la bienvenida a su líder. Los sectores más combativos del peronismo disputaron el espacio delante del palco desde donde Perón se dirigiría a la multitud, convencidos de que quien alzara allí sus banderas le daría su propio sentido a todo el acto, y quizás convencería a Perón de que allí estaba el 'pueblo'. Los sectores tradicionales ocuparon el palco, esperaron a los militantes de izquierda y los atacaron con armas largas: una verdadera masacre. Perón, ante un hecho de semejante magnitud, decidió desembarcar en la base aérea de Morón. Al día siguiente dirigió un mensaje al pueblo, destacando la necesidad de orden y legalidad para lograr la *"Reconstrucción Nacional"*.

En su primer mensaje sobre suelo argentino, Perón hacía un llamado a la 'unidad nacional', diciendo: *"La situación del país es de tal gravedad que nadie puede pensar en una reconstrucción en la que no deba participar y colaborar"*. Una vez más se debían deponer intereses sectoriales y rencores para terminar con la crisis política del país, o como decía el líder del movimiento: *"Este problema [...] o lo arreglamos entre todos los argentinos o no lo arregla nadie. Por eso, deseo hacer un llamado a todos, al fin y al cabo hermanos, para que comencemos a ponernos de acuerdo"* (Perón, 21/6/1973, p. 358).

Según Perón, la misión del *"movimiento justicialista"* era la *"reconstrucción y liberación del país"*, para la cual demandaba la colaboración de *"todas las fuerzas políticas, sociales, económicas y militares"*. En esta *"cruzada"*, Perón establecía los siguientes *"valores"*: *"primero, la patria; después el movimiento, y luego, los hombres, en un gran movimiento nacional y popular"*. Perón manifestaba que los argentinos tenían *"una revolución que realizar"* pero para que ésta fuera *"válida"* debía *"ser de reconstrucción pacífica y sin que cueste la vida de un solo argentino"*. Los argentinos ya no podían *"seguir destruyendo, frente a un destino preñado de acechanzas y peligros"*. Se debía regresar al *"apotegma"* peronista: *"de casa al trabajo y del trabajo a casa"*. De acuerdo a Perón, *"sólo el trabajo"* podía redimir a los argentinos *"de los destinos pasados"*. Cada individuo debía trabajar en beneficio propio y de la patria, sin participar activamente en disputas políticas, fuente de la violencia que acosaba a la Argentina (Perón, 21/6/1973, p. 358).

En este esfuerzo conjunto por lograr la unidad y el saneamiento nacional, en tiempos de caos político y social, Perón hacía un llamado a la reflexión y la calma, planteando que la *"reconstrucción nacional"* debía comenzar por la reorganización del país y, en consecuencia, la del Estado Argentino, el cual, según Perón, *"preconcebidamente"* se había *"pretendido destruir"*, aunque en este caso no lo aclarara específicamente, por el capitalismo extranjero y sus agentes internos, los Gobiernos de facto, representantes de los intereses de la oligarquía. Perón manifestaba que el pueblo entero debía colaborar en la *"misión"* impulsada por el justicialismo y *"ennoblecer"* a ésta a través de *"su cumplimiento"* (Perón, 21/6/1973, p. 359).

Para Perón, el pueblo y el *"Gobierno"* debían estar unidos para *"combatir"* al *"enemigo"*. La unión de todos los argentinos era fundamental porque de no ser así se caería en el debilitamiento y la *"intolerancia"*, produciendo un contexto de *"anarquía"* y *"lucha"* entre compatriotas. De acuerdo a Perón, el país se encontraba en una situación de *"posguerra civil"* a la que se sumaban *"las perversas intenciones"* de los *"enemigos"*. Para Perón era *"preciso llegar [...] cuanto antes a una sola clase de argentinos: los que luchan por la salvación de la patria, gravemente comprometida en su destino por los enemigos de afuera y de adentro"*. Esta única *"clase de argentinos"* pretendida por Perón, los *"justicialistas"*, debían mantenerse tan distantes *"de uno como de otro de los imperialismos dominantes"* (Perón, 21/6/1973, p. 360).

En este rechazo por los ideales capitalistas y comunistas quedaba explícita la intolerancia que pregonaba el conductor político más importante de la Argentina. La falta de pluralidad ideológica del país repercutía directamente en la identidad política nacional, influenciando la fragmentación de la misma.

Una de las soluciones propuestas por Perón se alcanzaría cuando todos los argentinos estuvieran dispuestos *"a morir en defensa de la soberanía nacional como del orden institucional establecido"*, lo cual se había transformado en un valor fundamental para impedir la disgregación nacional. El pueblo argentino debía alzarse contra aquellos que pretendiesen alterar la *"paz constructiva"* y *"salvadora"* de la Nación. La restitución del *"orden legal y constitucional"* sería el único medio para garantizar la *"libertad"* y la *"justicia"*. Todo aquel que pretendiera atentar contra los designios de la Doctrina Justicialista se convertiría en un enemigo del movimiento peronista y, consecuentemente, de la Argentina.

Lastiri convocó a elecciones presidenciales para el 23 de septiembre de ese año. El Partido Justicialista proclamó una fórmula presidencial compuesta por Juan Domingo Perón y María Estela Martínez de Perón. Por otro lado, la guerrilla seguía generando violencia en distintas zonas del país, mientras que en Chile, Salvador Allende había sido derrocado por Augusto Pinochet. En las elecciones nacionales, la fórmula Perón-Perón obtuvo el 62% de los votos, contra la fórmula de Ricardo Balbín y Fernando De la Rúa, que consiguió sólo el 24% de los sufragios. Antes de que Perón asumiera el cargo de presidente de la Nación, los Montoneros asesinaron al sindicalista José Rucci. El movimiento justicialista vivía una 'guerra interna' que ni su líder podía controlar.

En el comienzo de su tercera presidencia, Perón diagnosticaba que la Argentina parecía haber encontrado el camino hacia la pacificación. Sin embargo, reconocía que todavía existían resabios de violencia en territorio nacional, pero los atribuía no a una realidad únicamente argentina sino a un *"fenómeno"* mundial de aquella *"época"*. Reiteraba que la misión del Gobierno era la *"Reconstrucción Nacional"* y *"reconstruir* la *"paz"*, para lo cual se debía *"triunfar contra la subversión y sus agentes* [...]*"* y *"lograr la liberación nacional y social del Pueblo Argentino"*. Para que esto se concretara, *"las fuerzas* [...] *del orden revolucionario* [...]*"* debían *"imponerse sobre las fuerzas del desorden"* entre las que se incluían *"las del viejo orden de la explotación de las naciones por el imperialismo, y la explotación de los hombres por quienes son sus hermanos y debieran comportarse como tales* [...]*"*. De este modo, había comenzado, según Perón, *"el tiempo en que para un argentino"* no había *"nada mejor que otro argentino* [...]*"*. A su vez, la *"Reconstrucción Nacional"* implicaba *"desarrollar* [...] *un profundo nacionalismo cultural como única manera de fortificar el ser nacional"*. Consecuentemente, Perón expresaba: *"Superaremos la subversión. Aislaremos a los violentos y los inadaptados. Los combatiremos con nuestras fuerzas y los derrotaremos dentro de la Constitución y la Ley"*.[63]

La *"liberación nacional y social"* dependía directamente de la derrota de los 'enemigos' del poder, *"la subversión"* y el *"imperialismo"*, considerados por Perón como corrientes anti-argentinas. A raíz de que no debía haber nada mejor para un argentino que otro argentino, se establecía que todo aquel que respondiera a estas ideologías atentaba contra el pueblo. Se apuntaba además a la homogeneización ideológica a través de la imposición de un *"nacionalismo cultural"*. El tipo de *"ser nacional"* deseado por el Gobierno no daba lugar a una posible pluralidad de ideas, lo cual implicaba una imposición ideológica. Por otro lado, el presidente afirmaba que los 'enemigos internos' serían combatidos dentro de la *"Constitución y la Ley"*, sin embargo, el accionar criminal de bandas parapoliciales como la Triple A, lejos estaba de la legalidad prometida por Perón. Además, el presidente indicaba que la Argentina había estado limitada como nación. En *"apariencia"* lo era pero al estar tan influenciada por intereses ajenos a la patria, el poder de *"decisión nacional"* se había visto seriamente afectado. A pesar de contar con los elementos básicos de una nación independiente, según Perón, la soberanía política del país estaba diezmada ante el poderío del imperialismo capitalista. Por lo tanto, la Argentina debía convertirse efectivamente en una nación *"políticamente soberana"*.[64]

Con motivo de la celebración por el Día del Trabajador, el 1° de mayo de 1974, Perón se dirigió a una multitud. En su discurso defendió al peronismo histórico, la organización sindical, mientras agredía verbalmente a los Montoneros, llamándolos *"estúpidos"* e *"imberbes"*. Perón manifestaba: *"Las organizaciones sindicales se han mantenido inconmovibles, y hoy resulta que algunos imberbes pretenden tener más mérito que los que lucharon durante veinte años* [...]*. Por eso compañeros, quiero que esta primera reunión del Día del Trabajador sea para rendir homenaje a esas organizaciones y a esos dirigentes sabios y prudentes que han mantenido su fuerza orgánica, y han visto caer a sus dirigentes asesinados sin que todavía haya sonado el escarmiento"*. Sentenciaba que *"la clase trabajadora argentina como columna vertebral"* del movimiento peronista era la que debía *"llevar adelante los estándares"* de la *"lucha"* justicialista (Perón, 1/5/1974, p. 368).

De estas palabras se desprende que Perón tenía la intención de ajustar cuentas con las tendencias izquierdistas. El espíritu de revancha presente en este discurso produjo un alejamiento político entre Perón y los grupos insurreccionales, con quienes había 'coqueteado' desde el exilio. El primer mandatario buscaba apoyo exclusivamente en los sindicatos obreros y *"la clase trabajadora argentina"* en general, mientras insultaba a un grupo de argentinos presentes en un acto público.[65] El distanciamiento político se hacía más notorio cuando Perón manifestaba sutilmente que el Gobierno tomaría represalias por los asesinatos de los dirigentes sindicales.

Como bien han escrito Sigal y Verón, el enfrentamiento entre la derecha, la burocracia sindical, y la izquierda, especialmente la Juventud Peronista y los Montoneros, se había transformado en una puja por el control del movimiento y del Gobierno. Ambos extremos del peronismo pretendían apoderarse de la totalidad del 'verdadero' peronismo. Estas dos facciones definían su Nosotros como el único colectivo posible, y calificaban al adversario de traidor o infiltrado. Sólo la palabra del líder podía señalar al traidor y diferenciarlo del auténtico peronista, sólo Perón podía definir el Nosotros de identificación. Puesto que el único signo de la pertenencia al peronismo era la expresión de la lealtad a Perón, era evidente que esta lealtad podía ser proclamada por cualquiera. El principio inverso y complementario exigía que sólo el líder pudiera identificar aquellos casos donde esta expresión de lealtad era pura apariencia. La operación que consistía en reconocer al enemigo del pueblo y, en consecuencia, denunciarlo, era una operación exclusivamente reservada a la palabra de Perón. La denuncia del 'enemigo interno' estaba siempre subordinada a la enunciación, intransferible, del líder. Dentro del movimiento peronista la denuncia del 'enemigo interno' se daba de la siguiente manera: los dirigentes sindicales veían a la Juventud Peronista y los Montoneros como infiltrados; mientras que para éstos, los burócratas sindicales eran traidores. Entretanto, el conflicto sólo podía resolverse a través de la violencia y la muerte (Sigal; Verón, 2003).

El diagnóstico de Perón con respecto a la *"clase trabajadora"*, base fundamental del Nosotros de identificación peronista, sostenía que ésta no se había *"disgregado"*, ni *"destruido"*, ni *"anarquizado"*, tras varios años de *"intervenciones, presiones y trampas"*, gracias a *"la unidad, la solidaridad y la organización"* propuestas por los dirigentes sindicales. A partir de *"estos tres factores"* la clase trabajadora debía hacerle frente a la explotación patronal.[66]

La solución propuesta por el presidente fue que existieran *"organizaciones firmes y bien organizadas, unidas y solidarias"*. Las organizaciones sindicales debían confrontar la infiltración subversiva o capitalista, debían resistir *"a cualquiera de esos microbios o gérmenes patógenos que se pueden introducir en ellas"*. Las organizaciones necesitaban crear *"anticuerpos"*; esa era *"la tarea de los dirigentes"* sindicales, quienes debían evitar que los *"intereses"* de los trabajadores sean modificados por los 'enemigos internos'. La actitud preventiva que los sindicatos debían tener era comparada al cuidado de un organismo sano que peligra ante la presencia de entes microscópicos con cualidades infecciosas que hacen peligrar el buen funcionamiento de un cuerpo, en este caso, los gremios de trabajadores. Los sindicalistas debían *"poner en evidencia delante de la masa esta cuestión, ya que la masa está siempre propensa a contaminaciones de una u otra naturaleza, porque le tocan sus intereses personales y directos, o bien porque los engañan"*. Perón rescataba la labor sindical como bastión de lucha de la clase trabajadora, diciendo: *"El dirigente debe trabajar a la masa, debe estar en permanente actividad político-sindical"*. Por ello, señalaba que se debía *"establecer un sistema [...] justicialista [...]"*.[67] La Tercera Posición era la única ideología política que Perón reivindicaba para el justicialismo.

La situación política del Gobierno estaba colapsando. El enfrentamiento con la CGT[68] y la CGE[69] se había agravado: las cláusulas del Pacto Social fueron incumplidas a raíz de un boicot que incluyó huelgas y desabastecimiento por parte de los dos sectores involucrados. Por tal motivo, Perón dirigió un mensaje a través de las cadenas de radio y televisión, en donde admitía que el descrédito de la población para con su gestión presidencial se debía a *"factores negativos"* reales que debían ser solucionados, pero le atribuía una mayor responsabilidad a *"una campaña psicológica"* en contra de su Gobierno, que buscaba generar una lucha entre compatriotas. Al respecto, Perón expresaba:

> *"Así podríamos estar acercándonos a una lucha cruenta que algunos insensatos intentan provocar, en tanto el Gobierno se esfuerza por evitarlo [...]. Algunos por mala intención sirven a la perturbación; otros lo hacen como idiotas útiles, pero muchos son los que a sabiendas, o sin darse cuenta, sirven a intereses que no son los del país"* (Perón, 12/6/1974, p. 371).

Al inculpar a los 'enemigos internos' por los problemas del país, Perón no sólo se desligaba de responsabilidades ante la difícil situación política sino que también avivaba el enfrentamiento político entre las distintas facciones ideológicas, acusándose mutuamente de estar sirviendo a intereses anti-argentinos.

En este sentido, Perón se refería a su misión política, expresando:

> *"Yo vine al país para unir y no para fomentar la desunión entre los argentinos. Yo vine al país para lanzar un proceso de liberación nacional y no para consolidar la dependencia. Yo vine al país para brindarles seguridad a nuestros ciudadanos y lanzar una revolución en paz y armonía y no para permitir que vivan temerosos quienes están empeñados en la gran tarea de digitar el destino común. Yo vine para ayudar a reconstruir al hombre argentino, destruido por largos años de sometimiento político, económico y social"* (Perón, 12/6/1974, p. 371).

En un tono derrotista, Perón sugería que los intereses antinacionales que había denunciado estaban venciendo: la *"desunión"* sobre la *"unión"* nacional, la *"dependencia"* sobre la *"liberación nacional"*, y la *"violencia"* sobre la *"paz"*. El *"sometimiento político, económico y social"* que Perón había prometido superar todavía prevalecía, y los trabajadores eran los mayores perjudicados por esta realidad, con lo que esto implicaba para el movimiento y su líder. Las palabras de Perón reflejaban la impotencia que sentía ante la división de sus seguidores, especialmente entre los grupos de derecha y de izquierda. Una división que, paradójicamente, Perón había fomentado desde el exilio.

Este presidente expresaba que la consolidación de la Tercera Posición sería la mejor arma en la *"lucha"* del *"pueblo"* argentino contra los extremismos, *"enemigos"* que habían *"comenzado a mostrar sus uñas"*, pretendiendo influenciar el destino del país en términos de su propia conveniencia, postergando los intereses nacionales. El *"pueblo"* debía permanecer firme en la marcha hacia sus *"objetivos"*, sin dejarse influenciar, *"ni por los que tiran desde la derecha ni por los que tiran desde la izquierda"*. El enfrentamiento estaba claramente planteado, era el *"Gobierno del pueblo"*, Nosotros, contra los que Perón consideraba como los *"enemigos"* de la Argentina, quienes pretendían, según él, manejar el destino del país a través del *"engaño"* y la *"violencia"*. Para contrarrestar la avanzada anti-argentina, el *"pueblo"* debía estar *"organizado"*. Todo argentino debía ser *"un realizador"*, *"un predicador"*, y *"un agente de vigilancia y control"* (Perón, 12/6/1974, p. 372) para que el Nosotros se mantuviera fuerte ante la amenaza de los 'enemigos'. La escisión ideológica nacional era cada vez mayor. El presidente, por su parte, le solicitaba a toda la ciudadanía que participara en la lucha contra aquellos que no adherían a los ideales de la Doctrina Justicialista, haciendo que la Argentina no hallara un rumbo cierto hacia el consenso político, sólo posible a través del respeto por el disenso y la pluralidad ideológica.

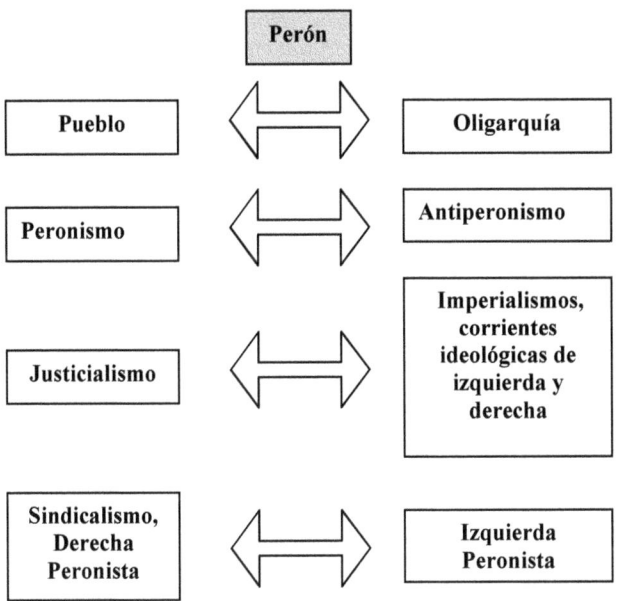

4. El Estado vs. la subversión

El 1° de julio de 1974 murió Juan D. Perón, dejando un justicialismo dividido y enfrentado entre tendencias ideológicas y por la violencia de las diferentes facciones, especialmente los Montoneros y la Juventud Peronista, por un lado, y la Alianza Anticomunista Argentina,[70] más conocida como la Triple A, liderada por José López Rega, y el sindicalismo, por el otro. La asunción de María Estela (Isabel) Martínez de Perón como presidente de la Nación incrementó las divergencias dentro del justicialismo. A los pocos días de la muerte de Perón, comenzó una enconada 'guerra', donde grupos guerrilleros como Montoneros y el Ejército Revolucionario del Pueblo (ERP)[71] se enfrentaban a la Triple A, formada por grupos terroristas paramilitares que actuaban desde posiciones de Estado, provocando la muerte de personalidades de distintos sectores políticos.

El período presidencial de Isabel Perón estuvo marcado por las crisis económicas, los sucesivos cambios en la dirección del Ministerio de Economía, y el terrorismo de Estado. La misión política de Isabel Perón fue continuar con los proyectos gubernamentales de su esposo, reconociéndose como *"su mano ejecutora".* Isabel Perón fue la continuación de un modelo político, sobre todo un Nosotros íntimamente comprometido con la *"dignificación* de trabajadores [...]".[72]

El diagnóstico presidencial ratificaba que *"la lucha"* era *"larga"*; *"que nada"* sería *"fácil"*, pero se debía *"comprender que si todos"* los ciudadanos estaban *"unidos"*, y eran *"solidarios"* y se hacía *"lo que decía el general Perón, de que para un argentino no debe haber nada mejor que otro argentino,"* se podría *"llevar entre todos al país a su liberación total".*[73]

Como solución a la crítica situación del país, hacía un llamado a la unión nacional, manifestaba que era *"preciso que los argentinos, de todas las tendencias políticas"*, comprendiesen *"de una vez por todas, que el futuro nacional"* dependía *"exclusivamente del esfuerzo mancomunado de cada uno de los habitantes del país"*. A pesar de este mensaje conciliador, el Gobierno peronista utilizaría el terrorismo de Estado para acallar voces disidentes. Bajo las ordenes de López Rega, la Triple A llevó a la intolerancia ideológica al punto más alto que la historia argentina había conocido hasta entonces, dándole paso a los secuestros, la tortura y los asesinatos; un prefacio de lo que sufriría el país una vez derrocado este Gobierno.

La viuda de Perón, ante la convulsiva situación política del país, manifestaba: *"¡Nadie puede llamarse a engaño y nadie, que se precie de sentir correr por sus venas la sangre criolla de antaño, puede dejar de ocupar su puesto de lucha en la tarea hermosa de salvar a la Patria y al futuro de sus descendientes!".*[74]

La acción represora de este Gobierno demostraba que quien disintiera con las autoridades del país no tenía en *"sus venas la sangre criolla de antaño"*, en otras palabras, era considerado anti-argentino, lo cual era motivo suficiente para que se procediera a la eliminación de tales individuos.

Martínez de Perón expresaba que la división ideológica del país estaba *"dejando paso libre al peligro extranacional"*, representado por las tendencias izquierdistas. Ante la amenaza subversiva, el Gobierno manifestaba que era *"preciso reparar la falta antes de que"* fuese *"demasiado tarde"*. De forma sutil se estaba afirmando que el Gobierno tomaría medidas para contrarrestar aquel *"peligro extranacional"*.[75] Había una clara animosidad contra la izquierda, sin embargo, el doble discurso de la gobernante hablaba de *"unirse solidariamente y empujar el carro nacional"*, ocultando lo que sucedía en la Argentina. Para Isabel Perón, el Nosotros peronista estaba conformado únicamente por aquellos que eran *"fieles"* a los designios de *"Perón y Evita"*. Las fuerzas sindicales, las *"62 organizaciones obreras"* junto con el entorno de López Rega, eran reconocidos por la presidente como la fuerza de sostén del *"movimiento justicialista"*. A su vez, atacaba a los movimientos insurgentes, denunciándolos como 'enemigos internos' que atentaban contra la *"paz"* de la vida nacional.[76]

Con este mismo espíritu de exclusión política manifestaba que cumpliría *"fielmente"* con la *"doctrina"* justicialista, *"caiga quien caiga y cueste lo que cueste"*. A su vez, aseguraba que el Gobierno comenzaría este *"sacrificio por la cabeza"*, para que no fuese *"siempre el pueblo el que pague"*.[77] El Gobierno reprimiría a aquellos ciudadanos que considerara que implicaban un peligro para su gestión. De esta manera, se disuadía al ciudadano común de tener una participación política activa. La militancia política se había transformado en una preocupación para el Estado Nacional. Aquellos argentinos que no se adaptaran a las reglas de juego impuestas por el Gobierno serían víctimas de la opresión ideológica del terrorismo de Estado dirigido por López Rega. Además, otro dirigente peronista, Ítalo Luder, había firmado un decreto que autorizaba a las Fuerzas Armadas a encabezar la lucha contra la subversión, demostrando hasta qué punto el Estado estaba comprometido con la erradicación de las tendencias izquierdistas. Por medio de un decreto se le daba vía libre a las fuerzas castrenses para llevar adelante una lucha armada contra los 'enemigo internos'.

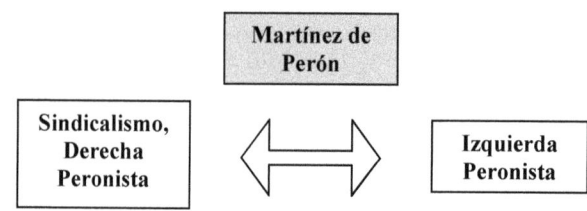

Conclusión: El discurso de Cámpora se remontaba casi veinte años hacia el pasado para acusar a la Revolución Libertadora de haber atentado contra la democracia argentina, haciendo un nuevo 'enemigo interno' de aquel Gobierno dictatorial. En los mensajes de Cámpora, la Revolución Libertadora era descripta como anti-argentina, mientras que el peronismo era presentado como la expresión máxima del sentir popular, dejando de lado el fuerte sentimiento antiperonista que existía en gran parte de la sociedad, evidenciando la exclusión política que se pregonaba desde el Gobierno.

Durante la presidencia de Lastiri, la exclusión política también estuvo presente. Al enfrentamiento con la derecha iniciado por Cámpora, Lastiri le había sumado el hostigamiento a las tendencias izquierdistas. La situación de esta corriente política se complicó cuando Perón retornó a la Argentina, y más aún cuando éste se hizo cargo de la presidencia de la Nación por tercera vez. El reflejo de esto fue la ocasión en la cual desde los balcones de la Casa de Gobierno se había alentado al marginamiento político de la izquierda peronista. A su vez, a esta compleja y conflictiva división política se le sumaba el enfrentamiento entre los dos extremos del peronismo que sólo parecía poder dirimirse a través de la violencia. La identidad política nacional transitaba una etapa en la cual las antinomias se multiplicaban, potenciando la presencia del paradigma amigo-enemigo. El anhelo de 'unidad nacional' del discurso presidencial era casi una utopía, cuyos orígenes, paradójicamente, podían encontrarse en los dichos de los presidentes.

El hegemonismo ideológico que impulsaban la Doctrina Justicialista y la Tercera Posición, curiosamente, llegó a su punto más alto una vez fallecido el líder del movimiento. Esto se vio reflejado en el discurso presidencial del Gobierno constitucional de Isabel Perón, pero la faceta más dramática de la exclusión política habitaba en el plan anti-subversivo de la Triple A. La falta de pluralismo ideológico y la intolerancia se materializaron en torturas, secuestros y asesinatos. Tales prácticas alimentaban la naturaleza conflictiva de la identidad política del país. La democracia estaba perdiendo la puja contra el autoritarismo. E 24 de marzo de 1976, un golpe de Estado ejecutado por una Junta Militar derrocó a la presidenta y dio inicio al Proceso de Reorganización Nacional, el cual institucionalizó la intolerancia política en el país.

Segunda Sección – SEMI-DEMOCRACIA O SEMI-AUTORITARISMO

La segunda sección de esta investigación estará compuesta por el análisis discursivo de Gobiernos semi-democráticos o semi-autoritarios. En el primer capítulo se estudiarán los discursos de Agustín P. Justo, quien gobernó entre 1932 y 1938, luego de que el Gobierno de facto de José F. Uriburu llamara a elecciones. El Gobierno de Justo estuvo signado por una proscripción política que recayó sobre Marcelo T. de Alvear, la reimplantación en el poder del régimen conservador, y la exclusión política del radicalismo. Durante el Gobierno fraudulento del sucesor de Justo, Roberto M. Ortiz, quien estuvo al frente del Poder Ejecutivo entre 1938 y 1940, el discurso presidencial buscaba desvincularse de la corrupción electoral. Se planteaba una antinomia entre la limpieza electoral y el fraude electoral. Se proponía el marginamiento de los políticos corruptos, provocando una mayor fragmentación ideológica en el país. En 1940, Ortiz delegó el mandato en su vicepresidente Ramón Castillo. Durante este período, el discurso presidencial propugnó la exclusión política de la UCR y la erradicación de las tendencias extremistas.

Capítulo I – DEMOCRACIA LIMITADA VS. DEMOCRACIA PLENA
(1932-1943)

Justo diseñó una candidatura que contemplaba la alternativa de encabezar la fórmula del radicalismo. De acuerdo a Luciano De Privitellio, la detención y proscripción de Yrigoyen hacían que la UCR quedara bajo el control de Alvear, de quien Justo había sido ministro. No obstante, las aspiraciones de Justo no prosperaron debido a que Alvear desconfiaba de su ex colaborador; además, las negociaciones para conformar la candidatura de la UCR estaban influenciadas por las imposiciones de Uriburu y las indicaciones de Yrigoyen, que no lo incluían. Esto hizo que Justo buscara la división del partido, que desde el golpe parecía volver a unirse. En este sentido tuvo cierto éxito ya que fue respaldado por varios grupos antipersonalistas, los primeros en proclamar su candidatura, e inclusive contó con la adhesión de algunos dirigentes personalistas. Sin embargo, sus maniobras políticas tuvieron éxito una vez que, utilizando todo su poder dentro del Gobierno, fue logrado el veto a la candidatura de Alvear, lo cual dio origen a la abstención de la UCR. Con esta medida, el radicalismo facilitó la victoria electoral de Justo. El rival en la contienda electoral fue la Alianza Civil, formada por socialistas y demócratas progresistas, cuya fórmula estaba constituida por Lisandro de la Torre y Nicolás Repetto. No obstante, la Alianza Civil no estaba en condiciones de disputar seriamente la presidencia de la Nación (De Privitellio, 2001).

Justo contó con el apoyo de los partidos conservadores provinciales y los grupos antipersonalistas que se habían reunido en el Partido Demócrata Nacional y el Partido Socialista Independiente. Según De Privitellio, esto hizo que se convirtiera en un candidato polifacético: continuador o crítico de la revolución, radical, masón o católico, conservador, nacionalista o liberal, general o ingeniero, adaptándose a la ocasión. Su candidatura estuvo apoyada explícitamente por la cúpula eclesiástica, alarmada por el público anticlericalismo de los dos componentes de la fórmula de la Alianza. También contó con el apoyo del nacionalismo.

Como escribió De Privitellio, la ausencia de candidatos de la UCR, con el veto a la candidatura de Alvear, hizo que Justo ganara fácilmente las elecciones presidenciales en noviembre de 1931: el resultado de una obvia exclusión política. A pesar de la iniciativa radical, el nivel de abstención de votantes fue muy bajo, y se evidenciaba una división en el electorado radical: muchos habían votado a la Alianza y otros, a pesar de todo, a las listas justistas. Salvo por lo acontecido en Buenos Aires y Mendoza, no se registraron maniobras de fraude electoral. En estas dos provincias, el fraude no buscaba perjudicar a la Alianza, sino que formaba parte de la disputa entre agrupaciones que tenían a Justo al frente de su fórmula pero que competían por la vicepresidencia, los cargos legislativos y todos los puestos locales. De hecho, a pesar de la existencia de una versión acerca de una alianza formal y estable entre partidos llamada 'Concordancia', alineada tras Justo, tal cosa no existía en 1931. La situación política de la Argentina ostentaba dos factores preponderantes: la impugnación a la legitimidad del Gobierno de Justo por parte de la UCR, que asumía la forma de la abstención y los levantamientos armados; y la existencia de una tensa relación entre los conglomerados políticos que habían tenido a Justo como candidato. Por otro lado, la abstención del partido mayoritario, la UCR, constituía una irregularidad difícil de sortear para el régimen representado por Justo. El presidente pretendía solucionar el problema a través de la reincorporación de la UCR al sistema una vez que este partido, según Justo, demostrara estar dispuesto a participar en la política de forma *"civilizada"* (De Privitellio, 2001).

Halperín Donghi sostuvo que Justo proclamaba, como misión principal de su presidencia, una refundación republicana en la que él mismo asumiría el rol de mentor y guía. Debía desarrollar una función de vigilancia para evitar que las fuerzas políticas que se disputaban el liderazgo hacia un objetivo común a todas ellas emprendieran un camino equivocado. Esa función era tan incongruente con el contexto político en el que se producía su ascenso presidencial que algunos verían reflejado, en el aplomo con que Justo se proclamaba decidido a asumirlo, un indescifrable cinismo, que era para muchos la característica más saliente de su perfil político. La visión de Justo sobre la coyuntura sobre la cual se proponía incidir habilita a una mejor comprensión de las bruscas transiciones que caracterizaron su manejo del poder, en las cuales se mostraba habitualmente dispuesto a las más desaprensivas transacciones, para luego metamorfosearse repentinamente en un severo primer mandatario, dispuesto a imponer su autoridad por encima de todo impedimento (Halperín Donghi, 2004).

1. El ocultamiento discursivo de la exclusión política

Justo diagnosticaba que *"ningún acontecimiento serio"* había *"perturbado la vida nacional ni alteración alguna en el orden colectivo"* había *"reclamado la ingerencia del Poder"*. Esto demostraba, según el presidente, *"la solidez de las Instituciones"* y acreditaba *"en la masa"* del *"pueblo [...] la cultura política"* que había *"alcanzado"*.[78]

Afirmaba que ningún acto de violencia había perturbado la paz social, algo que Justo atribuía a la madurez política de la ciudadanía y al correcto funcionamiento de las instituciones republicanas. Empero, ambas razones no se condecían con la realidad política del país. Justo estaba ocultando la violación a la voluntad popular que se había producido a raíz de la veda a la candidatura presidencial de Alvear y los levantamientos armados organizados por el radicalismo como consecuencia de ésta. Mientras tanto, Justo emitía un discurso que reivindicaba las instituciones republicanas y la participación ciudadana, lo cual era incongruente ya que la solidez institucional y participación democrática de la ciudadanía se veían seriamente diezmadas por las maniobras proscriptivas y autoritarias de este presidente electo.

Con el objeto de justificar su misión política, manifestaba:

"En la profunda sinceridad de mis propósitos tengo el derecho de reclamar el respeto que corresponde a mis palabras. No haré política utilizando resortes oficiales para engendrar o destruir candidaturas; no he de tolerar trasgresiones a la plena libertad del sufragio; he de buscar el apoyo de todos los partidos cuyas fuerzas me serán necesarias para realizar la noble obra a que aspiro en bien del progreso de nuestro país; pretendo merecer la más amplia colaboración que reclama una obra de reconstrucción nacional, concretándola en un programa realizable que responda a altos propósitos coordinando los principios de las agrupaciones que quieran traerme su contribución indispensable, sin descender a componendas electorales e inspirándome sólo con lealtad en el funcionamiento honesto del régimen representativo que dignifica la política y canaliza todas sus fuerzas apreciables hacia el bien colectivo".[79]

Justo se arrogaba el derecho de reclamar respeto por sus palabras. Esto denotaba que sólo a través del imperativo podía obtener una respuesta favorable a sus proyectos políticos. Pretendía convencer a sus interlocutores de que no utilizaría su poder político para digitar a su arbitrio los futuros gobernantes de la Nación. Por el contrario, se mostraba partidario de la inclusión, la libertad del sufragio y la participación de todas las fuerzas políticas, sostenía que sólo de esa manera el país podría progresar y alcanzar la tan ansiada *"reconstrucción nacional"*. De sus palabras se desprendía el carácter refundacional que pretendía darle a su presidencia. Daba una imagen de respeto por la voluntad general, al defender la *"libertad del sufragio"*, sin embargo, es difícil concebir que un Gobierno que se había constituido gracias a la abstención del partido mayoritario estuviera en condiciones de hablar de libertad electoral. Quizás ésta haya sido la razón de su reclamo.

Según Justo, su programa de Gobierno tenía el propósito de facilitar la participación, sin necesidad de alianzas o *"componendas electorales"*, sino por la *"lealtad"* al *"funcionamiento honesto del régimen representativo"*. Desde una perspectiva crítica, este mensaje partía de una demagógica propuesta de un futuro basado en una ilegítima función presidencial. Justo convocaba, además, a los partidos políticos a colaborar con su *"obra de reconstrucción nacional"* y comunicaba que uno de sus propósitos era defender las instituciones representativas con el fin de alcanzar *"el bien colectivo"*. Para cumplir con los objetivos de su obra reconstructiva se hacía necesaria la 'unidad nacional' que Justo pregonaba para ganarse la confianza de aquellos que se habían sentido políticamente excluidos por los designios del golpe de 1930.

Diagnosticaba que *"gobernar"* exigía "respeto a los principios, a la *Constitución"*. De ser éstos *"abdicados [...] todo el edificio de la organización se derrumbaría"*. A su vez sostenía que la *"Carta Fundamental"* permitía *"la sanción de amplias leyes reguladoras de sus cláusulas"*, las cuales debían *"contemplar la situación real"* de *"la Nación"*.[80]

Este mensaje ponía énfasis en el respeto por los principios constitucionales como valor fundamental de la democracia. Sin embargo, con el afán de justificar las maniobras políticas que viciaban de ilegitimidad a su Gobierno, manifestaba que si la situación lo requería, estos principios podían ser acomodados a las circunstancias que vivía el país. De este modo, se pretendía hacer pasar una violación a la voluntad popular por una reforma constitucional, disfrazándola como un acto de compromiso con el bien común por parte del Gobierno nacional.

En el discurso de Justo existía una total negación a la ilegitimidad que gran parte del mundo político argentino le atribuía a su Gobierno. En su diagnóstico, Justo manifestaba que *"la democracia"* debía *"ser juzgada"* por *"la pureza de los títulos de los representantes [...], por la forma en que éstos se desempeñan y por la acción que desarrollan a favor del pueblo"*. Se mostraba como un gobernante legítimo, comprometido con el bienestar de la República. Sin embargo, la realidad indicaba que la limitada representatividad de su Gobierno lo apartaba tanto de la *"pureza"* que él destacaba como de una *"acción"* en beneficio *"del pueblo"*. Inclusive sostenía que se atentaba *"contra los principios de la democracia"* cuando se burlaba *"la buena fe del pueblo [...] con propósitos bajos o mezquinos"*. Paradójicamente, el veto a la candidatura de Marcelo T. de Alvear fue un ejemplo de este tipo de accionar, donde se avasallaba la soberanía popular con el propósito de apoderarse del Gobierno, dejando de lado cualquier miramiento a los principios de la democracia. Sin embargo, es necesario remarcar que la prohibición que recayó sobre Alvear estaba avalada por una cláusula constitucional que inhabilitaba la candidatura presidencial de un ex presidente sin que antes transcurriera un período mínimo de seis años desde que éste dejara el poder.

La solución propuesta por Justo para la consolidación de *"las instituciones"* era aunar *"esfuerzos para elevar el nivel de la acción política"*. Manifestaba que se debía *"abandonar la violencia verbal que a menudo precede y prepara el terreno a la violencia física; [...] desterrar el odio que cava abismos entre hermanos y malogra esfuerzos, esterilizando energías; [...] llegar [...] a suprimir la obstrucción deliberada y la deformación intencional de hechos o propósitos de los adversarios con fines subalternos"*.[81]

En esta ocasión, Justo se refería al radicalismo personalista, a quien acusaba de fomentar la *"violencia"* y el *"odio"* entre los argentinos. Tal argumento sugiere que este gobernante visualizaba al radicalismo como un 'enemigo interno' que debía ser apartado de la escena política nacional, por entender que este partido político incidía en el agravamiento de las luchas políticas en la Argentina. Una vez reinstaurado el conservadurismo en el Gobierno, el discurso y las acciones del Gobierno de Yrigoyen contaron con el repudio del Poder Ejecutivo, mediante un discurso presidencial que inculpaba al radicalismo yrigoyenista de actuar deliberadamente en contra de los intereses nacionales.

2. Fraude electoral y exclusión política

En 1937, el Congreso aprobó la reforma de la ley electoral, que eliminaba el sistema de lista incompleta para el caso de electores de presidente. A partir de entonces, el partido ganador de una provincia no se llevaría sólo dos tercios de los electores sino la totalidad de éstos. A través de esta medida, que revertía una de las innovaciones de la Ley Sáenz Peña, Justo resignó la minoría de algunos distritos, entre las cuales la de la Capital ni siquiera era segura, pero ganó la totalidad de los electores de Santa Fe, Buenos Aires y las provincias chicas, donde la hegemonía era conservadora. Con todos estos reaseguros, que incluían el aval del fraude, Justo garantizó su lugar como gran elector. Esto le ocasionó, sin embargo, una disminución en la opinión favorable del electorado hacia su Gobierno, la cual había podido mantener hasta 1934 en lo relativo a la cuestión electoral, precisamente a raíz de ese aval (De Privitellio, 2001).

El nombramiento de un sucesor presidencial recayó en el radical antipersonalista Roberto M. Ortiz. Detrás de su designación se escondía una estrategia cuyo objetivo era el mantenimiento del poder personal de Justo que, de todos modos, seguiría teniendo su base más sólida en la autoridad que ostentaba dentro del Ejército. Ortiz era políticamente débil y representaba a un partido casi inexistente. Ortiz podía provocar desconfianza en sus aliados conservadores, quienes, a pesar de haber realizado el principal aporte electoral dentro de la Concordancia, fueron llevados por Justo a una nueva frustración ya que quedaran relegados al segundo término de la fórmula. Justo pretendía un sucesor que dependiera de él, y la debilidad de Ortiz y el contrapeso que podría ofrecer ante los grupos conservadores parecían garantizarlo. El propósito de esta estrategia era utilizar a Ortiz para acceder a un segundo mandato en 1943, esta vez a la cabeza de una UCR agradecida por la eliminación del fraude y por el regreso al poder bajo su liderazgo (De Privitellio, 2001).

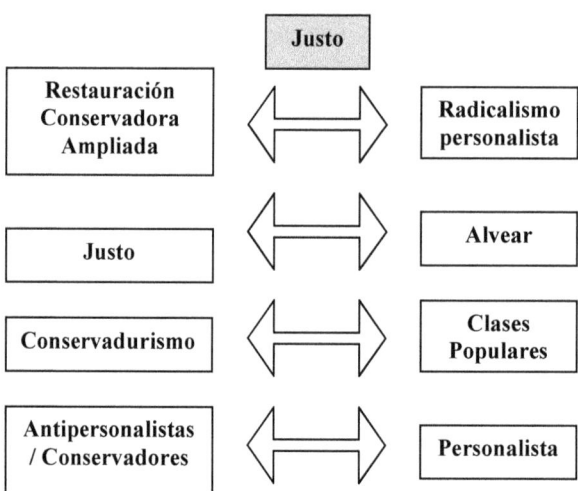

3. El discurso republicano de un Gobierno fraudulento

Durante el período 1938-1943 la presidencia estuvo ocupada por dos políticos de convicciones ideológicas contrapuestas. Roberto M. Ortiz, entre 1938 y 1940, dirigió un Gobierno signado por la fatalidad: su enfermedad y la declaración de la Segunda Guerra Mundial (1939-1945). Su vicepresidente, Ramón S. Castillo, se hizo cargo de la presidencia de la Nación en 1940, sin embargo, Ortiz mantuvo el poder gubernamental hasta el día de su muerte. La gestión de Castillo provocó una crisis dentro del Ejército, por la oposición de grupos militares, desencadenando un golpe de Estado en 1943 dirigido por el general Arturo Rawson.

Para Ortiz, la política, debidamente comprendida, debía ser patrimonio del *"pueblo"*, ejerciendo a través de los partidos políticos *"una función de contralor y de gobierno"*.[82] Ortiz reivindicaba el valor del voto y la acción patriótica que realizaba la ciudadanía mediante la emisión de éste, empero, el carácter fraudulento de su ascenso a la presidencia de la Nación contradecía sus dichos. Este período histórico-político estuvo signado por un autoritarismo oculto en prácticas democráticas falsas, carentes de todo valor representativo, lo cual se reflejaba en el discurso de un Poder Ejecutivo que se decía democrático pero que había accedido al Gobierno de forma fraudulenta. Roberto Ortiz responsabilizaba al Gobierno de Justo por el fraude electoral. Consciente de la falta de legitimidad de su Gobierno, su misión gubernamental estaba comprometida con una nueva apertura democrática no fraudulenta que saneara la vida política nacional, eliminara la corrupción electoral y rompiera los lazos que lo unían al régimen conservador (Rouquié, 1994).

a) Vencedores vs. vencidos, perseguidores vs. perseguidos

A pesar de haber sido elegido fraudulentamente, Roberto M. Ortiz dio muestras claras de haber querido terminar con esa práctica electoral corrupta. En abril de 1938, dejó que los gobernadores digitaran las elecciones legislativas, pero a partir del año siguiente pasó a la ofensiva. Primero anuló los comicios realizados en San Juan; en febrero de 1940, intervino la provincia de Catamarca, particularmente significativa porque era el distrito de su vicepresidente, el conservador Ramón Castillo; y finalmente tomó la misma decisión con Buenos Aires, el distrito más importante del país.

Ortiz declaraba que el país había estado continuamente dividido entre *"vencedores y vencidos"*, entre *"perseguidores y perseguidos"*. Decía que su Gobierno había tenido como objetivo dar fin a las *"banderías ideológicas y al favoritismo de partidos"* que generaban violentos enfrentamientos, entorpeciendo el desarrollo de la política argentina. Mediante el *"trato ecuánime"* de *"todos los núcleos, tendencias y ciudadanos"*, se aspiraba a alcanzar la *"pacificación"* entre argentinos, poner fin a *"las actividades violentas y como consecuencia a reavivar la anhelada unidad nacional"* (Ortiz, 11/2/1941, pp. 263-267).

El discurso de Ortiz tenía como objeto demostrar que su Gobierno defendía el pluralismo ideológico. La armónica convivencia de los ciudadanos dentro de un marco de respeto por la pluralidad constituía para Ortiz, según su discurso, el único camino hacia la *"unidad nacional"*.

Este presidente electo fraudulentamente, como consecuencia de su enfrentamiento con Justo generó divisiones en el seno del poder gubernamental. Su supuesta defensa de los valores democráticos se contraponía con los intereses de los conservadores, produciendo, así, una bifurcación entre el autoritarismo de la democracia fraudulenta y la verdadera democracia, que él decía anhelar para el país.

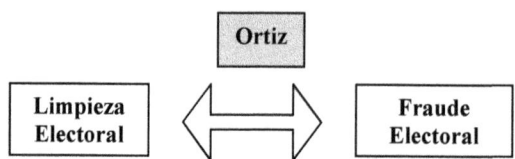

4. La continuación del régimen fraudulento y la exclusión política

De acuerdo a lo estudiado por Alain Rouquié, Ramón Castillo asumió la presidencia en septiembre de 1940 debido a que Ortiz se veía obligado a delegar el mando a causa de un problema de salud. Castillo tenía vía libre para reinstaurar la política del fraude. Emprendió proyectos e ideales políticos que generaron conflictos en el Ejército, los partidos políticos, los movimientos obreros y las componendas que todavía Alvear, Justo y Ortiz pretendían para el país. A partir de 1940, el GOU[83] había cobrado trascendencia, con influencias políticas, dividiendo al Ejército y generando facciones politizadas y profesionalistas. Entre el Gobierno, el pueblo y los distintos sectores políticos existían desavenencias por intereses contrapuestos, generando antinomias frente a la Segunda Guerra Mundial y a las condiciones políticas, sociales y económicas de la Argentina. Para octubre de 1941, Castillo había renovado el gabinete con hombres de su confianza. Los conservadores resultaban, entonces, los únicos dueños del poder, lo cual anunciaba un recrudecimiento de la política del fraude electoral. Se instauró en la población la sospecha de que Castillo estaba dispuesto a clausurar el Congreso y establecer una dictadura con el respaldo de los sectores nacionalistas. La oposición radical y la socialista diseñaban una posible alianza denominada 'unión democrática antifascista'. No fue casual la pronta reacción militar ante las maniobras de Castillo, a quien derrocarían mediante un golpe de Estado en 1943 (Rouquié, 1994).

a) La Segunda Guerra Mundial y la identidad política nacional

El descontento de la masa popular le estaba generando a Castillo problemas en la conducción del país. Como solución, declaró el Estado de Sitio, con el fin de *"preservar"* la *"unidad moral"* de la Nación. Castillo declaraba que *"la conmoción interior [...] podía ser consecuencia de las pasiones e intereses derivados de la guerra [...]"*. Esto había generado, según este gobernante, *"un significativo desarrollo de actividades contrarias al normal desenvolvimiento"* de las *"instituciones"*. Para Castillo, los responsables del conflicto eran las corrientes políticas *"inspiradas en ideologías extremistas"* que se exteriorizaban *"con mayor ímpetu con motivo de la situación"* por la que atravesaba *"el mundo"*. Como solución, *"el Poder Ejecutivo"* había tomado *"medidas para su prevención y represión"*.[84]

La ingerencia de la Guerra había llevado a las distintas tendencias ideológicas a radicalizarse. Los extremismos de derecha y de izquierda luchaban por imponer sus propios ideales. El Gobierno, por su parte, había optado por la represión de todo foco de conflicto. La coyuntura política internacional hacía que la Argentina se alejara de una posible pluralidad ideológica. El Estado de Sitio fue una medida constitucional para controlar a los 'enemigos internos', los agentes extremistas, calificados por el presidente Castillo como *"agitadores profesionales, quienes estimulados por las condiciones propicias creadas por la situación mundial"* intentaban *"difundir ideas y principios contrarios a las instituciones de la Nación"*.[85]

Durante este período comenzaron movilizaciones entre los grupos militares. El GOU se había organizado e influía en las decisiones de las Fuerzas Armadas. Por otra parte, Castillo nombró y posteriormente destituyó al general Pedro Pablo Ramírez como ministro de Guerra, provocando disconformidad en ciertos sectores del Ejército. La aparición del general Arturo Rawson provocó ambigüedad dentro del Ejército que, por un lado, decidió dar fin al Gobierno de Castillo y, por el otro, tenía a su cargo resolver quién sería el próximo presidente de la Nación (Halperín Donghi, 2004).

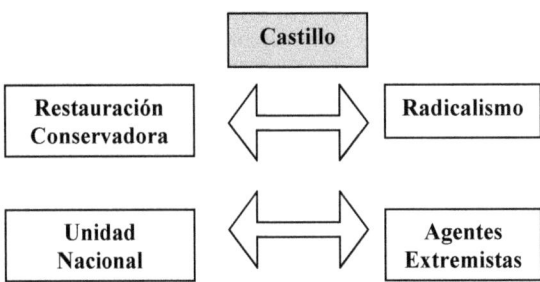

Conclusión: Los discursos presidenciales de este período demuestran cómo la tergiversación de conceptos democráticos contribuyó a la fragmentación de la identidad política nacional. En otras palabras, los Gobiernos de Justo, Ortiz y Castillo hacían uso de un discurso republicano que no se correspondía con la realidad política argentina ni con la democracia limitada que existía en el país. Justo, por ejemplo, manifestaba que para que la UCR fuera reincorporada al sistema debía demostrar que participaría políticamente de forma *"civilizada"*, ya que el Gobierno consideraba que este partido fomentaba la *"violencia verbal y [...] física"*. Semejante marginamiento exacerbaba el revanchismo de aquellos sectores políticos que se vieron perjudicados por el autoritarismo del Gobierno nacional. Esto fue generando una indiscriminación conceptual entre los ideales autoritarios y democráticos de la época, entremezclándose para conformar un híbrido político. El discurso emitido desde el Estado era contradictorio y conflictivo, con una recurrente presencia de la figura del 'enemigo interno', siempre aparejada a la exclusión política. Se debe recordar, además, que a la delicada situación política e institucional del país se le sumaba un factor externo: la Segunda Guerra Mundial. La ya fragmentada identidad política nacional sufrió las consecuencias de un conflicto bélico que dividía al mundo entre demócratas y nazi-fascistas. El Gobierno, en consecuencia, se vio obligado a enfrentar a los 'enemigos internos', identificándolos como *"agitadores profesionales"* inspirados en *"ideologías extremistas"*.

Capítulo II – LOS ENEMIGOS: PERÓN, LA DICTADURA Y EL COMUNISMO (1958-1966)

Este capítulo estudiará cómo los Gobiernos semi-democráticos de Arturo Frondizi y Arturo Illia utilizaban un discurso que contenía factores contribuyentes a la disgregación de la identidad política nacional. En el campo de la acción, este período se destacó por la proscripción del peronismo, el tutelaje militar de los Gobiernos civiles y la lucha oficialista contra el comunismo, la cual dio origen a la doctrina de seguridad nacional, también conocida como 'fronteras internas'. Asimismo, se planteaba un enfrentamiento entre los presidentes civiles y las Fuerzas Armadas, tuteladoras de éstos.

Ante la inminencia de elecciones presidenciales, Frondizi justificaban su posición y brindaba su intepretacion de la postura de sus opositores ante este radicalismo escindido.[86] Argumentaba que la fractura era *"definitiva e irrevocable"*. En tanto, aseguraba que su misión había sido estar *"al servicio de una realización nacional y popular"*. Al erigirse en defensor de lo nacional y popular implícitamente sus opositores eran defensores de intereses oligárquicos y antinacionales. Frondizi sustentaba esta caracterización a partir de la posición diferenciada que, según él, ambos radicalismos tenían frente al pueblo; colectivo, que en el contexto político de la época se sobreentendía, hacía referencia al peronismo (Smulovitz, 1988). Frondizi aseveraba: *"Para ellos, lo que antes fue gauchaje, la chusma, el aluvión zoológico, es hoy, con el mismo sentido despectivo, la gleba electoral. Para nosotros fue, es y será siempre el pueblo argentino"*.[87]

El dirigente radical pretendía alejarse de los motes despectivos con que se solía hacer referencia a la masa popular. Oponía su posición de respeto por la clase trabajadora, similar a la propuesta por el peronismo, con los calificativos históricamente utilizados por los conservadores, identificando al pueblo como una masa carente de identidad política e ignorante, cuyos deseos eran irrelevantes para la vida política del país.

Según Smulovitz, Frondizi aceptaba la identificación esgrimida por el peronismo, de que pueblo y peronismo eran una misma cosa, y se constituía en defensor del pueblo. Al hacerlo conseguía no sólo reafirmar la vigencia de las antinomias pueblo-antipueblo y peronismo-antiperonismo, sino que también conseguía trasladarse de un polo al otro de la antinomia. Por su trayectoria como líder de la oposición durante el Gobierno peronista, la figura de Frondizi aparecía identificada al antiperonismo. Al erigirse en defensor del pueblo y constituir al otro radicalismo en el lugar del antipueblo, intentaba romper los vínculos que lo unían al antiperonismo, mientras reafirmaba los vínculos que unían a los otros radicales al mismo (Smulovitz, 1988).

La Revolución Libertadora posibilitó el retorno de la democracia a partir de elecciones nacionales, con la participación del radicalismo escindido entre la Unión Cívica Radical Intransigente y la Unión Cívica Radical del Pueblo, mientras que el peronismo estaba proscripto. La fórmula por la UCRI, Arturo Frondizi-Alejandro Gómez, logró un amplio triunfo electoral. Esta victoria se debió a las promesas y lineamientos del modelo desarrollista de Frondizi y, fundamentalmente, a los votos peronistas, a partir de un pacto entre Frondizi y Perón (Potash; 1984). La plataforma política promovida por Frondizi estaba basada en la siguiente antinomia: por un lado, los 'integracionistas', quienes avalaban la integración del peronismo y, por el otro, los desarrollistas, quienes desconocían el pacto entre Frondizi y Perón. La UCRI se alejó de los fundamentos propios de la UCR, tradicionalmente yrigoyenista. Pretendía un radicalismo populista y una posición intermedia, impulsada como un tercer movimiento histórico para terminar con la dependencia económica (De la Vega, 1996).

Rouquié sostuvo que si bien Arturo Frondizi hablaba de un 'no peronismo', hizo una alianza con los peronistas, prometiendo espacios de poder político gremial. El plan de Frondizi fue conquistar el electorado peronista, y el de Balbín, proclamar la necesidad de la unidad, ante el riesgo de una participación peronista en el Gobierno. A su vez, el peronismo se convirtió en un 'trauma' para los militares, la dirigencia política y para muchos ciudadanos. Esto provocó que la figura de Perón se transformara en un mito. Perón, por su parte, desde el exilio, comenzó a dividir al peronismo, con un 'coqueteo' maquiavélico entre la izquierda y la derecha (Rouquié, 1998).

Robert Potash argumentó que los antiperonistas creyeron que se iba a producir una conversión del credo peronista cuando el pueblo tomara conciencia de la demagogia, el engaño y la coerción del ex presidente. Los antiperonistas denunciaron los crímenes de la 'dictadura' y delinearon un proceso de reeducación colectiva gradual, llevado a cabo por partidos y sindicatos democráticos. Esta idea fue una ilusión ya que el peronismo sobrevivió a la caída de su Gobierno y se constituyó en el eje de un vigoroso movimiento opositor (Potash, 1984).

El peronismo proscripto fue una cuestión política, social y militar que generó divisiones en las Fuerzas Armadas, con levantamientos e intervenciones militares destinadas a evitar la participación del peronismo en contiendas electorales. También se produjo una ruptura dentro del movimiento justicialista, el sindicalismo y el grupo de militares leales a Perón. En el radicalismo, a su vez, se profundizó la división interna del partido debido al apoyo que el peronismo le proporcionó a la fórmula de Frondizi en una primera elección, para luego quitarle este apoyo que, en el corto plazo, catalizó el derrocamiento de Frondizi.

Por todas estas razones, la proscripción del peronismo pasó a ser una cuestión nacional. El antiperonismo gobernante buscó una fórmula de 'desperonización' que fue, según Guillermo O'Donnell, un 'juego imposible' porque fortificó las distintas líneas del peronismo como subculturas "de sectores sociales localizados en el sindicalismo organizado, en sectores medios bajos y en franjas 'populistas' marginales existentes en las provincias. El peronismo se transformó en un factor traumatizante para la sociedad militar, los militantes y para los civiles. La estrategia de Frondizi – captar el voto de un peronismo proscripto en su carrera hacia el Gobierno – fue inteligente, audaz y peligrosa" (Floria; García Belsunce, 2005, p. 167).

Tanto la clase política como los peronistas se sorprendieron cuando trascendió la orden del ex presidente de votar a Frondizi. Los partidarios de Perón se mostraban reticentes; la mayoría que decidió obedecer creía estar votando por el retorno del líder, indignándose tres meses después al no verlo en la Casa Rosada. La orden de votar por Frondizi fue la manera que tuvo Perón de promover a nuevas formaciones peronistas que se multiplicaban al acercarse los nuevos comicios, sobre los que no tenía ninguna autoridad política (Rouquié, 1998).

1. El triunfo electoral a partir de la exclusión del peronismo y el enfrentamiento del Gobierno con la dictadura

Frondizi admitía que su ascenso al poder había sido el resultado de *"inhabilitaciones y proscripciones políticas"*. Consciente del grado de división que sufría la política argentina, solicitaba la finalización de todo tipo de *"violencia"* y *"enfrentamiento fratricida"*, olvidar los odios del pasado, llamando a la unidad del pueblo y a *"la sanción de una amplia y generosa amnistía"*.[88]

La proscripción del peronismo y el reconocimiento que Frondizi hacía de ésta eran una clara evidencia del alto grado de exclusión política que existía en la República Argentina. Tomando a la proscripción casi como un hecho natural, se proponía una *"amnistía"* con el propósito de pacificar a la Nación. En este caso se hacía referencia a una práctica autoritaria como la proscripción, encubriéndola en un supuesto proceder democrático. Las contradicciones entre el discurso presidencial y la realidad política no terminaban allí: el pacto entre Perón y Frondizi saltaba a la luz cuando el gobernante radical afirmaba que debía ser *"derogada toda legislación represiva de las ideas y suprimidos los organismos creados a tal fin"*; cualquier ciudadano debía tener derecho a *"elegir y ser elegido";* mientras que los partidos políticos debían *"constituirse y desarrollar libremente su actividad".*[89]

Para la sociedad argentina fue por lo menos desconcertante que sus dirigentes políticos emitieran mensajes tan contradictorios, donde se hablaba de *"libertad"* pero también se admitía la utilización de una *"legislación represiva"* como la proscripción de partidos políticos. Tales contradicciones son prueba del grado de confusión entre el autoritarismo y la democracia que sufría la política argentina.

El retorno a la democracia fue, según las palabras de Frondizi, el comienzo de una *"nueva era, bajo el signo de la normalización institucional",* ubicando *"en todos los poderes de Gobierno, a hombres elegidos por el pueblo",* reponiendo *"las instituciones que señala la ley".* Para Frondizi, esta misión llevaba a *"una idea moral: la clara e inequívoca voluntad de reencuentro argentino y de reanudar el desarrollo nacional".* Su preocupación fue poner al país *"en el camino del progreso y de la grandeza".* Sus fines eran salir del *"estancamiento y empobrecimiento".* Para ello proponía *"sellar definitivamente el reencuentro de los argentinos y alcanzar una plena y efectiva paz nacional, [...] eliminar los motivos de encono, los pretextos de revanchas y los últimos vestigios de persecución que pudieran subsistir, [...] extirpar de raíz el odio y el miedo del corazón de los argentinos".*[90]

La recuperación de la vida institucional de la República aparecía como el comienzo de un nuevo período en la vida política del país. Para Frondizi, las elecciones presidenciales habían ayudado a propiciar la unión nacional, que sería finalmente alcanzada una vez lograda la pacificación y armonización política, dejando atrás el odio, la persecución política y el revanchismo. Esta era la solución propuesta por este presidente para una transformación política, social y económica del país. No obstante, esta solución dejaba afuera un factor de suma relevancia para la normalización institucional y la unión nacional: la proscripción del peronismo. Haberle coartado la libertad a gran parte del electorado argentino indudablemente tendría consecuencias graves para la política nacional, entre ellas se encontraban el *"odio"* y el *"revanchismo"* que Frondizi decía querer remediar.

A raíz del pacto con Perón, el Nosotros de la UCRI estaba conformado por radicales intransigentes y peronistas. Frondizi tuvo una doble responsabilidad: cumplir con lo pactado con Perón y ser fiel a su proyecto desarrollista. Según Frondizi, la unidad argentina y el crecimiento del país no podían devenir si no era con la unión de todos los sectores políticos nacionales. Este Gobierno consideraba 'enemigos' a los Gobiernos de facto como la Revolución Libertadora que, según el discurso presidencial, serían excluidos de la vida política argentina, *"garantizando la absoluta libertad y asegurando el orden en todas las manifestaciones de la vida nacional: desde los derechos y garantías individuales, hasta la actividad sindical y la vida educacional y religiosa".* Se debía establecer *"el estado de derecho",* considerado como la finalización *"del régimen revolucionario y de toda forma de poder 'de facto'".* Según este presidente, el Gobierno de la Revolución Libertadora no había podido controlar la demanda de apertura democrática exigida por la ciudadanía argentina, permitiendo el resurgimiento de un programa popular y nacional como el desarrollista.

A pesar de lo expresado por Frondizi, el fin de la Revolución Libertadora (1955-1958) no significó una restauración total de los derechos cívicos en el país. La proscripción del peronismo lo demuestra. El autoritarismo seguía presente y la democracia era limitada, generando divisiones y antagonismos políticos. En este sentido, Frondizi diagnosticaba que la división política del país se debía a tres factores fundamentales: nueve años de Perón en el Gobierno; el golpe de Estado que había derrocado a Perón; y una democracia con proscripciones.[91]

Haber asumido la presidencia de la Nación en gran parte gracias a la proscripción del peronismo iba en contra de la *"libertad de expresión"* que este presidente decía defender. Por otro lado, Frondizi se encontraba en una difícil situación, ya que había tenido que lidiar con los dos extremos de la política argentina: tuvo que convencer a la Revolución

Libertadora de que su Gobierno lograría la 'desperonización', mientras que les aseguraba a los peronistas que sus objetivos políticos tenían puntos en común con la ideología justicialista. Frondizi manejó un doble discurso político entre lo manifiesto y sus convicciones, que sólo compartía con Rogelio Frigerio, el ideólogo del programa desarrollista.

Según Rouquié, las proclamas de Frondizi llevaron a respuestas opositoras, fracasos y pocos logros, debido a que en el corto plazo de su presidencia, los militares comenzaron a dudar de su integridad política, al sentirse traicionados por su pacto con Perón. Por otro lado, tuvo errores tácticos con respecto a las fuerzas sindicales peronistas, que se sintieron utilizadas en las elecciones pero excluidas de las decisiones presidenciales (Rouquié, 1998). A los dos meses de asumir la presidencia, Frondizi tenía un amplio poder institucional – cómodo dominio del Congreso, control de todos los Gobiernos provinciales – pero su poder político real estaba condicionado por el peronismo que le había 'prestado' sus votos y por las Fuerzas Armadas, decididas a tutelar a un presidente del que desconfiaban (De Privitellio; Romero, 2000).

Si bien normalizó la CGT a través de la ley de Asociaciones Profesionales de Trabajadores, la presión militar y cierto clima adverso de la opinión pública le ocasionó la ruptura con Perón. Esto llevó a la derrota de la Unión Cívica Radical Intransigente en las elecciones de diputados y senadores en 1960, cuando Perón volvió a ordenar el voto en blanco. Mientras tanto, en Córdoba y Tucumán comenzaban acciones guerrilleras.

Tal como narra Cavarozzi, Álvaro Alsogaray (de orientación liberal y antiperonista) fue designado por Frondizi para cubrir el cargo de ministro de Economía. El nuevo ministro dispuso el congelamiento de los salarios, la devaluación de la moneda y la desregulación económica. Estas medidas provocaron la oposición de los sindicatos, que mostraron su descontento con el Gobierno a través de huelgas. Entretanto, otro antiperonista, Carlos Toranzo Montero, asumía como comandante en jefe del Ejército, cargo a través del cual se dedicaría a tutelar todos los movimiento del Gobierno (Cavarozzi, 2002).

A raíz de la presencia de fuertes frentes opositores, Frondizi manifestaba que sus detractores se dividían entre *"los que querían la restauración de la dictadura depuesta y los que querían una nueva dictadura, invocando a la democracia pero siempre sometiendo al pueblo"*. (Frondizi, 3/2/1962, pp. 324-329). En otras palabras, los 'enemigos internos' de este Gobierno eran aquellos que apoyaban a la *"dictadura"*, tanto los que querían el retorno de Perón como los que pretendían la continuidad del Gobierno de la Revolución Libertadora. Denunciaba que el accionar de estas facciones incitaba a la *"violencia"*, la *"desconfianza"* y el *"odio"*, disgregando a la Nación. A su vez, aseguraba que nadie sería perseguido por sus ideales políticos y que se respetaría la *"libertad de expresión"* pero únicamente bajo la *"legalidad"* de la Constitución.[92] Al referirse a los Otros en estos términos, Frondizi no estaba integrándolos a su proyecto sino que los excluía por considerar que no adherían a la democracia que él decía representar.

Frondizi dividía a la política argentina en pares de opuestos: *"libertad"* o *"dictadura"*, *"abundancia"* o *"escasez"*, *"progreso"* o *"estancamiento"*, *"plena realización"* o *"sometimiento"*. Además, decía que era *"difícil ver la libertad después de 25 años de infamias y dictaduras militares"*. Sostenía que la democracia debía *"nacer del pronunciamiento popular y de la posibilidad de desarrollo que cada ser humano tiene dentro de sí"* (Frondizi, 3/2/1962, pp. 324-329).

Frondizi contraponía los males ocasionados por la dictadura con el bienestar general al que aspiraba su Gobierno civil. Su misión era llevar al pueblo a transitar una transformación política: alejarse de los vejámenes de las dictaduras para lograr el afianzamiento de la democracia, mediante la participación popular, que sería la base del desarrollo nacional. Consideraba que gran parte de la crisis política se debía al intento de los gobernantes de dividir para gobernar, o como él expresaba: *"el cesarismo burocrático"*.[93]

o sea que el desempeño del país dependía de la buena o mala voluntad de los funcionarios. Sostenía que la reconstrucción nacional precisaba la superación del enfrentamiento entre Nosotros, los legalistas democráticos, y los Otros, los defensores de la dictadura.

2. "Un enemigo real: El comunismo"

El diagnóstico de Frondizi advertía que el país estaba siendo amenazado por *"la acción disolvente"* de *"un enemigo real: el comunismo"*, el cual actuaba *"preferentemente en dos medios, el estudiantil y el obrero"*. El presidente expresaba que a pesar de *"ser éstas sus esferas de acción predilectas"*, el comunismo, *"experto en métodos de penetración"*, no consideraba *"invulnerable ningún sector de la sociedad"*. Por lo tanto, el Gobierno postulaba una *"acción represiva y la creación de condiciones"* para hacer *"imposible la mayor difusión del comunismo"* (Frondizi, 23/11/1960, pp. 5-6).

El mensaje presidencial aseguraba que *"el comunismo"* se había lanzado *"a la insurrección, el sabotaje y el terrorismo"*. Asimismo, se manifestaba que la propagación de este 'enemigo interno' se debía a *"la infiltración y la propaganda, a determinados sectores laborales, especialmente el peronista"*. Como solución, el Gobierno *"decretó el estado de sitio"*. Esta medida tenía el propósito de *"reprimir la insurrección y poner fin a las reiteradas campañas terroristas y a las actividades subversivas del comunismo"*. Según el presidente, se había actuado de este modo con el objetivo de *"preservar la estabilidad de las instituciones, la vida de nuestros ciudadanos y el orden de la colectividad"* (Frondizi, 23/11/1960, p. 10).

La exclusión política del comunismo también se reflejaba en las soluciones detalladas por el primer magistrado, de la siguiente manera:

"Se prohibieron en todo le territorio nacional las actividades comunistas, fueran del partido o de sus entidades colaterales; se clausuraron más de doscientos locales de dicho partido y de organizaciones afines, como así también editoriales y periódicos; se secuestró ingente material de difusión, propaganda, libros y diarios comunistas o vinculados al comunismo; fueron alejados de la administración funcionarios vinculados a dicha ideología; se instruyó a los procuradores fiscales para que gestionaran en todo el país la disolución y cancelación de la personería electoral del Partido Comunista, en los distintos distritos, para que se opusieran a la oficialización de las listas de sus candidatos impidiéndose su participación en las elecciones" (Frondizi, 23/11/1960, p. 10).

Frondizi sostenía que *"el comunismo"* le había *"declarado la guerra"* al Gobierno nacional. La respuesta del Poder Ejecutivo fue declarar el *"estado de sitio y otras medidas represivas"* para *"reprimir la subversión"*. Asimismo, el presidente manifestaba que *"los únicos sectores"* que no gozaban *"de libertad de prensa en el país"* eran *"los comunistas y los grupos peronistas que predican la insurrección"*. Mientras que *"el estado de sitio"* se mantendría *"hasta que la subversión haya sido definitivamente derrotada"* (Frondizi, 23/11/1960, pp. 15-19).

Por otro lado, este gobernante procuraba distanciarse de los partidarios de la dictadura, esgrimiendo:

"Los que creen que las ideas antinacionales del comunismo se extirpan con la implantación de una dictadura – aunque se autocalifique de democrática – son los mejores aliados del comunismo. La experiencia de las más grandes democracias de la Tierra demuestra que el único antídoto eficaz contra las ideologías extremistas es el ejercicio de la libertad y la vigencia del derecho, porque la violencia de arriba sólo provoca la violencia de abajo" (Frondizi, 23/11/1960, p. 20).

Nuevamente las contradicciones viciaban al discurso presidencial. En primera instancia, Frondizi se pronunciaba a favor de coartar la libertad de prensa del comunismo pero luego sostenía que la mejor forma de derrotar al extremismo izquierdista era *"el ejercicio de la libertad y la vigencia del derecho"*. ¿Qué mejor muestra de la semi-democracia o el semi-autoritarismo que regía en la Argentina? El aparente discurso liberal de Frondizi era incompatible con las restricciones y prohibiciones impuestas al comunismo que el mismo presidente mencionaba en su mensaje. Además, Frondizi aseguraba *"la plena vigencia de la libertad de prensa para todos, menos para los elementos insurreccionales"* (Frondizi, 1/5/1960, p. 17). De tal modo quedaba en evidencia la exclusión política que caía sobre las ideologías de izquierda.

El Gobierno, cada vez más presionado por los mandos militares, en permanente intervención, instauró el Plan de Conmoción Interna del Estado (Plan 'Conintes').[94] El objetivo era poner fin a la ola de protestas laborales mediante la represión estatal. Dicho Plan le otorgaba a las Fuerzas Armadas "una amplia jurisdicción en la lucha contra los 'disturbios internos'". Consecuentemente, en 1960, se produjo un drástico descenso en el nivel de protesta laboral (Cavarozzi, 2002, p. 99).

Frondizi expresaba que el objetivo de la aplicación del Plan 'Conintes' era mantener *"el orden público"*. El mandatario aseguraba: *"no hay legalidad posible si la anarquía corroe las instituciones y si la razón de la fuerza substituye a la razón del derecho. [...] Sin estos requisitos no hay democracia, ni régimen republicano. La Nación misma corre peligro"*. Este fue el motivo por el cual el Gobierno decidió *"la aplicación del Plan 'Conintes'"* que, según el presidente, estaba *"destinado a vencer la acción del terrorismo desatada para abrir la puerta a la anarquía y al golpe de estado"*. El *"método terrorista"* utilizado por la subversión, de acuerdo a Frondizi, negaba *"por igual la legalidad, la democracia y aún la mera convivencia humana"*. Sostenía que el accionar insurreccional elegido por *"los dirigentes comunistas y los sectores peronistas"* los excluían *"por su propia voluntad de la convivencia democrática argentina"* (Frondizi, 1/5/1960, pp. 17-18).

La imposibilidad del Gobierno de superar definitivamente los disturbios internos promovidos por la avanzada comunista y la protesta laboral aceleraron el derrocamiento de Frondizi a manos de las Fuerzas Armadas. Ante tal situación, el presidente diagnosticaba que *"el pueblo argentino"* estaba *"ganando las sucesivas batallas de su liberación. Los frutos visibles de su esfuerzo, unidos al claro instinto nacional que los distingue"*, lo determinaban *"a apoyar – con creciente firmeza, demostrada en la cifra de los últimos comicios – la obra del Gobierno y su insobornable conducta internacional"*. Frondizi expresaba que *"en la medida en que el pueblo triunfa, los políticos que no confían en él se ofuscan y se lanzan desesperadamente a provocar la quiebra de una legalidad democrática en la que están definitivamente derrotados. Cualquier pretexto les resulta útil para propiciar el derrocamiento del Gobierno constitucional"* (Frondizi, 3/2/1962, pp. 324-329).

Del mensaje se desprende que la asunción del poder presidencial por parte del Gobierno civil había sido una victoria del pueblo. Según el presidente, los militares, al verse *"derrotados"* por lo que, equivocadamente (teniendo en cuenta la proscripción del movimiento político más fuerte del momento), Frondizi llamaba *"legalidad democrática"*, intentarían derrocar al *"Gobierno constitucional"* (Frondizi, 3/2/1962, pp. 324-329).

En las elecciones de 1962, el frondizismo triunfó en la capital pero fue derrotado en Córdoba por la UCRP y en ocho provincias por neoperonistas y peronistas declarados. En Buenos Aires, la provincia más importante en cuanto a su electorado, obtuvo el triunfo un candidato peronista. Como escribió Potash, Frondizi decidió "anular los efectos de la elección en las cinco provincias más importantes ordenando su intervención", sin embargo, esto "hizo poco por disminuir la crisis; más bien les dio justificación legal adicional a quienes insistían en su derrocamiento" (Potash, 1994). Las Fuerzas Armadas lo depusieron el 29 de marzo de 1962. Arturo Frondizi, como ya había ocurrido con Hipólito Yrigoyen y

Juan Domingo Perón, fue trasladado a la isla Martín García, la base naval que servía para la detención de prisioneros políticos destacados.

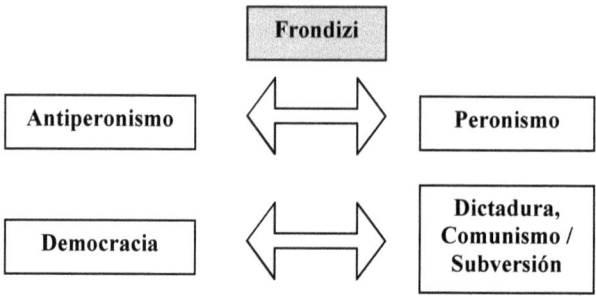

3. La 'desperonización' de la clase trabajadora y la erradicación del comunismo

En 1963, la Suprema Corte de Justicia le tomó juramento a José María Guido para ocupar el cargo presidencial. Guido gobernó tutelado por los jefes militares, predominando las facciones antiperonistas. Según lo investigado por Potash, los militares, al igual que los políticos civiles, entre ellos Guido, coincidían en que los grupos políticos de entonces debían asegurar la absoluta proscripción del peronismo, sin cometer los equívocos del presidente derrocado. Desde la caída de Perón, la Revolución Libertadora había comenzado una sucesiva conversión de los cargos jerárquicos dentro de los rangos militares, promoviendo a que emergieran facciones conocidas históricamente como los Colorados y los Azules. Esto fue el inicio de luchas políticas y enfrentamientos armados entre distintos sectores militares. Los Azules eran una facción legalista, con opiniones contrapuestas con respecto a la inclusión del peronismo en la contienda electoral, mientras que los Colorados, antiperonistas, promulgaban una vuelta a la democracia sin ningún tipo de posibilidad de participación peronista (Potash, 1994).

El derrocamiento de Frondizi y el advenimiento del nuevo Gobierno cívico-militar estuvieron señalados por los comunicados 150 y 200 de las Fuerzas Armadas, los cuales proclamaban el retorno a la democracia y, especialmente en el 200, una secuencia de requisitos, donde se planteaba la exclusión del peronismo y el recurso de la violencia para la represión de los 'enemigos internos' (Cavarozzi, 2002).

El general Juan Carlos Onganía, jefe de los Azules, emitió los comunicados 150 y 200 con el propósito de definir la misión político-militar del nuevo Gobierno. En el comunicado 150 pueden observarse contradicciones que han contribuido a la fragmentación política del país. Se afirmaba que el nuevo Gobierno debía ser electo legítimamente a través de elecciones libres, pero simultáneamente se le adjudicaba a ciertos *"sectores"*, léase el peronismo, pretender el *"monopolio artificial de la vida política"*. El peronismo era un movimiento que no cumplía con la *"organización y principios democráticos"* impuestos a los partidos políticos, motivo por el cual se procedería a su proscripción, para evitar que la ideología peronista volviese a prevalecer en los distintos ámbitos de la vida nacional. La exclusión política del peronismo parecía ser compatible con la propuesta de elecciones 'libres'. Se hacía referencia a la *"soberanía del pueblo"* y al respeto por la *"voluntad popular"* pero, contrariamente a lo expresado, se proscribía al peronismo y consecuentemente se imposibilitaba a gran parte del electorado argentino a elegir libremente (Ejército Azul, 23/9/1962, pp. 331-332).

Las Fuerzas Armadas querían incluir a la clase trabajadora en su proyecto de reconstrucción nacional. Con el peronismo proscripto, los trabajadores podrían integrarse a la vida política del país, ya que no serían manipulados por ideologías que, según el Gobierno cívico-militar, atentaban contra la 'unidad nacional'. El comunicado sugería que la proscripción del 'enemigo interno' tenía el objeto de evitar que se manipulara a la clase trabajadora en perjuicio del país. Paradójicamente, los militares sostenían que el país debía ser gobernado por civiles. Sin embargo, las Fuerzas Armadas no estaban *"sometidas al poder civil"* como decía el comunicado, por el contrario, el Gobierno civil debía acatar las ordenes tuteladoras dictadas por los militares.

El comunicado 200 tuvo el objetivo de ratificar lo enunciado en el 150; pero en tanto que este último había sido solamente equívoco acerca del peronismo, el comunicado 200 decía que *"en un país libre no se debe negar la vida política a los que sinceramente desean convivir en democracia"*, agregando, además, que el Ejército se oponía al retorno del régimen peronista, desprestigiándolo rotundamente. Para este Gobierno, el peronismo era sinónimo de *"totalitarismo", "extremismo", "dictadura", "deformación del estilo de vida tradicional", "corrupción", "desprestigio", "disolución de las instituciones", "eliminación", "extorsión", "violencia física", "cercenamiento de las libertades"*, contraponiéndose a los ideales que las Fuerzas Armadas decían defender: *"pacificación", "inclusión", "democratización", "el prestigio de las instituciones", "honestidad", "legalidad", "respeto por la Constitución"* y *"la convivencia entre opositores y adversarios", "suprimiendo la falsa promesa, la extorsión y la violencia física"* (Ejército Azul, 7/4/1963, pp. 332-333).

Las Fuerzas Armadas decían querer liberar al país de los males que el peronismo había originado pero en su accionar antidemocrático, no obstante, los militares también actuaban de forma dictatorial: proscribían, excluían, y cercenaban libertades. Por lo tanto, estaban avasallando los mismos ideales que decían defender.

En 1963, la UCRP representada por Arturo Illia encabezó el escrutinio presidencial con el 25% de los sufragios, aventajando a Oscar Alende, de la UCRI, que obtuvo el 16%, y al general Pedro E. Aramburu, quien encabezó una fuerza propia y obtuvo el 7% del total de los votos (De Privitellio; Romero, 2000). De acuerdo a Rouquié, la presencia de Aramburu, antiguo presidente de la Revolución Libertadora, entre los candidatos fue gravitatoria en las motivaciones de gran parte del electorado. La cvilidad votó a favor o en contra de Aramburu y lo que él representaba. "Los medios populares peronistas o independientes, que recordaban los malos días del régimen militar, eligieron a los candidatos radicales o a los partidos minoritarios, buscando dar un destino útil a sus votos". Esto hizo que la dispersión del sufragio fuera mucho más marcada que de costumbre (Rouquié, 1998, p. 225).

Dada la derrota de Aramburu, el triunfo de Arturo Illia se convirtió en la última esperanza democrática de los militares, quienes tenían la certeza de que esta vez no había existido pacto alguno entre los radicales y el peronismo proscripto. Al igual que en la apertura democrática de 1958, la de 1963 se caracterizó por la voluntad de las Fuerzas Armadas de delegar en los civiles la conducción presidencial. El único anhelo de Illia fue la consolidación y ratificación de la Constitución Nacional y los principios del radicalismo histórico, pero la UCRP no tenía una plataforma renovadora que respaldara su proyecto político (De Privitellio; Romero, 2000).

De acuerdo a Rouquié, Illia, como presidente de la Nación, tuvo que lidiar en varios frentes: la escisión del radicalismo y las relaciones con sus adversarios y opositores políticos; los conflictos con los peronistas y las organizaciones sindicales; la relación con las Fuerzas Armadas y la crisis dentro de estas instituciones; la presión por parte de los Estados Unidos, ya sea con respecto a los convenios petroleros, la ley de medicamentos, o la creación de un ejército interamericano para una intervención militar en la República Dominicana con el fin de combatir el fantasmas del comunismo; y finalmente, la lucha contra la subversión local (Rouquié, 1998).

Arturo Illia, al asumir la presidencia, planteaba la necesidad de un perfeccionamiento democrático en el país. Expresaba su deseo de crear una *"verdadera democracia"*, diciendo:

"Iniciamos hoy [...] una nueva etapa en la ya larga lucha por afianzar definitivamente en la Argentina, los principios de la democracia y la libertad. La

Constitución Argentina [...] es una de las más libérrimas, humanistas y generosas de la Tierra [...]. Pero la democracia que la Constitución ha escogido como forma de vida nacional [...] estamos muy lejos de haber realizado a satisfacción" (Illia, 12/10/1963, pp. 334-338).

Diagnosticaba que la democracia argentina era defectuosa. Su misión, por lo tanto, sería el perfeccionamiento de ésta. Debido a que la palabra *"democracia"* había sido evocada tanto por los conservadores, como por los radicales, los peronistas y los militares, Illia consideraba que era necesario aclarar cuál era su concepción de una auténtica y verdadera democracia. Para Illia, una *"verdadera democracia"* era mucho más que la realización de elecciones libres. Tampoco bastaba con la evocación de la *"justicia social"* que hacía el peronismo, era necesaria la realización efectiva de este ideal. Illia basaba el perfeccionamiento de la democracia en la modificación de las *"estructuras económico-sociales"* del país con el objeto de lograr la reconciliación del pueblo con sus gobernantes, reivindicando, así, las instituciones públicas. No obstante, puede percibirse una notoria omisión: la proscripción del peronismo. El factor al que Illia hacía alusión era importante pero desatendía la existencia de un funcionamiento institucional defectuoso.

Este Gobierno planteaba que había llegado el *"momento de la reparación nacional"*, donde todos debían aportar; era *"la hora"* de la *"transformación nacional"* del *"concepto de democracia"*; era el momento de *"grandes renunciamientos"*. Según él, la *"reparación nacional"* y la *"transformación"* democrática no sólo precisaban la colaboración de todos los argentinos sino que se debían hacer concesiones políticas para lograr la 'unidad nacional', implícitamente haciendo alusión al peronismo. El mensaje del Gobierno les sugería a los peronistas tener una actitud sumisa ante la realidad política del país, aceptar la proscripción de Perón para, así, contribuir al bien común. Reconocía que no se podía volver a la *"tiranía"* o al *"despotismo"*, y que la convivencia de la *"democracia"* y el *"comunismo"* no era posible. Señalaba la necesidad de proyectarse en *"democracia"* y *"libertad"*, diciendo: *"La conducción de la República Argentina [...] necesita curarse de estas enfermedades endémicas"* (Illia, 12/10/1963, pp. 334-338).

El proyecto gubernamental estaba condicionado por la erradicación de los 'enemigos internos', el autoritarismo y el comunismo, junto con males como el *"despotismo político"* y la *"inestabilidad política y social"*. El Gobierno pretendía excluir de la política del país a los remanentes de las dictaduras pasadas y la insurgencia guerrillera, sus 'enemigos internos'. Esto, sumado a la proscripción política del peronismo, generaría divisiones políticas. De este modo, la exclusión política continuaba contribuyendo a la fragmentación de la identidad política nacional.

En el discurso de Illia aparecía nuevamente la confusión entre 'unidad' y 'hegemoneidad' ideológica. Según Illia, la concordancia de criterios políticos era esencial para solucionar los problemas del país. Había que superar las pujas ideológicas para darle rumbo cierto a la Nación. Para lograr esto se debía tener respeto por la *"democracia"* y la *"libertad"*. De esta manera se aseguraría que *"los extremismos"*[95] se mantuvieran apartados de la política nacional. Concretado esto, el país se encaminaría hacia una unión latinoamericana, desarrollando una acción conjunta para solucionar los males políticos y sociales que afectaban a la región. Según Illia, el discurso del Estado, por sus continuos y drásticos cambios, había tomado un carácter ideológico vago, confuso, contradictorio, no integrador de la Nación, y menos aún de la unidad latinoamericana. Para lograr una Latinoamérica unida primero era necesario afianzar la 'argentinidad', formar una identidad política nacional indiscutida.

En cuanto a *"los extremismos"*, sus 'enemigos internos' además del peronismo, Illia manifestaba: *"El odio y la violencia son vacíos por sí mismos, porque los que se lanzan a la violencia o a la inescrupulosidad no tienen que vencer nada, ni en su corazón, ni en su inteligencia"* (Illia, 12/10/1963, pp. 334-338).

El *"odio"* y la *"violencia"*, para Illia, carecían de valor y de significado. Por lo tanto, todo aquel que participara de actos de este tipo estaba siendo guiado por convicciones igualmente deficientes. El éxito de la misión de este Gobierno estaba condicionado por la erradicación de los 'enemigos internos', quienes, de acuerdo a Illia, no compartían con la sociedad el anhelo de vivir en democracia. Para el presidente, Nosotros era la suma de los diferentes grupos sociales y políticos, que debían someterse a los designios de la Constitución y la Ley, compartiendo los conciudadanos iguales derechos y responsabilidades. Promovía a la pacificación, considerando que la violencia y la enemistad provocaban inestabilidad política y malversación de las acciones públicas.

Illia pretendía una identidad política nacional basada en la *"conciencia nacional"* y la *"moral"*. Conseguido esto, los argentinos sabrían qué era lo que defendían si la identidad política nacional era amenazada. Obviando las condiciones de su acceso al poder, Illia decía que la consolidación de una identidad política nacional con valores propios le permitiría a la Argentina enfrentar a aquellos que quisieran manipular la voluntad popular para acceder al poder o perpetuarse en él. Diferenciándose de las dictaduras pasadas, manifestaba que su Gobierno no pretendía dominar el país, sino que tendría la función de servirle mediante el respeto por la Constitución y las leyes, asegurando la igualdad entre ciudadanos.

Al referirse a su misión política, Illia destacaba el concepto de *"realismo"*, dado que a través de éste podía demostrar los objetivos y los logros de su Gobierno. Dentro de las soluciones propuestas por el *"realismo"* estaban: *"la realización de comicios libres, inobjetables"*; *"que no haya ningún detenido arbitrariamente"*; *"la seguridad"*; y vivir *"en un clima de tolerancia y libertad"*. Esto posibilitaría la 'unidad nacional'. El *"realismo"* también estaba relacionado con la erradicación de los extremismos por no compartir los valores mencionados. Illia, además, hacía una distinción entre el *"espíritu de rebeldía"*, al cual veía como algo positivo, y la *"subversión"* de quienes, según él, obedecían *"a filosofías contrarias al país"* y eran *"pagados para servir a planes del exterior"*, en evidente alusión a los grupos guerrilleros, partidarios del extremismo izquierdista. El *"realismo de los resentidos y los vencidos"*, o sea la ideología política de quienes para Illia eran sus 'enemigos internos', tanto el peronismo como los extremismos de derecha y de izquierda, no se condecía con la *"grandeza nacional"*, la *"construcción democrática"* y la *"unidad de la República"* que este Gobierno manifestaba querer establecer. Por ello su exclusión política.[96]

El discurso de Illia desplegó una serie de temas que provocaron malestar en ciertos sectores políticos, lo cual se sumó a la división ideológica que este Gobierno había heredado. Desde 1964 existió la intención, dentro del Ejército y la Marina, de destituir a Arturo Illia. Según la perspectiva militar, el Gobierno de Illia sufriría un pronto desmoronamiento. En estas circunstancias, el Ejército no quería que fueran civiles los futuros gobernantes del país sino que empezaran a surgir militares capaces de asumir la presidencia de la Nación (Potash, 1994).

Los militares, ante la insurgencia guerrillera y sus crisis institucionales, promovieron a la creación de una Junta Consultiva que dispuso la capacitación y formación política de las fuerzas castrenses, para preparar a sus miembros para eventuales posiciones presidenciales. Según los uniformados, la naturaleza de la 'obediencia debida' era causa de la Constitución y de las leyes, y no de los hombres o los partidos políticos que en ese momento ejercieran el poder. Amparándose en el rol de custodios de la Constitución, los militares procederían a la remoción de los presidentes civiles que, según ellos, no cumplían con los designios de su mandato presidencial o abusaban del poder de su investidura. El derrocamiento de este Gobierno se debió principalmente a la división dentro del peronismo, las divergencias en las Fuerzas Armadas, y la imagen debilitada del presidente (Potash, 1994).

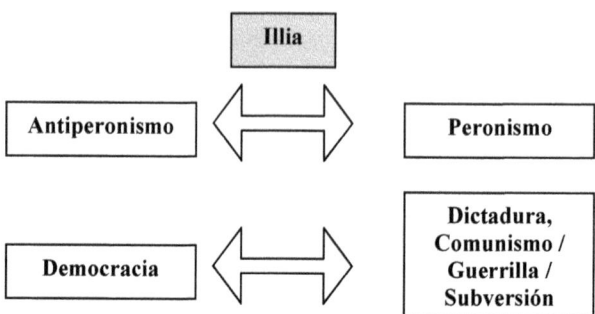

Conclusión: El discurso de Frondizi planteaba la exclusión política de la *"dictadura depuesta"*, es decir el peronismo, y la *"nueva dictadura"*, o sea el Gobierno militar de la Revolución Libertadora. Acusaba a sus 'enemigos internos' de promover la *"violencia"*, la *"desconfianza"* y el *"odio"*, mientras que se adjudicaba para sí el respeto por la *"libertad de expresión"* y la *"legalidad"*. De esta forma quedaba planteada la delimitación del Nosotros y la exclusión política de los opositores del oficialismo. Paradójicamente, la proscripción del peronismo que le había facilitado su ascenso a la presidencia de la Nación atentaba contra la *"libertad de expresión"* y la *"legalidad"* que Frondizi decía representar. Contradicciones como estas han tenido ingerencia en la fragmentación de la identidad política nacional debido a que se ha aceptado la proscripción política como un método contemplado dentro de las prácticas democráticas, haciendo que el autoritarismo y la democracia se confundieran en sus concepciones para engendrar un híbrido político: la cuasi-democracia.

Illia, al igual que Frondizi, consideraba a los Gobiernos de facto y al peronismo como 'enemigos internos', y alentaba la eliminación de todo vestigio de *"tiranía"* y *"despotismo"*. Sin embargo, el discurso de este presidente ponía un énfasis mayor en el enfrentamiento con el *"comunismo"*, calificando a *"los extremismos"*, al igual que a la *"tiranía"* y al *"despotismo"* como *"enfermedades endémicas"* incompatibles con la *"democracia"*. Asimismo, Illia planteaba que la *"subversión"* fomentaba el *"odio"* y la *"violencia"*. La visualización del comunismo como una tendencia ideológica antiargentina quedaba en evidencia cuando este presidente manifestaba que los grupos guerrilleros respondían *"a filosofías contrarias al país"* y eran *"pagados para servir a planes del exterior"*.

Tercera Sección – AUTORITARISMO

Esta sección evaluará el discurso de los Gobiernos de facto. El primer capítulo estudiará el golpe de Estado de 1930, liderado por José Félix Uriburu. El discurso presidencial de Uriburu proponía la exclusión política del Partido Radical, mientras que su presidencia se destacó por la consolidación del nacionalismo como modelo político hegemónico. El segundo capítulo analizará el discurso del Gobierno de facto establecido en 1943, presidido en primera instancia por Arturo Rawson, luego por Pedro Pablo Ramírez, y más tarde por Edelmiro J. Farrell. El Gobierno militar de la Revolución de 1943 utilizaba un discurso marcado por la condena a los Gobiernos fraudulentos y el objetivo de imponer al nacional-catolicismo como ideología hegemónica nacional. En el tercer capítulo se observará cómo, tras el derrocamiento del peronismo del Gobierno nacional, un nuevo Gobierno autoritario, la Revolución Libertadora, utilizaba un discurso antiperonista que proponía la 'desperonización' del país, intensificando la antinomia peronismo-antiperonismo.

En este mismo capítulo se demostrará que los presidentes de facto de un nuevo Gobierno militar, Juan Carlos Onganía, Roberto Marcelo Levingston, y Alejandro Agustín Lanusse hacían uso de un discurso que alentaba la imposición ideológica, representado en la figura del 'ser argentino' y su intrínseca exclusión política. Las acciones gubernativas de la Revolución Argentina pretendían alcanzar la 'unidad nacional' mediante la imposición de un sistema represivo, la desintegración de los partidos políticos, y la erradicación de la guerrilla y el peronismo.

Esta sección culminará con el estudio del discurso presidencial del Proceso de Reorganización Nacional. En los mensajes del primer presidente de esta etapa miliar, Jorge Rafael Videla, como en los de su sucesor, Eduardo Viola, se evidenciaba la intención de lograr la homogeneización ideológica de la Argentina mediante la eliminación del 'enemigo interno', la subversión. Mientras tanto, el discurso de Leopoldo Forunato Galtieri, durante la guerra de Malvinas, apuntaba a un 'enemigo externo', alejándose de las disputas políticas internas, y manifestándose a favor de un enfrentamiento bélico con Gran Bretaña. Tras la derrota en la guerra, Reynaldo Bignone se hizo cargo de la presidencia. El discurso de Bignone era diferente al discurso de otros presidentes de facto. Hasta entonces, los Gobiernos autoritarios se habían caracterizado por una imposición ideológica de hecho, como así también, a través del discurso presidencial, en busca de la homogeneización o uniformización ideológica del país. En este sentido, los mensajes de Bignone no seguían dicho patrón, lo cual anticipaba el inicio de una nueva etapa democrática.

Capítulo I – LOS NACIONALISTAS VS. LA UCR (1930-1932)

Una vez consumado el golpe de Estado de 1930, liderado por José Félix Uriburu, el discurso presidencial propugnaba la exclusión política de los partidos. Semejante avasallamiento llevaría al país a una democracia fraudulenta durante la cual el Partido Radical, entre 1931 y 1935, optó por abstenerse de participar en los comicios nacionales.

1. Los nacionalistas vs. la democracia

El contexto histórico que rodeó al golpe de Estado de 1930 estuvo signado por la crisis económica mundial iniciada en 1929 tras la caída de la bolsa de comercio de Wall Street. A esta crisis, conocida como la Gran Depresión, se sumaba la vejez de Yrigoyen y su postura ante la situación caótica del Partido Radical y del país. El movimiento militar que estalló en 1930 y llevó al Gobierno provisional a José Félix Uriburu se caracterizó por: a) el derrocamiento del radicalismo y su exclusión política; b) la restauración del régimen conservador; c) la fragmentación ideológica de las Fuerzas Armadas; y d) la consolidación del nacionalismo como modelo político hegemónico.

Los golpistas trataban al Gobierno de Yrigoyen como el resumen de todos los males: el liberalismo, los inmigrantes, el sufragio universal y el Parlamento. La ruptura del sistema democrático empeoró la situación política del país debido a la corrupción generalizada que existía en casi todas las instituciones públicas. Durante el Gobierno de Alvear, la situación política argentina estaba comprometida por la sucesión presidencial. La oligarquía, los conservadores y los intelectuales nacionalistas temían por el regreso de Yrigoyen al Gobierno nacional. Agustín P. Justo, ministro de Guerra de Alvear, junto con José Félix Uriburu, quien tenía el cargo de Inspector General del Ejército, fueron apoyados por corrientes antiyrigoyenistas, provocando el primer golpe de Estado, llevando al poder a un grupo de hombres que, según ellos, poseían habilidades y una moral respetuosa de los valores culturales y educativos que la 'chusma' yrigoyenista no aportaba. Leopoldo Lugones, por su parte, fundaba 'la hora de la espada', que consistía en llevar al poder a una nueva élite política surgida de las viejas familias tradicionales, con el objetivo de reconvertir el destino del país.

Uriburu y Justo hacían diagnósticos significativamente diferentes de la situación del país, con perspectivas ideológicas y misiones gubernamentales de signos políticos disímiles. Uriburu pretendía un constitucionalismo revolucionario, justificado en la ilegitimidad del Gobierno; reclamaba una *"revolución verdadera"*, incluyente no sólo del cambio del Gobierno, sino del entero orden constitucional e institucional del país. Según sus propias palabras, no se trataba de cambiar funcionarios sino de *"un levantamiento trascendental y constructivo con prescindencia de los partidos"* (Uriburu, 1/10/1930, p. 208), lo cual representaba la misión política del nuevo y primer Gobierno golpista y provisional. Por su parte, Agustín P. Justo, sostenido por vastos sectores de las Fuerzas Armadas, los conservadores y los antipersonalistas, proyectaba un modelo democrático y de apertura electoral. Por otro lado, ciertos grupos militares aspiraban a que las Fuerzas Armadas derribaran la construcción política democrática y representativa que había iniciado la Unión Cívica Radical, partido político que, entre 1931 y 1935, decidió abstenerse de participar en las contiendas electorales a raíz del veto por parte del Gobierno a la candidatura de Marcelo T. de Alvear (Rouquié, 1994).

Dentro de las Fuerzas Armadas de 1930, Uriburu y Justo eran los militares de mayor rango en el poder político. Uriburu, al asumir la presidencia, planteaba su misión política: establecer una organización corporativa de Gobierno, llevar adelante una reforma constitucional, y reorganizar la administración pública. Por otro lado, los demócratas argentinos, ante el colapso radical, tuvieron que optar entre dos dirigentes militares. Uriburu aspiraba a regenerar y rearmar la vida política del país – lo que paradójicamente lo acercaba a Yrigoyen –, mientras que Justo era un hombre de gran ambición política, culto, hábil y pactista, en medio de un clima donde la ética política estaba ajetreada por la inconsistencia entre los valores que se exponían y las conductas que se practicaban.

El golpe de Estado de 1930 representó el inicio de un nuevo orden político, enfrentado a las formas democráticas alcanzadas por el movimiento yrigoyenista. Se produjo una transformación de Nosotros y los Otros: emergió un mapa político donde el movimiento nacionalista, apoyado por la oligarquía conservadora, identificaba al radicalismo como el 'enemigo interno'. El seno de los conservadores, Nosotros para el nuevo Gobierno, estaba bifurcado con respecto a sus líderes pero con un sentimiento común frente a sus enemigos: los radicales, los socialistas, los comunistas, los marxistas y la masa popular.

a) La exclusión política de los partidos

El diagnóstico de Uriburu expresaba:

"Al dirigirnos al pueblo, único soberano, lo hacemos ante el temor de que su opinión pueda ser desorientada, deliberadamente o de buena fe, por los adversarios de la Revolución o por quienes no hayan comprendido todavía su profundo significado. Un solo interés nos ha movido y nos mueve: el de la Nación. De ahí que los intereses de los partidos, por respetables que sean, deban subordinarse al interés superior" (Uriburu, 1/10/1930, p. 208).

Uriburu se adjudicaba la representación de la voluntad popular y marginaba a los partidos de la vida política del país. Autoritariamente, determinaba que el bienestar de la Nación estaba alejado de los intereses partidarios, insinuando que los partidos políticos no representaban fielmente la voluntad de la ciudadanía. Esta política de exclusión significaba una reversión de los ideales democráticos impulsados por el radicalismo, lo cual produjo un resquebrajamiento en la identidad política nacional de aquel entonces.

El concepto de Nación esgrimido por Uriburu estaba representado en el movimiento nacionalista revolucionario de carácter fascista. Al sostener que el *"pueblo"* era el *"único soberano"*, desacreditaba a los partidos políticos, señalándolos como los *"adversarios de la Revolución"* y acusándolos de desorientar la opinión popular. Con esta afirmación se puede deducir que los partidos políticos, especialmente el radicalismo yrigoyenista, eran los 'enemigos internos', mientras que, según su discurso, el Gobierno militar representaba el *"interés superior"* de la Nación, a pesar de no dar una definición del mismo. La reinstauración en el Gobierno del régimen conservador dio origen a un enfrentamiento político entre los demócratas y los nacionalistas.

No obstante su ideología fascista, Uriburu manifestaba que los *"partidos políticos que hicieron digna oposición al sistema depuesto"*, entre ellos los antiyrigoyenistas, merecían el *"aplauso público"* por haber apoyado la *"Revolución"*, es decir, por ser parte de Nosotros. Este presidente expresaba que la misión de este golpe constituía una etapa necesaria para lograr una revolución ideológica en la Argentina. Su Gobierno provisional se proponía reorganizar las instituciones públicas, asegurando, además, que el fin de su Gobierno era satisfacer al pueblo, ya que la impopularidad del Gobierno saliente y la crisis económica fomentaban un cambio. En definitiva, apuntaba a revertir la disgregación política entre los distintos sectores del pueblo, provocada, según él, por el partidismo y la polémica figura de Yrigoyen (Uriburu, 1/10/1930, p. 208).

Uriburu postulaba la creación de agrupaciones nacionales que sostuvieran nuevos ideales políticos. Prometía un pronto llamado a elecciones, mientras afirmaba que su decisión de *"no aceptar"* ser parte del *"futuro Gobierno de la Nación"* le daba *"el derecho de exigir que se crea"* en su *"sinceridad"*. La promesa de *"comicios libres"* constituía, para Uriburu, *"una profesión de fe republicana"*. Proponía, además, una nueva *"constitución revolucionaria"*, respetando la vieja *"Constitución y las leyes"* y, a su vez, prometía *"entregar cuanto antes el Gobierno a sus legítimos mandatarios"* (Uriburu, 1/10/1930, p. 209).

A pesar de su prosapia autoritaria, intentaba mostrar una faceta democrática al permitir que se llevaran a cabo elecciones libres. Cuando sostenía que el Gobierno sería entregado a sus *"legítimos mandatarios"*, implícitamente estaba reconociendo la ilegitimidad de su Gobierno. Es paradójico que el líder de un golpe de Estado haya utilizado conceptos democráticos como 'República' o 'legitimidad'. No obstante, vale destacar que no aportaba su personal definición de éstos. En la ambigüedad de su doble discurso, reivindicaba la acción golpista y reconocía la necesidad de retornar a los designios constitucionales.

Uriburu consideraba que era su deber anteponer los valores electorales a sus propias convicciones nacionalistas, diciendo:

"Si la Nación creyera que debe mantener para garantía de la democracia y la felicidad de la República, sin modificación alguna, la Constitución y las leyes actuales, y que bastan para que no vuelvan a reproducirse los males que hemos soportado y que hemos conseguido remediar con el sacrificio de muchas vidas, llevar al Gobierno a otros hombres, acataremos su veredicto, pero habremos salvado nuestra responsabilidad ante la posteridad y ante la Historia" (Uriburu, 1/10/1930, p. 209).

En esta frase puede observarse la naturaleza contradictoria del discurso de Uriburu. Aseguraba que si la opinión pública entendía que para la continuidad de la democracia y la *"felicidad de la República"* no se debía modificar la Constitución, él acataría este *"veredicto"*, inclusive en contra de su voluntad. La demagogia de su mensaje lo llevaba a mostrarse respetuoso de la voluntad popular, sin embargo, un hecho como haber sido el líder del derrocamiento de un Gobierno legítimo iba en contra de su discurso republicano.

b) La sucesión presidencial y la disyunción entre la sociedad política y la sociedad militar

Según Floria y García Belsunce, desde el inicio del régimen de Uriburu comenzó a advertirse una disyunción entre la sociedad política y la sociedad militar. En esta última, el llamado 'profesionalismo' había cedido ante la denominada 'politización' de las Fuerzas Armadas, que crearía – pese a esfuerzos para neutralizarla por parte de los gobernantes siguientes – oposiciones internas o faccionales. Uno de los acontecimientos que denotó el retorno al fraude electoral fueron las elecciones de la provincia de Buenos Aires en 1931, cuando, ante la victoria radical, el Gobierno de facto procedió a anular los comicios (Floria; García Belsunce, 2005).

Como se había prometido, el Gobierno de Uriburu dio lugar a una elección presidencial en la cual el Partido Radical se abstuvo de participar a raíz de la proscripción de Marcelo T. de Alvear. Uriburu le traspasó el mando a la fórmula presidencial Agustín P. Justo-Julio A. Roca. El rol que Uriburu ocupó en las Fuerzas Armadas se limitaba a exterminar al 'enemigo interno' (los yrigoyenistas) y a Yrigoyen, específicamente. El Gobierno de Uriburu no llegó a conformar un Nosotros debido a que su misión política se parcializó. Consecuentemente, Uriburu quedó aislado de las fuerzas políticas que lo rodeaban. Por otro lado, los seguidores de Agustín P. Justo doblegaron los principios nacionalistas, instaurando una cuasi democracia, dirigida por un militar de neto corte liberal, generando un espectro político sobre polos antinómicos.

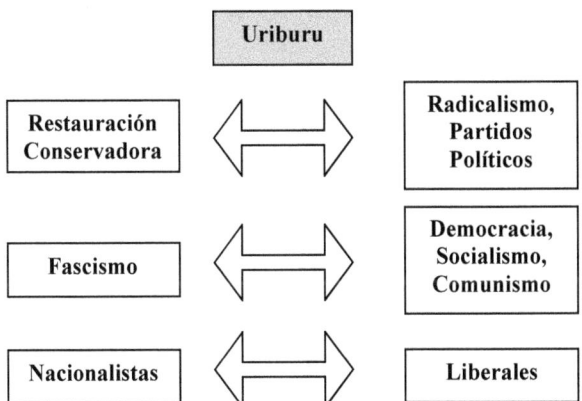

Conclusión: El golpe de Estado de 1930 tuvo el objetivo de deshacer la construcción política iniciada en 1916 por Hipólito Yrigoyen. El método utilizado por el Gobierno de facto para enraizar al autoritarismo en el Gobierno nacional consistía en marginar a Yrigoyen y sus seguidores de la vida política del país. Tal exclusión política se reflejaba en el discurso mismo del Poder Ejecutivo, al definir a su Gobierno como *"un levantamiento [...] con prescindencia de los partidos"*, a quienes consideraba *"adversarios de la Revolución"*, mientras que el régimen militar de Uriburu expresaba estar representando el *"interés superior"* de la Nación.

Capítulo II – LA BÚSQUEDA DE UNA NUEVA HEGEMONÍA (1943-1946)

Este capítulo analizará el discurso autoritario del Gobierno de facto de 1943. El mismo estuvo caracterizado por: la condena a los Gobiernos fraudulentos; el intento por establecer un hegemonismo ideológico en la Argentina a través de la imposición del nacional-catolicismo; y la condena del Gobierno militar a los políticos civiles.

Según Rouquié, el derrocamiento de Ramón Castillo se debió a dos motivos: el fraude en lo interno y la neutralidad en lo externo. Este golpe de Estado unió a todos los sectores militares, nacionalistas germanófilos, pro-aliados y liberales, junto con radicales y conservadores. El GOU se propuso restablecer la moral y disciplina dentro del Ejército y recuperar al país de una corrupción que, según sus miembros, lo llevaba derecho al comunismo. El general Rawson, de extracción conservadora, aliadófilo, provocaba desagrado en los impulsores de la revolución, quienes en su mayoría estaban a favor de las potencias del Eje.[97] Esto hizo que se viera imposibilitado de conformar un gabinete, lo cual desencadenó la renuncia de este presidente (Rouquié, 1998).

Como escribió Halperín Donghi, este movimiento revolucionario había tenido una génesis muy distinta al de 1930. Mientras que este último había sentado las bases para una agitación dirigida por el sector opositor de la clase política, el de 1943, en cambio, fue un emprendimiento que contó con la participación de las instituciones armadas en su totalidad. En este último golpe, tanto la clase política como las masas urbanas tuvieron un rol esencialmente pasivo. La iniciativa revolucionaria estaba justificada en la existencia de una crisis en el funcionamiento de las instituciones que el Gobierno depuesto había admitido no ser capaz de resolver (Halperín Donghi, 2004).

Rouquié esgrime que este golpe militar dio inicio a la imposición del 'nacional-catolicismo' como ideología hegemónica nacional. El nacional-catolicismo fue la alianza de la cruz y la espada, la expresión del nacionalismo argentino en el poder que representaba al aparato ideológico del Estado, surgiendo éste desde el mismo discurso presidencial. Durante el período que el nacional-catolicismo ostentó el poder, existieron restricciones a la libertad de prensa, se controlaban los diarios extranjeros y se obligaba a que la editorial estuviera traducida al español. Se decretó la disolución de todos los partidos políticos, excepto los grupos nacionalistas, dando la imagen de un modelo fascista semejante al 'Estado nuovo' de Benito Mussolini. Quizás el elemento más influyente en la consolidación de esta ideología fue la imposición de la enseñanza obligatoria de la religión católica en las escuelas primarias y secundarias, controlada por la jerarquía eclesiástica (Rouquié, 1998). Esta determinación del Gobierno de la 'nación católica' era excluyente para con los ciudadanos de otros credos.[98]

1. El Gobierno militar vs. los Gobiernos fraudulentos y el comunismo

El diagnóstico de los golpistas enunciaba *"la condena de las autoridades derrocadas"* y de todo un sistema basado en *"la venalidad, el fraude, el peculado y la corrupción"* que, según el GOU, había llevado *"al pueblo al escepticismo, a la postración moral, desvinculándolo de la cosa pública, explotándolo en beneficio de siniestros personajes"* (Rouquié, 1998, p. 10)

La situación descripta en esta proclama fue la razón del golpe de Estado de 1943. El Gobierno militar determinaba que los 'enemigos internos' eran los Gobiernos fraudulentos que habían excluido a las masas populares de la vida política del país, actuando en su perjuicio para satisfacer intereses ajenos a lo nacional. Para Rawson, la integración nacional se lograría a partir de la exclusión política de los 'enemigos internos'.

Rawson advertía, además, que *"el comunismo"* amenazaba con *"sentar sus reales en un país pletórico de probabilidades por ausencia de previsiones sociales"*, lo cual era una de las mayores preocupaciones de los militares. También reprobaba *"la educación de la infancia y la ilustración de la juventud sin respeto a Dios ni amor a la patria"* (Rouquié, 1998, p. 11).

Al verse la clase trabajadora perjudicada por las acciones del Gobierno conservador derrocado, se instauraba en el país la posibilidad de que se consolidara otro 'enemigo interno' a eliminar dada su ingerencia en las fuerzas obreras: el comunismo. Por ende, existían dos tipos de 'enemigos internos', uno real y uno potencial, el régimen fraudulento y el comunismo, respectivamente. Asimismo, el nacional-catolicismo, emergente de las Fuerzas Armadas, sintetizaba la ideología de Nosotros.

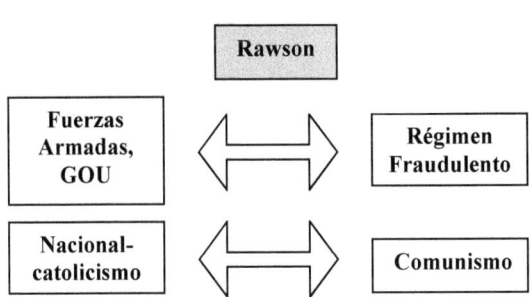

2. El Gobierno militar vs. el fraude electoral

Tal como argumenta Rouquié en su obra, tras remplazar a Rawson, Ramírez hizo hincapié en la carencia de los valores fundamentales de las Fuerzas Armadas dentro de la sociedad, allanando el terreno para que se impusiera el nacional-catolicismo. La presidencia de Ramírez fue el inicio de un austero militarismo que continuó su sucesor, el general Edelmiro J. Farrell. El Gobierno estaba dirigido como un cuartel, donde el 'orden', 'firmes', 'guarden silencio' conformaban el modelo de las directivas gubernamentales. El militarismo controló el vocabulario de los locutores de radio y la prensa, la actuación de los sindicatos, y el contenido de los diarios. Tanto el presidente como sus ministros, especialmente el coronel Juan Domingo Perón, hablaban de los asuntos públicos con el tono de oficiales dirigiéndose a conscriptos, utilizando una retórica vacía. El patriotismo era presentado como un fin en sí mismo; el orgullo por el sacrificio y el riesgo derivaba en un mesianismo anhelante e inquietante (Rouquié, 1998).

La permanencia de los militares en el poder debía lograr el saneamiento y la renovación del país en el campo ideológico. Según Ramírez, la misión del Gobierno militar consistía en *"renovar el espíritu nacional y la conciencia patria"*. Para ello se debía *"dar contenido ideológico argentino al país entero"*.[99]

Esta declaración de integración nacional demostraba la fragmentación política del país. Según estas palabras, Argentina debía constituir la unidad de destino que los Gobiernos fraudulentos habían destruido. Para lograr su cometido, las Fuerzas Armadas intentarían imponer su ideología en todo el país, excluyendo a los 'enemigos internos' a través de una dictadura que apuntaba al hegemonismo ideológico. Por lo tanto, *"el contenido ideológico argentino"* estaría delimitado por las concepciones del Gobierno miliar: una prueba del autoritarismo imperante.[100]

Ramírez aseveraba que el *"Gobierno"* se encontraba *"en posesión de las fuerza militares y policiales necesarias para asegurar la paz y el orden"*, mostrando que el Gobierno estaba dispuesto a utilizar la fuerza para reprimir todo acto subversivo o de manifiesta oposición al Gobierno revolucionario. Declaraba que su Gobierno mantendría *"la supremacía de la Constitución y de las leyes del país, en el ejercicio del poder"*,[101] para terminar con el caos político generado por los Gobiernos fraudulentos, los 'enemigos internos'. A pesar de haber alcanzado el poder a través de un acto inconstitucional, Ramírez manifestaba que su Gobierno obtendría una legitimación por ejercicio, el cumplimiento de la misión gubernamental aseguraba la permanencia en el poder. En este sentido, sentenciaba que *"el Gobierno provisional"* era *"un Gobierno de facto cuyo título"* no podía *"ser judicialmente discutido con éxito [...]"* mientras ejercitase *"la función administrativa y política derivada de su posesión de la fuerza como resorte de orden y de seguridad social".*[102]

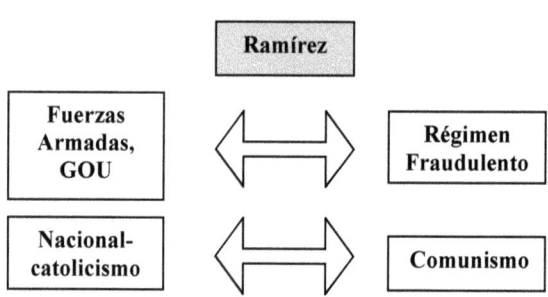

3. El Gobierno militar vs. los políticos civiles

Farrell, a lo largo de su presidencia, cumplimentó las ambiciones y proyectos políticos que Perón establecía desde sus múltiples funciones y cargos políticos. Farrell fue el encargado de llamar a elecciones para llevar nuevamente al país a una democracia 'controlada honestamente' por las fuerzas castrenses. Durante la presidencia de Farrell, las Fuerzas Armadas se encontraban divididas, ya que un vasto sector militar estaba influenciado por los conservadores, quienes veían en las medidas políticas de Perón un favoritismo hacia la clase trabajadora que, según ellos, hacía peligrar la producción y el desarrollo económico de la Argentina de post-guerra (Rouquié, 1998).

Según Farrell, para solucionar la situación del país era necesario transformar y reformular las visiones políticas de los argentinos. Consideraba que era fundamental *"formar una conciencia política en la masa ciudadana, preparándola para su defensa y el respeto de la voluntad soberana"*. Este propósito se basaba en el ideal militarista que sostenía que *"las fuerzas armadas"* eran *"extracto del pueblo, guardia del honor de la Nación y custodia del orden interior".*[103] Esta descripción infería que las Fuerzas Armadas eran las representantes de la *"voluntad soberana"*. La identidad política nacional estaba regida por el militarismo imperante. En otras palabras, las Fuerzas Armadas pretendían erigirse como las 'educadoras' de la masa ciudadana.

El diagnóstico de Farrell mencionaba la necesidad de derrocar definitivamente del Gobierno a todas las formas políticas que atentaban contra la fe del pueblo y contra los sueños y aspiraciones de los argentinos. Según él, había sido necesario que intervinieran las Fuerzas Armadas para terminar con las traiciones a los deberes y obligaciones de los gobernantes para con el pueblo y la soberanía del país. Farrell diagnosticaba que si las *"fuerzas políticas"* se desempeñaban correctamente en función de las *"necesidades del pueblo"*, era *"indiscutible"* la *"conveniencia"* de un Gobierno civil, pero si la obra del Gobierno civil era negativa para los intereses del país, al no cumplir con sus *"deberes y obligaciones"*, el Gobierno era *"inoperante"* como *"fuerza orientadora"* e *"indigno de ejercer la representación popular".*[104]

Según el presidente, *"la misión de la revolución de junio"* había sido la *"recuperación cívica del país"*. Según la misión expresada por Farell, se iban a empeñar *"todas las energías para el restablecimiento del pleno imperio de la Constitución"*. Aludir a la Constitución Nacional de esta manera fue, en primer lugar, la búsqueda de la unión nacional a través de la representación máxima del Estado Argentino y, en segundo lugar, se aseguraba *"una democracia efectiva"*, contrapuesta a la del régimen fraudulento. El Gobierno de Farrell tenía el objetivo de llevar adelante un cambio profundo en el mapa político de la Argentina. Una vez desterrado el régimen fraudulento, se debía perfeccionar el funcionamiento republicano del país. Para ello, el Gobierno procuraría excluir de la política a sus 'enemigos internos', los políticos corruptos de los Gobiernos fraudulentos. Para el movimiento revolucionario, *"soldados"* y *"ciudadanos"* debían integrarse para lograr la *"unidad nacional"*, mediante la recuperación cívica y el saneamiento de las instituciones. Farrell dejaba en claro el propósito del golpe afirmando que *"la violencia"* no había sido *"ejercida contra el Pueblo sino para radiar a los malos políticos, en defensa y apoyo de las solicitaciones populares"*. [105]

Según Farrell, Nosotros para las Fuerzas Armadas eran aquellos *"oficiales, soldados y ciudadanos"* que estuvieran sujetos a los proyectos que emitía la *"Secretaría de Trabajo y Previsión"*, por entonces a cargo de Juan D. Perón. Ser parte de Nosotros, en este caso, equivalía a ser fieles seguidores de las ideas de Perón.

Este Gobierno también consideraba como 'enemigos internos' a los detentadores del poder económico industrial y agropecuario, quienes estaban apoyados por un amplio sector de las Fuerzas Armadas y por el imperialismo capitalista norteamericano y británico. Con respecto a estos 'enemigos internos' manifestaba: *"No fueron menores como factores de perturbación, el continuado batallar con enemigos de dentro y de fuera, que restaron tiempo y esfuerzos que pudieron aplicarse a otros nobles designios"*. Al no colaborar con el Gobierno, estos 'enemigos internos' eran considerados anti-argentinos. Agregaba a su diagnóstico que también había conspirado contra el Gobierno *"la falta de cooperación, pues salvo honrosas excepciones, ni las fuerzas políticas ni las del capital se constituyeron en valores favorables para el empeño revolucionario"*.[106] Con este tipo de declaraciones comenzaba a delinearse más categóricamente la antinomia entre la revolución reivindicadora de las masas populares y su 'enemigo', el imperialismo capitalista, apoyado políticamente por la oligarquía argentina.

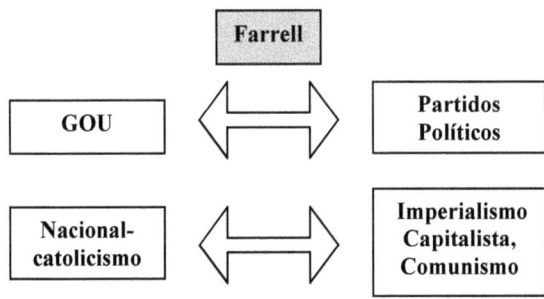

Conclusión: Durante los mandatos de Rawson, Ramírez y Farrell, la escena política nacional mostró exclusión política e imposición ideológica. Cuando el Gobierno militar hablaba de *"dar contenido ideológico argentino al país entero"*, en realidad estaba manifestando que las concepciones de las Fuerzas Armadas, influenciadas por el nacional-catolicismo, serían impuestas a la sociedad argentina, ya que las fuerzas castrenses entendían que este era su derecho por considerarse *"extracto del pueblo, guardia del honor de la Nación y custodia del orden interior"*, lo que a su vez llevaba a esta institución a erigirse como representante de la *"voluntad soberana"*. Por otro lado, los 'enemigos internos' señalados por el Gobierno militar fueron los Gobiernos de Uriburu, Justo, Ortiz y Castillo, a quienes se les imputaba *"la venalidad, el fraude, el peculado y la corrupción"*. También existía un enfrentamiento entre un Nosotros que adhería al nacional-catolicismo, y el *"comunismo"*, que según el Gobierno, era una tendencia ideológica *"sin respeto a Dios ni amor a la patria"*. Durante la presidencia de Farrell, la exclusión política se intensificó, ya que se intentó establecer un Nosotros conformado por *"oficiales, soldados y ciudadanos"* que estuvieran sujetos a los proyectos que emitía la *"Secretaría de Trabajo y Previsión"*, liderada por Juan D. Perón. Farrell identificaba a los 'enemigos internos' manifestando que *"ni las fuerzas políticas ni las del capital se constituyeron en valores favorables para el empeño revolucionario"*.

Capítulo III – ANTIPERONISMO VS. PERONISMO (1955-1958; 1966-1973)

En este capítulo se analizará el discurso antiperonista de la Revolución Libertadora, el cual visualizaba al peronismo como el 'enemigo interno' de la Nación. Para este Gobierno de facto se debía implementar una 'desperonización' en la Argentina, basada en la exclusión política del movimiento justicialista que, a su vez, se reflejaría en la proscripción del mismo, intensificando la antinomia peronismo-antiperonsimo.

1. El antiperonismo de la Revolución Libertadora

De acuerdo a Marcelo Cavarozzi, la misión política de este Gobierno autoritario fue llevar adelante la 'desperonización' de la Argentina tanto en lo que hacía a la política como en los contextos sociales y económicos del país, con el objetivo de alcanzar la pacificación nacional. Durante estos años el peronismo sufría una proscripción que se reflejaba en el discurso antiperonista del Estado. Esta investigación demostrará que la falta de tolerancia y pluralismo ideológico eran factores intrínsecos al discurso de la Revolución Libertadora, lo cual llevaba al país aún más lejos de la 'unidad nacional' que tanto presidentes autoritarios como democráticos decían querer para la Argentina. Este paradójico resultado se debía a la confusión conceptual entre 'unidad' y 'homogeneidad' presente en el discurso presidencial. El recurrente deseo de alcanzar la 'unidad nacional' expresado en las proclamas presidenciales, significaba realmente lograr la homogenización ideológica del país. Semejante tergiversación pudo haberse debido a un obstáculo epistemológico (Bachelard, 1978) que imposibilitaba la comunicación del verdadero objetivo del Poder Ejecutivo.

La insurrección cívico-militar que puso fin al Gobierno peronista señaló el retorno de la Argentina a un control militar directo. La Revolución Libertadora (1955-1958), liderada por el general Lonardi y el almirante Isaac Rojas, y posteriormente por el general Pedro E. Aramburu, desmanteló el modelo político justicialista y rompió la relación directa entre líder y masas que Perón había construido. Los líderes de este golpe de Estado definieron al régimen peronista como una dictadura totalitaria, arrogándose para ellos mismos la representación de la democracia y la libertad, proponiéndose el objetivo de reestablecer el régimen parlamentario y el sistema de partidos. Este golpe de Estado tuvo el objetivo de 'liberar' a la Argentina de la dictadura y el sistema totalitario ejercidos por Perón (Cavarozzi, 2002).

Entre 1955 y 1958, el Gobierno tuvo como misión, en el corto plazo, democratizar al país, sorteando un resquebrajamiento dentro de las Fuerzas Armadas y de los partidos políticos (Cavarozzi, 2002). La lucha armada de septiembre profundizó la división entre los militares leales a Perón y los antiperonistas. Los líderes de esta revolución pretendieron retrotraer la ideología nacional a los designios de la revolución de 1943 de los generales Rawson, Ramírez y Farrell (Rouquié, 1998). Según Potash, la intervención militar que siguió al Gobierno de Perón fue un compromiso de las Fuerzas Armadas para destruir a un movimiento, no por lo que el movimiento en sí significaba sino por los lineamientos políticos de Perón. La misión de esta revolución fue desmantelar el sistema político peronista y retornar a la democracia y a la Constitución de 1853, prescribiendo la de 1949 debido a la marcada intervención peronista presente en la composición de esta última. Esta revolución controló y restableció el equilibrio político y económico del país, respetando a las fuerzas obreras y a sus sindicatos, conscientes, además, de la necesidad de reorganizar a los partidos políticos para llegar a una elección democrática (Potash, 1984).

Los 'enemigos internos' de la Revolución Libertadora fueron: Perón, en su condición de líder, y sus seguidores, quienes pretendían 'peronizar' la educación, la política y la economía, consolidando la Tercera Posición, basándose en una propaganda justicialista, enfrentándose con la Iglesia, las Fuerzas Armadas, pronunciándose a favor de una lucha fratricida (Potash, 1984).

El general Lonardi fue proclamado presidente provisional de la Nación luego de que Perón, asilado en la embajada del Paraguay, renunciara a la presidencia. El diagnóstico de la caída de Perón, desde los discursos presidenciales, se puede analizar desde dos perspectivas. Una, como la renuncia de un militar que delegaba en el *"Ejército"* la continuidad política, como dijo Perón en su discurso del 20 de septiembre.[107] Y desde las Fuerzas Armadas, la renuncia de Perón fue el final de un proceso presidencial *"totalitario"*, una *"dictadura"*, un abuso de poder por parte de un militar, quien embanderado en la revolución de 1943, rompió con los designios de ésta, convirtiéndola en una *"presidencia corrupta"*, una *"destrucción moral y cívica"* de la Nación a partir de la *"Doctrina Justicialista y la Tercera Posición"*, llevando al país a un enfrentamiento nacional sin precedentes.[108]

"Luego de la etapa de falseamiento electoral sistemático abierta en 1931, y de la que desde 1946 utilizó el restaurado sistema electoral para dar base plebiscitaria a un autoritarismo cuyo estilo debía mucho al de los totalitarismos europeos, la que se abrió con el derrocamiento de Perón iba a explorar todavía un tercer modo de desvirtuar la democracia representativa, esta vez mediante la redefinición continua de los términos en los cuales era autorizada la competencia electoral. Aunque nunca iba a descubrir cómo lograrlo con éxito, aun sus fracasos venían a confirmar la vigencia irremovible de una situación [...] de más de un tercio de siglo, que hacía que en la Argentina la democracia representativa sólo fuese tolerada en la medida en que sirviese como instrumento de legitimación formal de las soluciones favorecidas de antemano por los dueños del poder" (Halperín Donghi, 1994, p. 49).

"Si cada una de esas modalidades en la adulteración de la democracia representativa inevitablemente contribuía a la corrosión de la fe cívica que había hecho de la plena instauración de ese régimen político la meta prefijada para la historia nacional, fue la adoptada luego de 1955 la que pareció asestarle el golpe de muerte. En efecto, mientras las anteriores habían mantenido una clara distinción entre perpetradores – que mientras mantenían (e incluso ellos sólo parcialmente) la vigencia formal de las instituciones representativas, falseaban radicalmente su funcionamiento o las usaban como fuente de legitimidad para un orden político que no dejaba lugar alguno al pluralismo democrático – y víctimas a las que a lo sumo podía reprochárseles una complicidad pasiva en una situación que no se creían capaces de modificar, ahora todos los actores políticos debieron aprender a participar activamente en un juego electoral abiertamente manipulado, en la esperanza (que iba a revelarse a la larga justificada) de volver a esas manipulaciones contra sus autores. La fe cívica heredada no podía sobrevivir mucho tiempo a una experiencia política así definida" (Halperín Donghi, 1994, p. 50).

a) La 'desperonización' de la Argentina

El Gobierno militar dictó un decreto ley que dictaminó la disolución del Partido Justicialista. Otro decreto prohibió el uso de todos los símbolos, distintivos, lemas y canciones del movimiento peronista. A su vez, prohibió el uso de términos tales como Perón, peronismo, justicialismo, Eva Perón, entre otros. Esta prohibición incumbía no sólo a personas, sino también a todos los medios de información. De acuerdo a lo establecido por Sigal y Verón, como consecuencia de esta prohibición, proliferaron eufemismos que referían a Perón y su etapa en el poder: 'el tirano prófugo', 'el tirano depuesto', la 'segunda tiranía', entre otros motes despectivos. Simultáneamente, la Revolución Libertadora restituyó todas las denominaciones geográficas que habían sido modificadas durante los Gobiernos peronistas, por ejemplo, la 'ciudad Eva Perón' volvió a llamarse 'La Plata' y la provincia 'Eva Perón' reencontró su viejo nombre de 'La Pampa' (Sigal; Verón, 2003).

Sigal y Verón determinaron que tales decretos deben ser interpretados "como un reconocimiento al poder 'maléfico' del discurso de quien había absorbido para sí la totalidad del campo político", para luego convertirse, una vez consumado el golpe militar, en un Otro absoluto que no podía siquiera ser nombrado. Aquellos que habían sido los 'enemigos internos' durante el período peronista, los antiperonistas que tomaron el poder en 1955, trataron a Perón y a su movimiento, ahora devenidos en los 'enemigos internos' del Gobierno militar, del mismo modo que Perón había construido a su 'enemigo interno'. No alcanzaba con definir a Perón como el adversario del Gobierno; tampoco era suficiente desalojarlo del poder; era necesario "expulsarlo del imaginario, despojarlo de toda palabra". No obstante, el poder de la designación no podía ser borrado por decreto y tampoco era posible retornar a la situación previa al peronismo. Por lo tanto, cada una de estas anulaciones para los peronistas constituía una censura. Consecuentemente, el efecto de estas proscripciones fue "el de sacralizar la palabra ausente", convirtiendo "la ausencia en la plenitud de una presencia invisible" tanto más fuerte al tener que ser definida por un "silencio obligado" (Sigal; Verón, 2003, p. 106).

Al prestar juramento como presidente provisional de la Nación, el general Lonardi hizo el siguiente diagnóstico:

"El dictador que nos ha precedido en el Gobierno [...] pensó que con ventajas materiales, dádivas y sobornos, iría poco a poco incorporando el virus de su resentimiento, hasta que la cosecha del odio fratricida, así sembrado, produjese como fruto natural el exterminio de sus opositores".[109]

Lonardi afirmaba que Perón había generado resentimiento en las clases populares y un consecuente enfrentamiento político y social en la Argentina como producto de los beneficios materiales otorgados a los trabajadores, haciéndoles tomar conciencia de sus carencias económicas e inculpando a la clase dirigente de esta realidad, al señalarlos como explotadores de la clase obrera. Según Lonardi, la concientización de los trabajadores generó el resentimiento de los más desposeídos, despertando *"odio"* entre compatriotas. Acusaba a Perón de haber pretendido la exclusión política de sus adversarios al enfrentar a la clase trabajadora con la oligarquía para lograr el *"exterminio de sus opositores"*. A pesar que Lonardi condenaba la falta de pluralismo ideológico durante los años peronistas, las Fuerzas Armadas habían actuado del mismo modo, excluyendo políticamente al peronismo.

En otro mensaje público, Lonardi marcó la tónica de la misión política del Gobierno. Era tiempo de concordia y reconciliación. Lonardi declaraba: *"La victoria no da derechos [...]. En esta lucha no hubo ni vencedores ni vencidos".*[110]

A pesar del intento hecho por Lonardi para pacificar a la sociedad a través de esta declaración, quedaba en evidencia que el derrocamiento del peronismo del Gobierno nacional y su exclusión política constituían una derrota, por lo menos temporal, para Perón y sus seguidores. Por ende, la *"victoria"* de la Revolución Libertadora había originado otra antinomia: vencedores-vencidos. En este caso, los vencedores fueron los antiperonistas y los vencidos fueron el líder del Partido Justicialista y sus seguidores.

Consciente de la polarización política del país, agravada aún más luego de esta insurrección cívico-militar, Lonardi pretendía unir nuevamente al pueblo. De sus palabras se desprende que esta revolución no tenía un espíritu revanchista sino, por el contrario, apuntaba a la concordia, la 'unidad nacional' y la superación de la antinomia peronismo-antiperonismo. Estos objetivos no llegaron a ser más que simples deseos ya que la polarización política del país era cada vez más notoria.

El diagnóstico de este presidente hacía mención a una a destrucción moral y cívica que se infrigió en el pueblo a partir de la *"Doctrina Justicialista"* y la *"Tercera Posición"*. Continuaba haciendo referencia a *"la presión del tirano"* sobre el pueblo y la reacción de las Fuerzas Armadas en defensa de la patria. Destacaba *"la magnifica resistencia y espíritu de sacrificio"* de la *"juventud a la opresión, a los vejámenes y a las torturas de la tiranía"*. Para Lonardi, el Gobierno peronista había finalizado gracias al *"holocausto de la juventud"* que *"cayó no por una guerra extranjera, sino por el amor a la libertad, al culto del honor y al sacrificio de su pueblo"*.[111]

El peronismo, según este Gobierno, 'enemigo interno' de la identidad política argentina, había sido derrotado por los jóvenes argentinos, quienes rechazaban la Doctrina Justicialista que Perón había pretendido imponer en el país. Lonardi declaraba que los argentinos muertos en los enfrentamientos de junio de 1955, no habían caído debido a una contienda bélica contra otro país, un 'enemigo externo', sino que habían muerto en defensa de la libertad del pueblo, suprimida por el Gobierno depuesto. El Gobierno intentaba enfrentar a la juventud argentina contra Perón y de este modo ir gestando la marginación política del líder derrocado.

Conforme a Lonardi, la misión militar había estado regida bajo el *"imperio del derecho"*. Por lo tanto, su proceder sería armonioso y justo, *"no una caricatura de la justicia que promovía el justicialismo"*. Al respecto, Lonardi manifestaba: *"Si las leyes existen y son justas, el camino está marcado y poco cuesta seguirlo. Si son injustas, las enmendaremos en la medida requerida por esos dos polos*[112] *de la acción humana"*.[113]

La solución propuesta por el Gobierno era dar marcha atrás a las reformas constitucionales impulsadas por Perón, retornando a la Constitución de 1853. Este Gobierno revolucionario entendía que la justicia de la que hablaba Perón era defectuosa, mientras que aseguraba que bastaba con atenerse a la Constitución y sus leyes para encaminar correctamente al país. De ser necesario, se producirían cambios en la Carta Magna para adaptarla a una realidad que se debatía entre antinomias como legalidad-ilegalidad, justicia-injusticia, y democracia-dictadura.

Este gobernante, desde otra perspectiva, se mostraba preocupado acerca de la influencia de la Doctrina Justicialista en la educación y la cultura, expresando que *"la patria había estado sometida a un proceso de extremada violencia"* y exclusión política que había afectado *"la conciencia religiosa de los habitantes"*. Como parte de la tarea de pacificación de este nuevo Gobierno, se precisaba entablar relaciones cordiales con la Iglesia. A su vez, se intentaría despolitizar las instituciones educativas, las cuales habían sido manipuladas por el aparato propagandístico peronista. Para resolver los conflictos con la Iglesia, la solución que el Gobierno impulsaba fue *"la concertación de un Concordato"*. Una de las soluciones a los problemas educativos sería restaurar las escuelas y universidades que, según el Gobierno de la Revolución Libertadora, habían sido *"bastardeadas"* por el Gobierno depuesto, convertidas en *"instrumentos de propaganda política"*, con *"demagogia"* y *"afán de corromper conciencias para disponer de elementos dóciles"*. El *"propósito inquebrantable"* que Lonardi sostenía era *"proscribir la política de los órganos de la educación"*.[114]

El general Lonardi se dirigió al país, llamando a la reflexión del pueblo para que éste tomara conciencia de los daños ocasionados por los años de la *"dictadura"* y *"tiranía"* del general Perón. Encomendaba al pueblo la restauración de la *"libertad de expresión"* y el orden de las instituciones, que durante el Gobierno peronista habían estado limitadas a los reglamentos y deberes de la *"Doctrina Justicialista"* y la *"Tercera Posición"*, como propaganda de un modelo totalitario que impedía la *"libertad"* y la *"claridad de pensamiento"* en las acciones del pueblo. Intentaba sentar las bases de un peronismo sin Perón, dirigiéndose a los trabajadores partidarios del *"tirano derribado"*, diciendo: *"Deseo la colaboración de los obreros y me atrevo a pedirles que acudan a mí con la misma confianza que lo hacían con el Gobierno anterior. Buscarán en vano al demagogo pero [...] siempre encontrarán un padre o un hermano"*.[115]

Consciente de la oposición que encontraría en las masas populares, Lonardi pretendía ganarse la *"confianza"* de los trabajadores, forjándose una imagen paternalista, diferenciándose de la dominación tiránica de la clase trabajadora que le atribuía a Perón. La descalificación hacia el ex presidente Perón se contradecía con el supuesto anhelo de 'unidad nacional' de la Revolución Libertadora debido a que mientras más se injuriaba al líder depuesto, más se distanciaban los dos extremos de la política argentina. El antiperonismo era un puro 'anti' que contaba con el otro término (peronismo), alimentando su vigencia, profundizando, así, la disgregación política nacional.

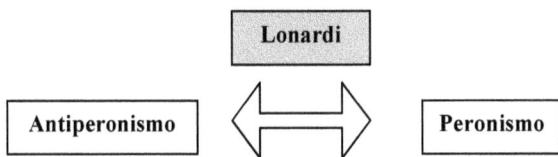

b) La proscripción del peronismo

Tras una crisis interna en las Fuerzas Armadas, el Gobierno fue asumido por el general Pedro E. Aramburu debido a la separación de Eduardo Lonardi del cargo de presidente de la Nación. Rouquié explica que la escisión militar fue producto de antiguos enfrentamientos por divergencias ideológicas originadas en la posición argentina frente a la Primera y Segunda Guerra Mundial, dando lugar a los siguientes pares de opuestos: legalistas-anticonstitucionalistas, liberales-nacionalistas y aliadófilos-germanófilos (Rouquié, 1998).

Aramburu, a pesar de las diferencias en los fines políticos que tenía con Lonardi, prosiguió con la misión de su antecesor. Las Fuerzas Armadas manifestaban estar cumpliendo con los designios de la Constitución, al ordenar y reconstruir las instituciones democráticas. Aramburu ratificaba lo delineado por el general Lonardi, expresando:

"Un solo espíritu alienta al movimiento de la Revolución: es el sentimiento democrático de nuestro pueblo. [...] La ardua misión de reestablecer el imperio del derecho y de restituir al país a su auténtica democracia, debe confiarse a hombres que por toda la trayectoria de su vida constituyen la más segura garantía del cumplimiento de sus principios. [...] Hacemos un llamado a todos los habitantes de la República para posponer todo interés partidario y tendencioso a los intereses superiores de la colectividad".[116]

El general Aramburu planteaba que las Fuerzas Armadas, por haber sido constituidas para defender la democracia, debían ser las encargadas de llevar adelante la misión de esta insurrección: *"reestablecer el imperio del derecho y restituir al país su auténtica democracia"*. Convocaba a dejar de lado las diferencias ideológicas para alcanzar el bienestar general y la unión nacional. Sin embargo, el discurso de Aramburu era confuso y contradictorio, ya que manifestaba que su Gobierno tenía el propósito de defender la democracia pero, a su vez, el accionar del Gobierno, no sólo por el golpe de Estado sino también por su objetivo de 'desperonización', distaba de cualquier tipo de práctica democrática. Para este Gobierno de facto, el 'todo', o sea la Nación, no se comprendía de 'partes' (partidos políticos), sino que el 'todo' estaba representado por el Gobierno de la Revolución Libertadora.

c) Los peronistas: "Enemigos irreconciliables de la argentinidad"

Como cuenta Rouquié, durante 1956, Aramburu tuvo que enfrentar huelgas, levantamientos militares y exigencias de una transformación en la organización política, social y económica del país. Debió soportar una crisis dentro de las Fuerzas Armadas, especialmente en el Ejército, donde los enfrentamientos entre los militares antiperonistas, conocidos como 'gorilas', y los peronistas generaron nuevas facciones. Por otro lado, la sublevación peronista a raíz del nuevo modelo político de Aramburu, provocó una nueva escisión dentro de las fuerzas sindicales, temerosas de las nuevas leyes laborales. El peronismo sin Perón generaba conflictos, insubordinaciones y movimientos subversivos que llevaron a la violencia y la represión. A su vez, el movimiento obrero se dividió en dos facciones, una conformada por 62 organizaciones peronistas y la otra por 32 organizaciones democráticas y antiperonistas. Las universidades volvieron a manos de los antiperonistas; el estudiantado de 1955 fue antiperonista y enemigo de las acciones de Perón (Rouquié, 1998).

Aramburu debió superar conflictos en distintos frentes: políticos, militares y sindicales. La situación que atravesaba la Revolución Libertadora mostraba que la 'desperonización' no se había alcanzado, mientras que los grupos políticos y la civilidad exigían volver a la democracia. No existía una fuerza política que pudiera sostener y contener el poder político sin la presencia del peronismo en las elecciones presidenciales (Potash, 1984).

Aramburu diagnosticaba la presencia del 'enemigo interno', expresando:

"La Revolución afirma que los hijos de esta tierra creemos en nuestra única Argentina, con su única historia [...]. Y son enemigos irreconciliables de la argentinidad, cuantos pretendan deformar el alma nacional, lo hagan desde afuera o lo hagan desde adentro [...]. Esta afirmación, profundamente sentida, es la base inconmovible de nuestra firme política de recuperación [...]. El patriotismo de los argentinos, rasgo visible de la fisonomía moral de la Nación, no puede confundirse con un nacionalismo exclusivista y belicoso".[117]

Esta proclama sostenía que debía haber unión entre los argentinos. Sin embargo, lo que Aramburu estaba fomentando no era la unión nacional sino la homogeneidad político-ideológica. Aquí se vuelve a observar la confusión conceptual que ha llevado al paradójico resultado de una identidad política nacional fragmentada como consecuencia de un discurso presidencial que expresaba anhelar lo contrario pero que equivocaba el camino para conseguirlo por querer alcanzar la unidad a través de la homogenización ideológica de la sociedad.

En clara alusión a Perón, quien se encontraba exiliado pero aún influía sobre sus seguidores, declaraba que todo aquel que intentara modificar la identidad política de la Nación sería considerado *"enemigo"* de la patria. La crisis política sería superada una vez establecido el orden a través de la exclusión política de los 'enemigos internos'. Para Aramburu, el patriotismo de Perón no era el verdadero patriotismo argentino porque había pretendido imponer una tiranía en desmedro de la oligarquía, llevando, así, a un enfrentamiento entre compatriotas.

Este gobernante diagnosticaba que la Argentina había derivado *"por sendas equívocas o confusas"* debido a *"las veleidosas voluntades"* de los 'enemigo internos', *"abusadores del poder, verdaderos traidores de sentimientos"*. En un intento por legitimar a su Gobierno, Aramburu expresaba: *"La Revolución, [...] triunfo de la civilidad argentina, ha de desarrollar cuantos instrumentos democráticos sean necesarios para que nunca nuestro hogar común sea tomado como gabinete de experimentación de sistemas totalitarios"*, equiparando al Gobierno peronista con los totalitarismos europeos de principios de la década de 1940. Contrariamente a la naturaleza autoritaria de este Gobierno de facto, la Revolución Libertadora aseveraba que se procedería a la restauración de la democracia para que el país no volviese a caer en prácticas dictatoriales.

Aramburu ratificaba la política interior de la Revolución Libertadora, manifestando que las soluciones propuestas para la *"orientación definitiva"* de la Nación eran:

"1) armonía social y política; 2) desmantelamiento de estructuras y formas totalitarias; 3) reestablecimiento de la austeridad republicana, independencia y dignidad de la justicia; 4) respeto a la conciencia religiosa; 5) libertad sindical con alma democrática; 6) reorganización de la enseñanza republicana; 7) fortalecimiento

del federalismo; 8) dignificación de la administración pública; 9) saneamiento de la economía; 10) respeto y garantía de la propiedad privada; y 11) depuración de la estructura electoral".[118]

Las soluciones propuestas por el Gobierno militar habilitan a concluir que el peronismo era visualizado como: promotor de conflicto social y político, totalitario, dispendioso y promotor de una justicia dependiente e indigna, irrespetuoso de la conciencia religiosa, promotor de un sindicalismo antidemocrático, desvirtuador de la enseñanza pública, centralista, y avasallador de la propiedad privada. De acuerdo al discurso de Aramburu, los enfrentamientos de clase y conflictos políticos debían ser superados para integrar a la Nación. El totalitarismo remanente de los años peronistas sería disuelto mediante la recuperación de las instituciones públicas. La Iglesia volvería a ocupar el lugar preponderante que ocupaba previo al arribo de Perón al Gobierno. Las organizaciones sindicales gozarían de sus libertades constitucionales, sin ser utilizadas por el Estado como 'fuerza de choque'. Los conceptos republicanos serían promovidos en la ciudadanía, especialmente entre los jóvenes. Se llevaría a cabo un proyecto de descentralización del Estado. Se les aseguraba a los empleados públicos bienestar político, social y económico. La recuperación económica del país era necesaria para terminar con las luchas de clase. Además, no tendrían lugar las expropiaciones que habían caracterizado al Gobierno derrocado. Finalmente, se excluiría al peronismo de la vida política del país.

d) El exterminio de la oposición

Este tramo de la investigación demostrará cómo el discurso y las acciones del Gobierno atentaban contra los valores democráticos que los militares manifestaban estar reestableciendo en el país. El autoritarismo del Gobierno miliar se reflejaba en un discurso falsamente republicano y en la aniquilación física de la disidencia política.

Aramburu consideraba que la misión de la defensa nacional se apoyaba en *"las tres Fuerzas Armadas, democráticas y unidas"*, ya que éstas conocían los *"vicios de las dictaduras"* que las utilizaban, convirtiéndolas en *"carceleras de la nacionalidad"*.[119] Este nuevo Gobierno aspiraba a tener Fuerzas Armadas *"unidas"* en defensa de la democracia. Para ello se debía terminar con los enfrentamientos internos ocasionados por la manipulación de ciertos sectores del Ejército, utilizado por el Gobierno depuesto para restringir las libertades de la ciudadanía.

Las Fuerzas Armadas y el general Aramburu, en particular, consideraban que la misión más urgente que tenía este Gobierno era la apertura democrática. Aramburu se pronunciaba de la siguiente manera:

"El voto que se ponga en las urnas, en la oportunidad adecuada, no lo ha de ser por las brillantes o sonoras palabras de los candidatos, sino por convicción republicana en sus intenciones. El hombre libre ejercitará su libertad, no solamente en el acto de votar, sino, y más importante, en el acto previo de comparar virtudes o valorar defectos. Hombre libre, ante nuestra modalidad republicana, es sinónimo de hombre digno. La dignidad sin libertad es heroica, pero la libertad sin dignidad no es admirable".[120]

La ciudadanía debía madurar políticamente. El voto del electorado debía basarse en convicciones políticas y no en el convencimiento de la masa a través de la demagogia de un candidato. Un acto de libertad como votar debía estar acompañado por la conciencia política de quien lo ejerciera, de no ser así, dicho acto carecería de valor. Aramburu planteaba una antinomia entre libertad y dignidad. Quien careciera de cualquiera de estas dos cualidades no sería reconocido como un ciudadano *"digno"* o *"libre"* pero quien las poseyera sería una persona *"heroica"* y *"admirable"*.

El presidente provisional, ante las demandas de una apertura democrática electoral, propiciaba a una toma de conciencia del significado del *"ejercicio del voto"*. Para una mejor organización, se había creado una Junta Consultiva Nacional compuesta por miembros representativos de distintas corrientes de opinión, con el fin de asesorar al Gobierno provisional en los problemas de gestión (Potash, 1984). Para la creación y la misión de esta Junta Consultiva[121] había sido *"indispensable"*, según Aramburu, *"la acción conjunta y la permanente consulta entre el Gobierno y el pueblo, no sólo a los efectos del advenimiento del futuro estado constitucional de derecho sino también para la conducción democrática del propio Gobierno revolucionario de hecho"*.[122]

Este decreto denotaba una búsqueda de legitimación por parte del Gobierno de facto, proporcionando la participación de la ciudadanía en las decisiones gubernamentales y para una futura apertura democrática. No obstante, la participación ciudadana era sumamente limitada ya que la misma se reducía a un conglomerado de dirigentes políticos, sin participación activa del pueblo de la Nación, alejando al *"Gobierno revolucionario"* de la *"conducción democrática"* que aseguraba estar ejerciendo.

El general Aramburu utilizaba un discurso republicano, haciendo mención a la representatividad del pueblo y la democracia. Sin embargo, su discurso se alejaba de la realidad política del país. La representatividad se limitaba a Juntas Consultivas, carentes de todo tipo de facultades de representación pública, empero, se pretendía darles a estas Juntas el valor de una institución republicana como el Parlamento. Por otro lado, los fusilamientos demostraron que el Gobierno de la Revolución Libertadora no practicaba la democracia que pregonaba en su discurso. Por el contrario, el aniquilamiento físico de la oposición política evidenciaba una falta absoluta de respeto por el pluralismo ideológico, valor fundamental de la democracia.

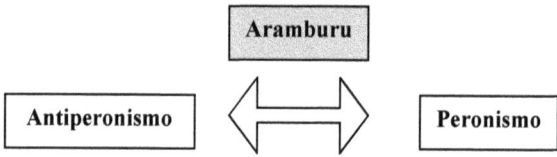

Conclusión: Como fue costumbre a lo largo de la historia argentina del siglo XX, el Gobierno de la Revolución Libertadora veía a su predecesor como un 'enemigo interno' a erradicar de la esfera política nacional. En este caso fue el turno de Juan D. Perón y su movimiento político. El Gobierno entrante puso en marcha la 'desperonización' del país, acusando a Perón de promover un conflicto social y político, una justicia dependiente e indigna, y un sindicalismo antidemocrático. Se le atribuía a Perón haber desvirtuado la enseñanza pública y haber avasallado la propiedad privada. Además, el Gobierno militar calificaba a su 'enemigo interno' como un dictador totalitario, dispendioso, irrespetuoso de la conciencia religiosa y centralista. Mientras tanto, el Gobierno militar sostenía que la *"Revolución"* constituía un *"triunfo de la civilidad argentina"*. Asimismo, se adjudicaba para sí: representar *"el sentimiento democrático"* del pueblo; *"reestablecer el imperio del derecho y restituir al país su auténtica democracia"*; ser promotor de la *"armonía social y política"*, el *"restablecimiento de la austeridad republicana, independencia y dignidad de la república"*; y el *"respeto de la conciencia religiosa"*. De esta manera se delineaba el enfrentamiento entre el Nosotros del Gobierno militar y sus 'enemigos internos'.

La Revolución Libertadora se propuso anular los lineamientos de la Doctrina Justicialista y la Tercera Posición. Este accionar y el discurso antiperonista del Gobierno militar continuó generando enfrentamientos políticos y sociales, con ingerencia en la fragmentación de la identidad política nacional. Desde el Estado se emitía un discurso que descalificaba los signos políticos que habían regido al país durante las presidencias peronistas. La ciudadanía argentina se veía obligada a convivir en un Estado que cambiaba sus principios ideológicos casi paralelamente con la asunción de los distintos Gobiernos. Los continuos cambios ideológicos, originados en el discurso presidencial, al confundir unidad con hegemoneidad, atentaban directamente contra la consolidación de una identidad política nacional definida e indiscutida. De ahí que, paradójicamente, tanto presidentes autoritarios como democráticos promovían el antagonismo en vez de la unidad que manifestaban desear para la Argentina.

La fragmentación de la identidad política del país se resentía con cada uno de estos bruscos cambios de rumbo. Para la Revolución Libertadora, como para tantos otros Gobiernos, el pluralismo ideológico era inconcebible, lo que llevó a la proscripción del peronismo, revitalizando la antinomia peronismo-antiperonismo. Como ya se ha mencionado anteriormente, el antiperonismo era un puro 'anti' que contaba con el otro término (peronismo), alimentando su vigencia, profundizando, así, la disgregación política nacional. Esta desintegración ideológica abarcaba a toda la sociedad, y las Fuerzas Armadas no escapaban a esta realidad. La segmentación de las fuerzas castrenses tendría graves consecuencias para el futuro político de un país que se había polarizado en torno a la figura polémica de Perón. El objetivo de 'desperonización', conjuntamente con la carencia de proyectos políticos que presentaba la Revolución Libertadora, no hizo más que profundizar los conflictos políticos y, con ello, promover a una violencia mayor entre los antagonismos políticos de la Argentina.

2. La Revolución Argentina: Autoritarismo y exclusión política

Otro Gobierno de facto, la Revolución Argentina (1966-1973), resolvió poner fin a la democracia limitada existente durante el Gobierno de Illia. Por tal motivo, se procedió a la implantación de un Estado burocrático-autoritario que coartaba toda posibilidad de pluralismo ideológico. En el discurso autoritario del Gobierno se observará cómo se buscaba la 'unidad nacional' a través de la imposición de un sistema represivo, la desintegración de los partidos políticos y, principalmente, la erradicación de los 'enemigos internos', la guerrilla y el peronismo. Se evaluará el uso de conceptos democráticos por parte del Gobierno dictatorial y la búsqueda del hegemonismo ideológico.

La Revolución Argentina pretendió transformar las instituciones públicas, eliminar los partidos políticos y combatir a los grupos subversivos, gestando una etapa político-militar; una continuidad de Gobiernos militares. La Revolución Argentina se originó como un modelo corporativo de acción y conducción de las Fuerzas Armadas. Fue una conjunción de los deberes políticos de las tres fuerzas, con el fin de ordenar y resolver la política caótica que el país venía atravesando en los últimos cincuenta años. Esta revolución diseñó un Estado ordenado y dirigido por las fuerzas militares, un Estado burocrático-autoritario, como lo definió Guillermo O'Donnell, que se caracterizó por ser: a) Un tipo de dominación ejercida por fracciones superiores de una burguesía altamente oligopólica y transnacionalizada; b) Institucionalmente, un conjunto de organizaciones especializadas en una coacción que intentaba llevar a cabo la normalización de la economía y la reimplantación del orden; c) Un sistema de exclusión política del sector popular, tendiente a eliminar su presencia en la escena política y destruir las organizaciones de clase y movimientos políticos que lo sustentaban. Esta exclusión traería aparejada la supresión de la ciudadanía y la democracia política. Fue un sistema de exclusión económica del sector popular; d) Expresado a través de un discurso marcial y patriótico; e) Una reducción de la Nación a los intereses de las unidades oligopólicas; f) Un intento sistemático de despolitizar el tratamiento de cuestiones sociales mediante una racionalidad técnica; g) Un régimen, no formalizado pero vigente, que implicaba el cierre de los canales democráticos de acceso al Gobierno y, junto con ello, los criterios de representación popular o de clase. Dicho acceso quedaba limitado a quienes ocupaban la cúpula de grandes organizaciones, especialmente las Fuerzas Armadas, o grandes empresas, privadas y públicas (O'Donnell, 1982).

Las Fuerzas Armadas sancionaron un Estatuto Revolucionario que invalidó la Constitución Nacional, suspendió la actividad política, disolvió los partidos y le brindó todos los poderes al presidente. La Revolución Argentina pretendía ajustarse a las ideas del crecimiento y la modernización económica, eliminado la libertad política y reprimiendo la actividad cultural con violencia y censura. A través de los designios impuestos por el Estatuto se definió el comportamiento y las directivas del Gobierno. El Estado burocrático-autoritario de la Revolución Argentina estuvo dirigido por un proyecto político, social y económico, con definiciones claras. No obstante, la rigidez ideológica y política de Onganía, apoyada por los comandantes y los estatutos de la Revolución, hicieron que a partir de 1970 este Gobierno tuviera que cambiar sus principios, deponiendo sus ideales para llegar luego, en 1973, a un modelo democrático de elecciones libres. Durante la Revolución Argentina se produjeron importantes acontecimientos en el poder político civil: La Hora del Pueblo;[123] El Gran Acuerdo Nacional (GAN); el retorno al país de Juan Domingo Perón; y el regreso a una democracia sin proscripciones.

Anteriormente al análisis de los discursos presidenciales de este período histórico-político se debe relevar lo enunciado en el Estatuto y las actas del Gobierno de la Revolución Argentina, ya que tanto Onganía, Levingston y Lanusse remitían lo manifestado en sus mensajes a las directivas propuestas en los primeros documentos emitidos por la Junta Revolucionaria (Rouquié, 1998). De acuerdo a la Junta Miliar, durante las elecciones nacionales que llevaron a Arturo Frondizi y Arturo Illia a la presidencia de la Nación, la ciudadanía había tenido la posibilidad de elegir a sus representantes pero en forma limitada debido a la proscripción del peronismo. Los militares manifestaban que mientras el Gobierno depuesto levantaba la bandera de la *"libertad de elección"*, la proscripción del peronismo atentaba contra la misma. Según la Junta, el Gobierno depuesto, quien debió haber protegido la *"libertad"* de los ciudadanos, carecía de legitimidad porque había manipulado *"a su arbitrio el albedrío"* de los argentinos, imposibilitando a un amplio sector de la sociedad a que expresara libremente su opción política. El Acta manifestaba que *"la colisión entre sectores con intereses antagónicos"* había propiciado una situación de *"anarquía"*. El nuevo Gobierno planteaba que se debía proceder al desmantelamiento de las estructuras democráticas formales debido a que estas habían producido un deterioro político, social y económico, llevando al *"país al borde de su desintegración"*. La intervención militar, según el Acta, tuvo el propósito de *"asegurar la unión nacional y posibilitar el bienestar general"*.[124]

La Junta pretendía eliminar las formas políticas del pasado, reformular políticamente al país a partir de sus convicciones ideológicas. Se pretendía llevar adelante una *"transformación nacional"* mediante la *"modernización del país"* y la 'unidad nacional'. Las Fuerzas Armadas se instauraron en el poder para terminar con una democracia aparente, engañosa e improductiva que había originado una *"política de división y enfrentamiento"*, imposibilitando la unidad de destino que requiere toda nación. Según la Junta, el golpe de Estado de 1966 no había sustituido al Gobierno de Illia sino que había ocupado el *"vacío de autoridad y conducción"* dejado por éste. La Junta afirmaba haber tomado el poder para luchar contra la división política, llamando a los pobladores de este territorio a tomar conciencia de que todos eran *"Argentinos"* para, así, deponer la rivalidad política en pos de la 'unidad nacional'.

a) La 'unidad nacional' a partir de la exclusión de los 'enemigos internos'

Con la asunción presidencial de Onganía, el discurso del Gobierno se tornó más violento: se avalaba la utilización de métodos violentos para la erradicación de los 'enemigos internos' y el hermetismo ideológico intrínseco en el deseo de crear un *"ser nacional"* cobró un matiz virulento. El diagnóstico de Onganía reconocía la gravedad de las circunstancias y el deber de *"producir un cambio fundamental, una verdadera revolución"*.[125] A pesar de ser un presidente de facto, Onganía sostenía que al resolver los *"problemas"* que sufría la Nación su Gobierno gozaría de la *"autenticidad"* que le daría la legitimación por el ejercicio. Aseguraba que la Revolución no estaba *"dirigida contra ningún hombre público ni agrupación política"*, dejando en claro que este Gobierno no iba a excluir al peronismo en caso de que hubiera una apertura electoral. La solución dependía del trabajo conjunto de los argentinos, de su *"conciliación"* y de la *"reconstrucción"* nacional. Era tiempo de deponer *"intereses personales"* y *"egoísmos"*, de lo contrario, los compatriotas continuarían estando *"divididos"*, enfrentados políticamente. El Gobierno procedería a la transformación de la *"gran política nacional"* imponiendo *"orden"* y *"disciplina"*.[126]

Según este presidente, la Revolución Argentina se basaba en una idea de *"ser nacional"*, en una identidad política argentina emanada de un Estado que debía *"armonizar adecuadamente las necesidades de autoridad y libertad"*. La definición que este presidente hacía de la identidad política nacional consistía en la *"dignidad"* y el *"respeto"* por las personas, garantizando su *"auténtica libertad"*. La identidad política nacional se inspiraba en la *"moral cristiana y en los principios culturales, éticos y políticos de la civilización occidental"*. Esto demostraba la recomposición de la relación entre el Estado Argentino y la Iglesia Católica, la cual se había roto a mediados de la década anterior y, a su vez, marcaba el enfrentamiento con el comunismo ateo, pero también demostraba el carácter exclusionista del Gobierno para con los otros credos. Manifestaba su repudio por los 'enemigos internos', *"todos los extremismos"*, la *"tercera posición"*, así como su rechazo por las tendencias que trataban de conciliar las mejores doctrinas de diversos sistemas, o como él lo definía: *"eclecticismos materiales u oportunistas"*, en alusión al pacto entre Frondizi y Perón. Agregaba que una *"peligrosa infiltración ideológica"*, el comunismo, estaba *"carcomiendo las raíces profundas del ser nacional"*.[127]

Curiosamente, Onganía, al identificar a los 'enemigos internos', manifestaba su rechazo por *"todos los extremismos"*, como si la Revolución Argentina no hubiera representado los intereses y la ideología de la extrema derecha. Además, el discurso era contradictorio en tanto que, por un lado, hablaba de libertad y, por el otro, manifestaba su rechazo por toda ideología distinta a la de este régimen dictatorial.

En 1966 se confeccionó el *"Programa de Ordenamiento y Transformación"* mediante el cual Onganía propondría la *"neutralización del comunismo y su erradicación"*. La *"participación de la ciudadanía"* en *"la vida política del país"* tenía por objeto formar políticamente a la sociedad, con el fin de lograr su homogeneización y, de esta manera, terminar con la división política e ideológica de la Nación. Los argentinos debían compenetrarse con sus *"obligaciones"* comunitarias para lograr una identificación entre el *"individuo"* y el *"pueblo"*. El Gobierno impartiría *"orden"* y *"disciplina"*, poniéndole fin a la *"situación anárquica"* a la que se había llegado, para reencauzar al país hacía la *"democracia representativa"*.[128] En este sentido, el presidente expresaba: *"Todos fuimos testigos del drama de la democracia argentina, cuyas virtudes se proclamaban con énfasis religioso y absoluto, mientras la realidad revelaba una práctica viciosa de fraude y engaño [...]"*. (Onganía, 30/12/1966, p. 340). La desconfianza de la sociedad en sus gobernantes y el deterioro institucional de la República había hecho que la sociedad *"se dividiera en fracciones irreconciliables"* (Onganía, 30/12/1966, p. 340).

El mensaje presidencial expresaba que el Gobierno debía ofrecer *"soluciones enérgicas"* para superar la *"crisis"* que, de acuerdo a las palabras de Onganía, surgía de *"los odios y las rencillas que dividieron a la Nación, enfrentando a sus hijos, a nosotros, en fin, contra nosotros mismos"*. Según este gobernante, los Gobiernos anteriores, por su desgaste, *"contradicciones"* e *"impotencia"*, no habían podido terminar con el *"odio"* que enfrentaba a los argentinos, haciendo que fracasasen en su intento por lograr la 'unidad nacional'.

Sostenía que su Gobierno se elevaba *"por encima de las mezquinas rencillas entre hermanos"* y apuntaba *"a un porvenir querido por todos"*; motivo por el cual *"la Revolución se llamó Argentina"* porque, según él, había sido *"de todos y para todos"* (Onganía, 30/12/1966, p. 342).

Más allá del nombre que las Fuerzas Armadas le dieron a esta Revolución, el golpe de Estado de 1966 no representó a la totalidad de la ciudadanía. En primer lugar, porque la población civil no tuvo participación directa en este acontecimiento y, en segundo lugar, porque se procedió al desmantelamiento del sistema de partidos políticos. Por ende, el Gobierno militar, que autoritariamente se había instaurado en el poder, carecía de toda representatividad. A pesar de que la Revolución Argentina decía querer conformar un Nosotros que incluyera a todos los argentinos, la exclusión política jugaba en contra de este propósito, generando mayor fragmentación.

El Gobierno militar proponía *"la unidad nacional como gran empresa"*, transformando a la Argentina en *"un país armónicamente integrado"*.[129] Este presidente diagnosticaba que no se podía llegar a la *"unidad nacional"* debido a la existencia de *"ideologías combativas y contrapuestas, de organizaciones políticas que no lograban conservar siquiera la unidad propia"*, en clara alusión a la UCR y al peronismo. El *"objetivo de esta Revolución"* fue, fundamentalmente, *"disolver los partidos políticos"* por entender que no estaban acordes con las necesidades del proceso político nacional. Para la Junta Militar, hacer política y conservar la democracia no implicaba la existencia de partidos políticos, ni el mantenimiento del Congreso Nacional ni de las legislaturas provinciales, ya que, según ellos, estas instituciones eran *"formas vacías de contenido"* (Onganía, 30/12/1966, p. 342).

En la enunciación de su misión gubernamental, Onganía arremetía contra los políticos, afirmando que anhelaba: 1) *"Una comunidad articulada"*, *"estructurada"* e *"integrada"*, en oposición con *"una comunidad desintegrada"*, *"una sociedad difusa"* y con *"individualismo"*. 2) *"Una democracia verdadera"*, opuesta a la *"democracia formal"*; apuntar a la *"esencia de la democracia"* con *"consentimiento"*, *"consulta"* y *"participación"*, y no al *"sufragio"* y a la *"opción"*. 3) Crear *"organizaciones comunitarias"*, *"asociaciones voluntarias"*, *"grupos de interés"*, *"cuerpos intermedios"*, contrapuestos a los *"partidos políticos"* y las *"facciones"*. 4) Poner énfasis en los *"grandes problemas nacionales"* y no en *"discordias y divisiones"*. 5) Promover al *"servicio austero y mesurado"*, apartándose del *"despilfarro y el abuso"*. 6) Elevar el *"carácter subsidiario del Estado"*, frente al *"dirigismo estatal"*. 7) Atender *"la grandeza nacional"*, *"el orgullo"*, *"la confianza"* y *"el futuro"*, sin estar *"subsumidos al escepticismo"*.[130]

Las palabras de este gobernante demostraban la naturaleza totalitaria del Gobierno. La participación ciudadana estaba diezmada ante la opresión estatal, mientras que el rechazo manifiesto del Gobierno hacia los partidos políticos hacía que éstos se convirtieran en asociaciones obsoletas. A pesar de utilizar el término *"democracia"*, el autoritarismo de este Gobierno de facto no permitía que la misma pudiera resurgir.

Según el diagnóstico de la Junta Militar, los partidos políticos era responsables de la *"ruptura de la unidad espiritual del pueblo [...] y la perdida del sentir nacional"* que, junto con la crisis *"económico-financiera"*, habían puesto a la Argentina en un estado de *"emergencia"*, que se reflejaba en la falta *"del principio de autoridad"*, *"orden"* y *"disciplina"*, originando levantamientos *"sociales"*. Esta situación había facilitado el ingreso en el país del *"totalitarismo colectivista"*, el comunismo, y su influencia traía la amenaza de *"una sutil y agresiva penetración marxista en todos los campos de la vida nacional"*.[131]

Desde el inicio de la Revolución Argentina quedaba claramente planteada la misión del nuevo Gobierno de facto: la erradicación de este 'enemigo interno', el extremismo de izquierda, que mediante la acción guerrillera se encontraba en notable progresión. Para tener éxito en la transformación de las estructuras políticas y económicas del país, Onganía debía hacerle frente a su 'enemigo interno'. Al respecto declaraba:

"En el choque de dos concepciones distintas de la vida, de dos ideologías contrapuestas y de dos filosofías diferentes, la renovación de las estructuras habrá de hacerse bajo el signo cristiano, en la paz o bajo el signo marxista, con la violencia [...]. No admitimos para nuestra Argentina sino el primero de los caminos, el que sabemos responde a nuestra concepción de la vida, a nuestro origen histórico y a las más nobles tradiciones de nuestro pueblo".[132]

En este pasaje del discurso presidencial se vuelve a observar la confusión conceptual entre 'unidad' y 'homogeneidad' que ha contribuido a la fragmentación política del país. Este enfrentamiento entre *"ideologías contrapuestas"* tomaba un matiz violento cuando el presidente afirmaba que no se admitiría otro camino que no fuera el propuesto por el Gobierno. La *"violencia marxista"* sería reprimida con una violencia mayor. El Gobierno no concebía la posibilidad de convivir con el extremismo izquierdista. El deseo de 'unidad nacional' esgrimido por el Gobierno implicaba la erradicación de este 'enemigo interno'.

Onganía era consciente de la escalada subversiva en toda América latina, la cual se había iniciado a partir de la Revolución Cubana. Tuvo que enfrentar actos de violencia, utilizando como respuesta la represión y, en grado máximo, la pena de muerte.[133] Onganía impuso por decreto la pena de muerte a partir del secuestro y asesinato del general (R) Pedro E. Aramburu (Rouquié, 1998). Según Potash, una de las características de este Gobierno fue la acción represora en las universidades, destacándose el episodio conocido como la Noche de los Bastones Largos. Se dictaminó el Estado de Sitio en las provincias donde emergieron reacciones extremistas. Durante este Gobierno surgieron grupos insurreccionales como los Montoneros, el Ejército Revolucionario del Pueblo (ERP) y la Fuerza Armada Revolucionaria (FAR) (Potash, 1994).

De acuerdo a lo narrado por Rouquié, la cúpula militar, irritada por no estar asociada a las decisiones, estimó que no podía seguir apoyando un programa económico cuyos resultados eran desfavorables para la soberanía nacional, y un Gobierno con vagas perspectivas políticas. Después del 'Cordobazo', donde los militares acataron las ordenes del presidente, las Fuerzas Armadas se manifestaron en contra de una política represiva que se volvería inevitable sin un cambio político. Al creciente absolutismo del jefe de Estado, los comandantes en jefe respondieron con insubordinación: la Junta destituyó al general Onganía, sin que ninguna unidad operacional lo apoyara. En junio de 1970, la Junta de comandantes designó para ocupar la presidencia al general Roberto M. Levingston. Temiendo que se reeditara la experiencia de Onganía, la Junta, dominada por el comandante en jefe del Ejército, el general Lanusse, decidió que en lo sucesivo debería ser consultada por el presidente en todas las 'cuestiones importantes', manteniéndolo, así, bajo tutela. El Ejército ya no estaba institucionalmente ajeno al poder (Rouquié, 1998).

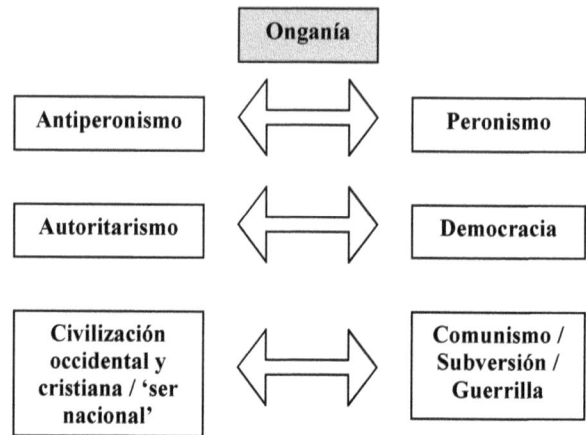

b) El Gobierno militar vs. los enemigos de la Revolución Argentina

El derrocamiento de Onganía no significó el final de la Revolución Argentina sino, por el contrario, ratificó los principios sustentados por ésta en 1966. El diagnóstico de la Junta manifestaba que *"el enfoque esbozado por el teniente general Onganía creaba el peligro de desembocar en una representatividad segmentada, que no canalizara las corrientes de opinión ciudadana, de acuerdo con la tradición democrática argentina y, al mismo tiempo, engendraba un concepto de Estado que podía haber llevado a deformar nuestra esencia republicana".*[134]

Según la Junta, el ideal de representar a todos los sectores de la sociedad que tenía esta revolución peligraba principalmente debido al personalismo de Onganía. La Junta debía ser lo más 'representativa' y 'democrática' posible para poder perpetuarse en el poder. El tipo de Estado impulsado por Onganía no respondía a la *"esencia republicana"* que el resto de los comandantes en jefe decían defender por el bien de la democracia y las instituciones.

El general Levingston hacía una distinción entre los *"opositores"* y los *"enemigos"* de la Revolución Argentina. Decía respetar a quienes disentían con el Gobierno por considerarlos *"elementos necesarios y constructivos"* para la *"democracia"*. Los *"enemigos de la Revolución"* eran aquellos que no reconocían al Gobierno como revolucionario; y los argentinos que, por defender *"intereses personales",* negaban que la revolución fuera *"argentina"*, al no sentirse representados. En consecuencia, el Gobierno percibía a estos sectores, a pesar de no identificarlos claramente, como anti-argentinos. No obstante, Levingston afirmaba que el *"plan político"* de las Fuerzas Armadas tendría *"en cuenta todas las corrientes de opinión"* y aseguraba, consecuentemente, que en las próximas elecciones no habría fraude ni *"proscripciones"* y que la *"soberanía popular"* se ejercitaría plenamente.
[135]

Este gobernante se enfrentaba al extremismo de izquierda acusando a sus partidarios de ser *"artífices del caos que, encubriendo sus móviles en engañosas ideologías,"* eran *"en realidad personeros a sueldo de quienes"* habían *"fijado entre sus designios el estancamiento argentino".* Levingston sostenía que este 'enemigo interno' defendía intereses antinacionales, aprovechándose de las *"tensiones sociales"* de la Argentina para provocar el deterioro del país a través del *"crimen, la destrucción y la subversión".* Como respuesta al avance de la izquierda en el país, Levingston manifestaba que el Gobierno buscaría *"eliminar los males"* que afligían a los argentinos, afirmando: *"La Revolución se hace con hechos".* De este modo, Levingston admitía abiertamente que el Gobierno tendría una actitud represora para con los 'enemigos internos', ya que de la eliminación de éstos dependía la continuidad de la identidad política argentina y el bienestar de la patria.[136]

El presidente manifestaba que existían *"intereses antinacionales, dentro y fuera del territorio"*, que pretendían *"azuzar odios y rencores"* y deseaban *"la división y el caos como única forma de impedir el reencuentro nacional"*. Según Levingston, los 'enemigos' de la Argentina, tenían la intención de impedir la 'unidad nacional', intentando cambiar por *"violencia"*, el *"estilo de vida"* del país, definido por este presidente como *"argentino"*, *"nacional"* y *"cristiano"*. En respuesta a la agresión anti-argentina, el Gobierno manifestaba que *"el crimen, la violencia, el desorden sólo"* conducían *"al definitivo marginamiento de quienes lo instigan o producen"*.[137]

A raíz de que los movimientos insurreccionales guerrilleros iban creciendo, Levingston creyó necesario hacer una distinción entre las manifestaciones de protesta de los jóvenes argentinos y la acción guerrillera. Este presidente manifestaba que las protestas de los jóvenes eran aceptadas y comprendidas por el Gobierno, mientras sentenciaba que el *"terrorismo criminal"* y la *"subversión disolvente"* se valían del disconformismo juvenil para perpetrar actos de violencia que repugnaban *"a la más íntima esencia del ser argentino"*. De esta manera se hacía explícito el deseo del Gobierno de eliminar a la insurgencia izquierdista por ir en contra de la identidad política pretendida por el Gobierno.

Al anunciar las soluciones propuestas, el presidente mostraba el carácter represor y opresor de la Revolución Argentina, declarando que *"las revoluciones"* exigían *"un gran sacrificio social, silenciando expresiones disidentes, cercenando libertades o imponiendo modalidades extrañas al sentir popular"*. Este accionar tenía el objeto de mantener *"el ser nacional, en su tradición y en su estilo de vida"*. El autoritarismo del Gobierno quedaba plasmado en estas palabras, donde se afirmaba que se tendía a la homogeneización ideológica de la población, lo que a su vez implicaba la erradicación de todo aquello que fuera perjudicial para la continuidad del *"ser nacional"* deseado por la dictadura militar.[138] Aquí se observa cómo el discurso presidencial admitía y justificaba la represión de sus 'enemigos internos' en defensa de una figura carente de significado concreto como el 'ser nacional', lo que, a su vez, permitía atribuirle una definición basada en las convicciones subjetivas de este Gobierno autoritario.

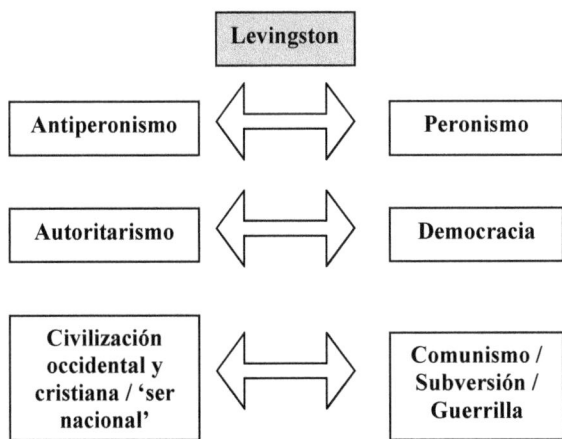

c) El GAN y la exclusión política de los 'enemigos internos'

Los nombramientos arbitrarios de altos funcionarios y la represión de las manifestaciones de descontento perjudicaron la imagen del general Levingston. Un nuevo 'Cordobazo' que el Ejército no acepto reprimir, derribó finalmente al jefe de Estado. La

Junta conservó el poder y su presidente, el comandante en jefe del Ejército Alejandro Agustín Lanusse asumió la primera magistratura, en mayo de 1971. Éste dejó de lado cualquier referencia a la Revolución Argentina y habló más modestamente del *"Gobierno de las Fuerzas Armadas"* (De Privitellio; Romero, 2000, p. 349). Su primer gesto fue restablecer la actividad partidaria y anunciar elecciones generales, a breve plazo, sin proscripciones. La Revolución Argentina había sido abandonada. Las nuevas autoridades decidieron, pues, subordinar el llamado a elecciones a un Gran Acuerdo Nacional de todos los grupos políticos, al amparo del Ejército. Lanusse debió enfrentar varios problemas simultáneamente: la oposición de parte de las Fuerzas Armadas, la agitación popular, el accionar de los grupos guerrilleros y, sobre todo, la complicada negociación con el ex presidente Perón, quien en noviembre de 1971 había decidido reemplazar a su delegado personal, Jorge D. Paladino – uno de los artífices del GAN – por Héctor J. Cámpora. Lanusse, por su parte, anunció que no sería candidato ni él ni ningún otro miembro de su Gobierno en funciones después del 25 julio de 1972; no habría proscripciones; y Perón u otro ciudadano en su situación, para ser candidato debían residir en el país desde esa fecha (De Privitellio; Romero, 2000).

En su diagnóstico, Lanusse afirmaba que no se podían *"ignorar los antagonismos"* que dividían a los argentinos, *"ni seguir eludiendo la responsabilidad histórica de terminar con ellos"*. Manifestaba que mediante la convocatoria a *"un gran acuerdo nacional"*, *"las Fuerzas Armadas"* estaban *"decididas a terminar, definitivamente, con las luchas estériles que durante largos años"* habían *"dividido a la familia argentina"*. El GAN no era, según Lanusse, un *"contubernio"*, un pacto entre sectores opositores que unían fuerzas para derrotar a un tercero en una contienda electoral, y aseguraba que no se halagaría *"demagógicamente"* a la clase trabajadora con fines políticos, ni se volvería al *"fraude electoral"*. El carácter pacificador del GAN implicaba *"compromiso de partes pero realizado a la vista del pueblo y no a sus espaldas"*. Para este presidente, el GAN tenía como objeto *"perdonar agravios, desterrar revanchismos y reconocer como único bien el de la patria"*, junto con una *"anulación definitiva de todo intento de fraude, mentira y engaño"*. El GAN exigía *"juego limpio"* y una *"apertura amplia sin limitaciones ni exclusiones"*. Se debía poner fin al odio entre compatriotas, a las *"proscripciones"* y al *"revanchismo"* con el objetivo de lograr la integración nacional. Lanusse aseguraba que este Gobierno se ganaría la confianza del pueblo *"con hechos concretos"*, una legitimación por ejercicio.[139]

El propósito principal del GAN fue la 'unidad nacional'; pretendió poner fin a las divisiones políticas e ideológicas que existían en el país. Las Fuerzas Armadas entendieron que para que este acuerdo se llevara a cabo con éxito se debían incluir a los partidos políticos y realizarse de modo tal que los distintos sectores de la ciudadanía estuvieran fielmente representados. Conjuntamente, se solicitaba deponer intereses sectoriales en bien del país, mientras el Gobierno, por su parte, se comprometía a asegurar que en las próximas elecciones no habría fraude electoral ni proscripciones políticas. En definitiva, el GAN tenía como objetivo alcanzar la normalización institucional tantas veces postergada.

Lanusse señalaba que su misión como presidente era *"restituir el poder a su legítimo depositario"*, el pueblo argentino. Se debían recuperar las instituciones republicanas para otorgarle a la ciudadanía *"mecanismos"* que asegurasen, *"no sólo la formalidad democrática, sino también el ejercicio pleno y cabal de un sistema verdaderamente representativo"*, para lo cual era *"imprescindible terminar con las proscripciones, las exclusiones, las trampas [...] o las candidaturas digitadas"*.[140]

El presidente parecía querer demostrar que la Argentina había comenzado a recorrer el camino de la tolerancia, expresando que gracias al Gobierno de la Revolución Argentina y al GAN, en particular, *"el país vio sentarse a la misma mesa a hombres de encontradas tendencias políticas y fue testigo del diálogo personal y franco entre el Gobierno y las más distintas corrientes de opinión"*. A su vez, sostenía que gracias a su gestión, *"el pueblo"* había comenzado *"a participar abandonando su papel de obligado espectador"*. No obstante, el manifiesto deseo de excluir a los 'enemigos internos' y los condicionamientos que el Gobierno le impondría al peronismo para su participación en las próximas elecciones presidenciales demostraron que, a pesar de lo expresado por Lanusse, la Argentina estaba todavía lejos de una normalización institucional sin exclusiones políticas.

De acuerdo a Lanusse, la subversión iba en contra de la modalidad de acción del GAN. El presidente manifestaba que este acuerdo se basaba en el diálogo político, mientras que la acción guerrillera apelaba a la *"violencia"* y la *"muerte"*. Para este gobernante, los grupos subversivos estaban *"empeñados"* en una *"campaña disociadora"* que el Gobierno debía *"reprimir y castigar con todo el peso de la ley"*. Lanusse pretendía unir al país para que se enfrentase conjuntamente contra el 'enemigo interno', asegurando que la guerrilla tendría *"la condena unánime de un pueblo"* que condenaba *"el crimen como expresión política"*.[141]

Por otro lado, las prácticas políticas de Lanusse hicieron que distintos grupos militares, tradicionalmente antiperonistas y representantes de la vieja oligarquía conservadora, se revelaran, provocando reacciones insurgentes. Ante este hecho, Lanusse expresaba que *"un grupo minúsculo de oficiales del Ejército, imbuido de una ideología crudamente reaccionaria"*, había *"pretendido erigirse en árbitro del futuro argentino en un intento absurdo, oscurantista y retrógrado, destinado a torcer el rumbo de la historia y contrario a la tradición"* de las *"armas"* del Estado Argentino. Agregaba que los insurrectos coincidían *"por vertientes distintas con los especuladores del caos y la subversión"*, ya que no sentían *"la democracia"* y no querían *"al pueblo"*. A su vez, aseguraba que los militares sublevados le temían *"a las grandes mayorías"*, por ser aquellos *"la expresión genuina de las minorías del privilegio y el resentimiento"* o, en otras palabras, por responder a los intereses de la oligarquía. Mostrando su intención de excluir políticamente a los 'enemigos internos', Lanusse sentenciaba que los insurrectos eran *"concientes que, culminado el proceso de verdadera democratización de la república, ni ellos – ni sus instigadores, ni sus cómplices –"* tendrían *"cabida en la marcha solidaria"* de los argentinos.[142]

Con estas palabras, Lanusse identificaba a sus 'enemigos' dentro de las Fuerzas Armadas. La insurrección militar, al igual que la subversión guerrillera, era considerada anti-argentina por no ser partidarias de la *"democracia"* y *"despreciar al pueblo"*. Lanusse acusaba a estos militares de hacerse pasar por patriotas, mientras que en realidad traicionaban al *"sentimiento argentino"*. Los 'enemigos internos', tanto la guerrilla como los militares sublevados, habían sido excluidos de la vida política nacional por no adherir al proceso de *"democratización de la república"*, que las Fuerzas Armadas sostenían estar llevando a cabo. Lanusse proyectaba el surgimiento de un Nosotros compuesto por la totalidad de la ciudadanía con la excepción de los 'enemigos internos': la subversión guerrillera y los militares insurgentes.

En contraposición a la actitud dialoguista impulsada por el Gobierno, el presidente diagnosticaba que existían 'enemigos internos' que *"por su propia voluntad"* se habían *"marginado del proceso"*. Estos grupos, de acuerdo a Lanusse, pretendían *"hacer de la violencia – cualquiera sea su signo – el medio para imponer sus ideas y [...] volver a provocar la lucha entre hermanos"*. Para este gobernante, estos grupos eran *"la expresión minoritaria de la negación a la paz, la libertad y la democracia"*, argumentando *"que nada"* tenían *"que ver con el sentimiento argentino"* porque representaban *"concepciones foráneas"* o preferían *"aferrarse a un pasado"* que ya *"no"* tenía *"lugar"* en el país. Lanusse expresaba que su misión era concretar *"la unión de los argentinos, levantando las banderas más sagradas de la nacionalidad"*.[143]

En cuanto al peronismo, José Luís Romero escribió que las nuevas generaciones operaron una transformación en la situación social del país y sus juicios y opiniones acerca de la historia inmediata se reducían a esquemas o fórmulas simplificadas. Como si todo hubiera empezado en 1966, se creó una disyuntiva entre el poder militar y Perón; y al lograr que esa disyuntiva se aceptara se consiguió disipar la antinomia peronismo-antiperonismo y remplazarla por la antinomia Perón-dictadura miliar, resultando en una polarización en torno a Perón (Romero, 2005).

Con respecto a la proscripción del peronismo, Lanusse declaraba: *"El Gobierno que presido no proscribirá a Perón, como no lo hará con ningún ciudadano que esté dispuesto a respetar las reglas de juego establecidas para la participación en el proceso"*. Además afirmaba que ningún miembro de las Fuerzas Armadas que haya estado en servicio hasta el 25 de julio de 1972 podía *"aspirar a ocupar cualquier cargo electivo en el futuro Gobierno constitucional"*, mientras que se les exigía a los posibles candidatos *"estar presentes en el país antes del 25 de agosto de 1972 y residir permanentemente desde esa fecha hasta la asunción del poder por parte del nuevo Gobierno constitucional"*.[144]

Es cierto que el Gobierno no proscribió a Perón ni tampoco a su partido político. No obstante, con Perón en el exilio y consciente de la revuelta que ocasionaría su regreso, las exigencias impuestas por el Gobierno se asemejaban bastante a una proscripción de Perón, no así del partido político por él liderado.

La relación entre Lanusse y Perón fue la antinomia de esta presidencia. Lanusse se refería a Perón expresando:

"este individuo es una realidad, nos guste o no nos guste. Puede haber gente a la que le guste Juan Domingo Perón, y a esta gente la respeto. No me respetaría a mí mismo si hoy, delante de ustedes, les dijera que a mí me gusta Juan Domingo Perón. Repito que nadie puede dudar que Perón es una realidad que juega un papel singular, que lo viene jugando desde hace mucho tiempo en el país y también en el proceso actual. Su permanente acción pendular entiendo que ha llevado al país a muchos años de postergaciones y le ha creado dificultades para encontrar las soluciones necesarias y adecuadas. A Perón se lo pretendió combatir en el terreno en el que sin ninguna duda, considero que es más fuerte, la trampa, el engaño, la intriga, los procedimientos oscuros, o algunas actuando como el avestruz: pretendiendo ignorarlo, como si con ello se superara la realidad que es también, guste o no, satisfaga o no, Juan Domingo Perón" (Lanusse, 27/7/72, pp. 354-355).

La proximidad de las elecciones hacía que el Gobierno tuviera que enfrentar la situación con respeto a Perón. Lanusse responsabilizaba a Perón por los enfrentamientos políticos de la Argentina, originados en gran parte por su juego maquiavélico con los extremismos de izquierda y de derecha. Lanusse acusaba a Perón de haberle causado graves daños al país, sobre todo le atribuía haber ocasionado un enfrentamiento entre compatriotas. Sostenía que a Perón se lo estaba combatiendo erróneamente, no sólo al ignorar que la situación de Perón era un problema irresoluto en la política argentina, sino que se habían utilizado métodos como *"la trampa, el engaño, la intriga, o los procedimientos oscuros"*, que probablemente Perón dominaba mejor que cualquier otro político argentino, algo que no hablaba precisamente bien del ex presidente.

Para Lanusse, su Gobierno debía enfrentar al *"mito"* de Perón con *"realidad y de frente"*. Planteaba que no se habían creado *"argucias rebuscadas para marginarlo sino que, por el contrario"*, se lo había intentado *"poner en el tiempo y en el espacio, dándole iguales posibilidades que a todos los argentinos"*. El primer mandatario sostenía que hacía *"diecisiete años que Perón y sus seguidores"* venían *"agitando tres banderas evidentemente políticas y míticas. ¿Cuáles eran?: el cadáver de la señora María Eva Duarte de Perón; el retorno de Perón y que a Perón se lo estaba trampeando"*. (Lanusse, 27/7/72, p. 355).

Con respecto a los restos mortales de Eva Perón, Lanusse dijo que *"la Junta de Comandantes en Jefe"* había facilitado que *"oportuna y cristianamente se pudiera concretar la entrega de los restos de la señora María Eva Duarte de Perón a quien fuera su esposo"*.[145]

Con respecto al *"retorno de Perón"*, Lanusse respondía que Perón ponía excusas para no regresar a la Argentina, argumentando *"razones de seguridad y su carácter de conductor estratégico"*. Y con respecto a *"la trampa"* expresaba:

"aquí no me corren más a mí, ni voy a admitir que corran más a ningún argentino diciendo que Perón no viene porque no puede. Permitiré que digan 'porque no quiere', pero en mi fuero íntimo diré 'porque no le da el cuero para venir'. Creo que le ha tomado el gusto al papel de mito [...]. El papel de instrumentador de trenzas yo bien se lo conozco [...]. Sigue beneficiándose con la ambigüedad y no da la cara. No toma contacto personal con sus dirigidos y no se expone a tener que hablar clara y responsablemente" (Lanusse, 27/7/72, p. 356).

Lanusse declaraba que el Gobierno no marginaría a Perón de la política nacional y que éste gozaría de las mismas posibilidades que cualquier otro ciudadano. En respuesta a las *"tres banderas políticas y míticas"* del peronismo, Lanusse aclaraba que su Gobierno estaba actuando correctamente. Primero, le había entregado a Perón los restos de su difunta esposa. Segundo, expresaba que no era cierto que se le estaba impidiendo el regreso a Perón, sino que éste ponía excusas para no regresar al país. Y tercero, en cuanto a *"la trampa"*, Lanusse declaraba que Perón no regresaba no porque no pudiera, sino porque no quería o carecía de las agallas o del resto físico y psíquico para afrontar tal desafío. Concluyó diciendo que Perón había optado por convertirse en un *"mito"* y que continuaba sus manipulaciones políticas desde el exterior, en una posición ambigua, sin dar *"la cara"*, sin tomar *"contacto personal"* con los peronistas, y sin *"hablar clara y responsablemente"* ante el pueblo argentino.

Lanusse, cumpliendo con su programa electoral, llamó a elecciones para el 11 de marzo de 1973. En esta contienda electoral triunfó la fórmula peronista de Héctor J. Cámpora y Vicente Solano Lima. El 25 de mayo de 1973, Lanusse entregó la banda presidencial a Cámpora en presencia del presidente de Chile Salvador Allende y el jefe de Estado Cubano Dorticós, ambos marxistas. La derrota ante el peronismo fue una humillante situación para los militares, era el fin de la Revolución Argentina.

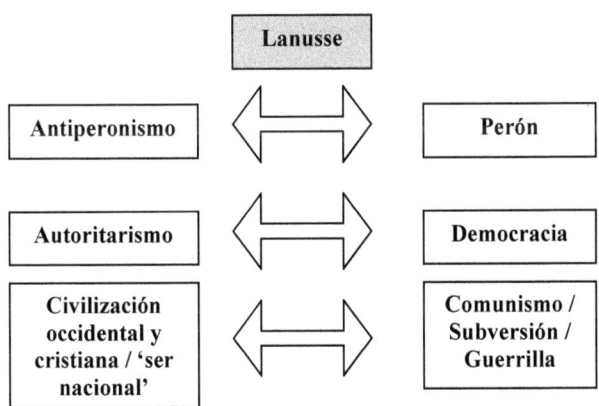

Conclusión: La característica más llamativa de la Revolución Argentina fue su naturaleza contradictoria entre lo enunciado en el discurso presidencial y la realidad política propuesta por el Gobierno de facto, haciendo que la identidad política nacional se tornara aún más difusa. Desde el comienzo de esta revolución, el Gobierno manifestaba que el golpe de Estado había tenido el objetivo de devolverle a la ciudadanía la libertad que le había sido coartada por la semi-democracia en la que habían operado los Gobiernos de Frondizi, Guido e Illia. Esta democracia limitada, como consecuencia de la proscripción del peronismo, le había servido de excusa a la Junta Militar para imponer un régimen represivo que, en vez de reestablecer libertades actuó en sentido contrario. Amparándose en su misión de alcanzar la 'unidad nacional', el Gobierno dio vía libre al autoritarismo, desmantelando los partidos políticos y excluyendo políticamente a sus 'enemigos internos'. La Argentina retrocedió en la senda hacia la democracia, finalidad que, paradójicamente, esta administración decía compartir a pesar de haber, por ejemplo, clausurado el Congreso Nacional. Si a todo esto se le suma la violencia de la lucha anti-subversiva se obtiene un escenario político que dificulta cualquier tipo de esbozo democrático.

Este Gobierno fue un ejemplo de cómo corrientes políticas contrarias como el autoritarismo y la democracia pueden llegar a confundirse a raíz de la utilización discursiva de conceptos republicanos por parte de un Estado dictatorial y totalitario. Este proceder influyó de forma directa en la fragmentación de la identidad política nacional, ya que hacía que la misma no pudiera definirse. Las consecuencias fueron aún peores en lo que respecta a la construcción de la democracia, dado que con el pretexto de lograr la 'unidad nacional' se pretendía imponer un hegemonismo ideológico basado en la creación de una entelequia como el 'ser argentino', el cual implicaba el marginamiento político de todo aquel que pensara distinto.

La Revolución Argentina atinó a resolver los enfrentamientos ideológicos que este mismo Gobierno, mediante su discurso, había fomentado. La Hora del Pueblo y el Gran Acuerdo Nacional fueron intentos por contrarrestar una división política cada vez más acentuada. No obstante, el GAN incurriría en la exclusión política dado que las exigencias impuestas por el Gobierno para acceder a un cargo electivo limitaban la participación del peronismo, ya que el líder del movimiento no reunía las condiciones necesarias para ser candidato. Esta estrategia premeditada denotaba que en la Argentina todavía se consideraba al adversario político como un 'enemigo interno' que debía ser políticamente marginado.

El discurso de Onganía identificaba como 'enemigos internos' a *"los extremismos"* y a la *"tercera posición"*, o sea el peronismo. Asimismo, se resolvió *"disolver los partidos políticos"* por considerar que habían contribuido a la *"ruptura de la unidad espiritual del pueblo [...] y la pérdida del sentir nacional"*, mientras que al comunismo se lo acusaba de estar desarrollando una *"peligrosa infiltración ideológica"* que estaba *"carcomiendo las raíces profundas del ser nacional"*. El Gobierno planteaba la necesidad de llegar a la *"neutralización del comunismo y su erradicación"* por considerar que el *"totalitarismo colectivista"* estaba desarrollando *"una sutil y agresiva penetración marxista en todos los campos de la vida nacional"*, lo cual era visto por Onganía como un acto antinacional. Por otro lado, la identidad política de Nosotros estaba representada por la *"moral cristiana"* y *"los principios culturales, éticos y políticos de la civilización occidental"*.

Durante la administración de Levingston, la figura del 'enemigo interno' estuvo acaparada por el *"terrorismo criminal"* y la *"subversión disolvente"*, es decir la guerrilla que, según este presidente, defendía *"intereses antinacionales"* además de utilizar el *"crimen, la destrucción y la subversión"* con el fin de fomentar *"la división y el caos como única forma de impedir el reencuentro nacional"*. De acuerdo a Levingston, la misión de su Gobierno era la defensa del *"ser nacional, en su tradición y en su estilo de vida"*. Se trataba de la defensa de una entelequia que, por su difusa definición, estaría establecida por los lineamientos de un Gobierno autoritario que impondría su propia concepción del *"ser nacional"*, de la *"tradición"* y del *"estilo de vida"* argentinos.

Lanusse, por su parte, se enfrentaba a la guerrilla por entender que este 'enemigo interno' utilizaba el *"crimen como expresión política"*. Para este gobernante, la guerrilla, al igual que los sectores insurgentes de las Fuerzas Armadas eran *"la expresión minoritaria de la negación a la paz, la libertad y la democracia"*, argumentando *"que nada"* tenían *"que ver con el sentimiento argentino"* porque representaban *"concepciones foráneas"*. Lanusse expresaba que su misión consistía en concretar *"la unión de los argentinos, levantando las banderas más sagradas de la nacionalidad"*. Por lo tanto, la subversión guerrillera y los militares insurgentes, eran apartados del Nosotros propuesto por Lanusse. Mientras tanto, y a pesar del enfrentamiento personal entre este gobernante y Perón, el peronismo no era excluido de la escena política nacional. De hecho triunfó en las elecciones presidenciales. Sin embargo, Perón, específicamente, era un 'enemigo' a quien se le atribuía, entre otras cosas, actuar a través de *"la trampa, el engaño, la intriga, o los procedimientos oscuros"*. La exclusión que pesaba sobre Perón puede ponderarse como un embate contra la libertad del electorado.

Capítulo IV – LA NACIÓN VS. SUS ENEMIGOS INTERNOS Y EXTERNOS (1976-1983)

Este capítulo, dedicado al análisis discursivo del Proceso de Reorganización Nacional, estudiará cómo los mensajes de Jorge Rafael Videla y Roberto Eduardo Viola mostraban un deseo por lograr un hegemonismo ideológico en el país a través de la eliminación de la subversión. Como ya se ha mencionado anteriormente, la lucha antisubversiva cedió su lugar en el discurso presidencial a un conflicto bélico entre la Argentina y Gran Bretaña, dando origen a la creación de un 'enemigo externo' por parte de la Junta Militar. Mientras que el discurso del último presidente militar, Reynaldo Bignone, mostró un cambio positivo para la reimplantación del régimen democrático: no estaba presente el afán de lograr una hegemonía ideológica en el país, y la disidencia política comenzaba a ser aceptada.

Luego del derrocamiento de Isabel Perón, las Fuerzas Armadas dieron inicio al Proceso de Reorganización Nacional. El mismo no fue una facción organizada de orientación nacionalista católica ni un régimen corporativo de eliminación de partidos sino que se trató de un proyecto para retornar, en el largo plazo, a una organización de instituciones liberales. Fue un régimen predominantemente militar en cuanto a sus funcionarios, ministros y gobernadores, excepto en el sector económico.

El Proceso comenzó con un golpe de Estado y claudicó luego de la derrota en la guerra de las Malvinas, atinando apenas a convocar a unas elecciones libres y abiertas que dieron el triunfo a la UCR y la presidencia a Raúl Alfonsín, a fines de 1983. El Proceso no fue, en rigor, un 'régimen' – que supone sucesión sin crisis, sin referencia a los atributos y valores que evoca –, sino una sucesión turbulenta de Gobiernos militares. Durante la dictadura, la sociedad vivió en dos niveles. En la superficie institucional, un derrotero signado por alternativas variadas en la gestión del poder político, de la economía y de la cultura, dependiente de una concepción absolutizada de la seguridad nacional. La realidad oculta la constituía una represión antisubversiva de intensidad inédita, con prácticas a menudo aberrantes, respuestas a provocaciones violentas contestatarias y multiplicación de grupos paramilitares que parecían escapar al monopolio de la fuerza por el Estado.

El Acta de la Junta Militar sostenía que las Fuerzas Armadas se habían hecho cargo del Gobierno nacional debido a la inoperancia de la administración de Isabel Perón, la cual había llevado a un *"vacío de poder"* y a una posible *"disolución"* nacional y situación de *"anarquía"*. Este documento denunciaba la falta de una *"estrategia global"* que pudiera enfrentar a la *"subversión"* y *"la carencia de soluciones para problemas básicos de la Nación"*, que había derivado en un *"incremento permanente de todos los extremismos"*.[146]

El teniente general Videla fue designado comandante en jefe del Ejército en julio de 1975, y desde entonces fue responsable de la lucha contra la subversión. En meses arreció la violencia. Los atentados y asesinatos eran cotidianos. Por otro lado, los dirigentes políticos fracasaron en su intento por encontrar una salida a los conflictos entre empresarios y trabajadores, y entre las distintas facciones justicialistas. Mientras tanto, los militares y grandes empresarios trazaban planes para la nueva etapa que se avecinaba. El 24 de marzo de 1976 la Junta de comandantes de las Fuerzas Armadas depuso al Gobierno constitucional y tres días después designó a Videla como presidente de la Nación, sin que éste dejara su cargo de comandante del Ejército. El poder era formalmente compartido por las tres fuerzas, que se repartieron los distintos cargos del Estado. El golpe fue recibido con alivio por la ciudadanía, y en lo inmediato tuvo una amplia aceptación, en algunos casos tolerante y en muchos otros complaciente por parte de los partidos políticos, las organizaciones empresariales, la Iglesia, entre otros actores políticos (De Privitellio; Romero, 2000).

Según Novaro y Palermo, tanto en términos estratégicos como ideológicos existía una evidente continuidad entre la Triple A y el plan antisubversivo de la Junta, el cual consistía en involucrar al conjunto del sistema de defensa y seguridad estatal, de modo orgánico, en la formación de un ejército secreto para llevar a cabo un plan de operaciones que sistematizaba y perfeccionaba lo que los grupos paramilitares habían venido haciendo. Dicho plan, llevado a cabo eficazmente desde fines de 1975 en todo el territorio nacional, se había inspirado en una doctrina contrainsurgente, convertida en el núcleo esencial del imaginario castrense, y que identificaba un enemigo moral que debía ser combatido a sangre y fuego. La percepción que las Fuerzas Armadas tenían de la 'amenaza comunista' en el período previo al golpe fue sólo una parte de la explicación, y no la más significativa, de cómo esta doctrina de claros rasgos totalitarios y la fuerza de voluntad inspirada en ella adquirieron la consistencia y radicalidad necesarias para instaurar el terrorismo de Estado. "El haber sido blanco directo o indirecto de ataques guerrilleros fue apenas la confirmación, consciente o inconscientemente magnificada e instrumentada, requerida por un diagnóstico, un ideario y un proyecto que, más que a una reacción exaltada y circunstancial, respondían a una profunda convicción que había ido gestándose desde largo tiempo antes". Desde mediados de los años cincuenta se había iniciado un largo ciclo de inestabilidad política en el país, del que se haría responsable tanto al peronismo, crecientemente radicalizado, como a la izquierda revolucionaria. A partir de entonces, se fue constituyendo la doctrina de la seguridad nacional, la cual identificaba un multifacético enemigo político, ideológico y social, que actuaba en distintas áreas y con varios modos organizativos y métodos: la subversión (Novaro; Palermo, 2003, p. 83).

La lucha antisubversiva pretendida por las Fuerzas Armadas exigía adoptar técnicas acordes con la naturaleza del enemigo, lo cual implicaba responder a la subversión en lo que se entendía era "su mismo terreno y sus mismas armas": desconocimiento de toda convención y toda legalidad, acciones encubiertas de terrorismo, secuestros y asesinatos, práctica sistemática de la tortura y extensión del "teatro de operaciones" más allá del combate a los grupos armados y los límites territoriales del país. Las instituciones armadas entendían que esas eran las armas legítimas y adecuadas para la lucha emprendida (Novaro; Palermo, 2003, p. 84).

Novaro y Palermo narran que la ideología marxista y el izquierdismo eran datos relevantes en la identificación de la 'condición subversiva'. Por lo tanto, para combatir eficientemente a la subversión se la debía atacar, sobre todo, en su causa primera, el 'virus ideológico' diseminado por los marxistas, los comunistas o criptocomunistas, los izquierdistas o, en definitiva, cualquiera que adhiriera a cierta ideología combativa o revolucionaria. Sin embargo, el Gobierno de facto consideraba necesario perseguir a los freudianos, los ateos y, en una medida considerable, también a los peronistas, los liberales y los judíos,[147] por considerar que representaban una amenaza para el orden, debido a que, según la Junta Militar, difundían ideas contrarias para la preservación de éste. La persecución también alcanzaba a aquellos que, con su prédica agnóstica, igualitaria o populista, pudieran desestabilizar el orden nacional. Aunque esas filiaciones eran datos suficientes, no eran totalmente necesarias para identificar al enemigo, el cual podía estar oculto y no tener consciencia de su rol en este enfrentamiento ideológico armado. Era suficiente con que un individuo actuara a favor de un cambio social y en contra del orden. "En este sentido, los activistas no violentos, ajenos a las organizaciones clandestinas, que desarrollaban actividades políticas, sindicales, religiosas e intelectuales, legales y legítimas en cualquier sistema de derecho, resultaban a los militares especialmente intolerables, porque solían ser los más eficaces trasmisores del virus subversivo en la sociedad. Subversivo, en suma, equivalía a ser enemigo de la Patria, de esa Patria uniforme, integrada e inmutable tal como la entendían los militares" (Novaro; Palermo, 2003, p. 89).

1. La eliminación de la subversión

De acuerdo a Quiroga, la estrategia discursiva de las Fuerzas Armadas estaba destinada, primeramente, a legitimar su intervención en el escenario político. El consenso con el golpe pretendía ser organizado alrededor de la constatación de las crisis sucesivas por las que atravesaba la Argentina, en particular aquella generada por la mala conducción de Isabel Perón. Los golpistas buscaban legitimar su intervención mediante la teoría del *"vacío de poder"*, el argumento del *"caos económico y social"* y el peligro de la *"subversión terrorista"*, que conducían, según ellos, a la *"disolución de la Nación"* y la *"anarquía"*, como fuera enunciado en la primera proclama de la Junta de comandantes (Quiroga, 2004).

El balance político de la proclama se estructuraba en la "opción caos-orden" (Lechner, 1983), en donde las Fuerzas Armadas aparecían en la vida pública como *"salvadores de la Nación"* ante su evidente disgregación. Por eso, *"en cumplimiento de una obligación irrenunciable"*, habían *"asumido la conducción del Estado"*. Esta *"obligación"* surgía *"de serenas meditaciones sobre las consecuencias irreparables que podría tener sobre el destino de la Nación una actitud distinta a la adoptada"*. En este contexto de crisis, los militares intervenían dado que se sentían la *"reserva moral de la Nación"*.[148]

El diagnóstico de Videla describía una situación de intensa convulsión política y social a raíz de la ineficacia de un Gobierno que se había caracterizado, según él, por *"el desgobierno, la corrupción y la complacencia"*. De acuerdo a las palabras del presidente, las Fuerzas Armadas habían optado por el golpe de Estado como *"única alternativa posible"* para salvar a un país que se encontraba *"al borde de la disgregación"*. Esgrimía que el *"vacío de poder"* existente en el Gobierno derrocado imposibilitaba el *"ejercicio de la autoridad, condición esencial para el desenvolvimiento del Estado"*. Este presidente expresaba que el derrocamiento del Gobierno constitucional había estado fundamentado *"en la misión y la esencia misma de las Instituciones Armadas"*, las cuales habían actuado con *"mesura, responsabilidad, firmeza y equilibrio"*, ganándose, así, *"el reconocimiento del Pueblo Argentino"*. Videla sentenciaba que debido a la gran cantidad de *"promesas incumplidas"* y *"fracasos de planes y proyectos"*, se había producido una *"honda frustración nacional"*, haciendo que los argentinos dejasen de *"creer en la palabra de sus gobernantes"*. El nuevo Gobierno consideraba que el golpe de Estado no debía ser interpretado como *"la caída de un Gobierno"*, sino como *"el cierre definitivo de un ciclo histórico, y la apertura de uno nuevo cuya [...] tarea"* sería *"reorganizar la Nación"*.[149]

En el discurso de Videla se evidenciaba el deseo de terminar con el enfrentamiento ideológico dentro del país, causante de la desunión nacional. La crítica por la falta de *"autoridad"* que le hacía al Gobierno depuesto, implícitamente transmitía que la nueva administración se caracterizaría por un exceso de autoridad, o mejor dicho, autoritarismo. La decisión unilateral tomada por las Fuerzas Armadas fue una muestra de esto, mientras que al adjudicarse el apoyo del *"Pueblo Argentino"*, el discurso presidencial denotaba que quien no estuviera de acuerdo con los golpistas sería considerado como anti-argentino. La reorganización nacional se basaría en una pretendida homogeneización ideológica y, consecuentemente, en la erradicación de los opositores.

Además de acusar al Gobierno derrocado de ineficiente, corrupto y demagogo, el teniente general Videla sostenía que la violencia ejercida tanto por la *"subversión"* como por el Estado mismo había producido *"una atmósfera de inseguridad y de temor agobiante"*. La inoperancia de *"las instituciones"* había conducido *"a una total parálisis del Estado, frente a un vacío de poder incapaz de dinamizarlo"*. Finalizaba su diagnóstico afirmando que la Argentina vivía una *"crisis de identidad"* que se manifestaba *"en un permanente cuestionamiento de los valores tradicionales"* de la *"cultura"* argentina, asumiendo *"en muchos casos, las concepciones nihilistas de la subversión nacional"*.[150]

La dictadura pretendía resolver la *"crisis de identidad"* imponiendo aquellos valores que consideraba como propios de la argentinidad, descartando toda posibilidad de pluralismo ideológico. Habría un especial ensañamiento con quienes eran considerados parte de la *"subversión nacional"*, a quienes se responsabilizaba de que el país haya caído en una supuesta negación de todo principio político, religioso o social. Según el Acta del Proceso de Reorganización Nacional, las Fuerzas Armadas habían asumido el Gobierno con la misión de *"restituir* [...] *valores"* como la *"moralidad"*, la *"idoneidad"* y la *"eficiencia"*. Estos *"valores"* respondían únicamente a la concepción que las Fuerzas Armadas tenían de ellos. Los golpistas consideraban que imponer al resto de la sociedad su propia concepción de estos valores era *"imprescindible para reconstruir el contenido y la imagen de la Nación"* tanto como para *"erradicar la subversión"*, como quien erradica un vicio o una enfermedad. De acuerdo a la Junta Militar, una vez concretada la misión gubernamental se procedería a la *"instauración de una democracia republicana, representativa y federal"*,[151] dejando en claro que este proceso terminaría cuando la cúpula militar lo decidiera, demostrando una desatención a la voluntad popular.

Para hacerle frente a la *"crisis de identidad"*, la misión que el Gobierno proponía era *"recuperar la esencia del ser nacional"*. De este propósito se pueden inferir las siguientes preguntas: ¿alguna vez existió el 'ser nacional'?; ¿qué es el 'ser nacional' y cuál es su esencia?;[152] lo cual permite concluir que el Gobierno impondría su propia concepción del *"ser nacional"*, sin dar lugar a otro tipo de interpretaciones. Un ejemplo de ello fue la *"suspensión de las actividades de los partidos políticos"*. Para que se les permitiese retomar sus actividades debían estar de acuerdo con la *"auténtica expresión nacional"*,[153] que en ese entonces era lo que el Gobierno considerara como auténtico.

El discurso del Gobierno militar construía un 'destinatario positivo' y un 'destinatario negativo', en donde el enunciador político entraba en relación con ambos (Verón, 1987). El destinatario positivo, el *"pueblo de la Nación Argentina"*, era convocado a la tarea histórica de la reorganización nacional, pues se presuponía que compartía los mismos valores y participaba de los mismos propósitos que el enunciador. El destinatario negativo, constituido por el *"delincuente subversivo"* estaba excluido de ese colectivo de identificación, por lo que se oponía a lo verdadero, perteneciendo en consecuencia al campo de lo falso y lo malo (Quiroga, 2004).

Videla planteaba como solución que el restablecimiento de la *"autoridad"* permitiría atender *"al ordenamiento del Estado, cuya acción"* estaría fundada *"en el imperio de la ley, y el sometimiento a ella de gobernantes y gobernados"*. No obstante, contrariamente a lo expresado por este presidente, la lucha contra la subversión se daba fuera de los marcos legales. Con el objeto de neutralizar a sus opositores políticos, *"el Estado"* monopolizaría *"el uso de la fuerza y, consecuentemente, sólo sus instituciones"* cumplirían *"las funciones vinculadas a la seguridad interna"*. El Gobierno utilizaría *"esa fuerza cuantas veces"* hiciera *"falta para asegurar la plena vigencia de la paz social"*.[154] El autoritarismo del Gobierno militar venía acompañado por un discurso de carácter represivo y violento, que se trasladaba al campo de la acción en forma de terrorismo de Estado. De este modo se combatiría al 'enemigo interno', *"la delincuencia subversiva en cualquiera de sus manifestaciones, hasta su total aniquilamiento"*.[155]

Quedaba a criterio del Gobierno quién era subversivo y quién no. La expresión *"cualquiera de sus manifestaciones"* abría un amplio espectro de posibilidades para que cualquier ciudadano fuera considerado como parte de la *"delincuencia subversiva"*. Asimismo, a cualquier ciudadano que desarrollase actividades que desagradaran al Gobierno militar se le atribuía estar ejerciendo un apoyo ideológico de la subversión. La palabra *"aniquilamiento"* no era utilizada como una metáfora, el Gobierno se proponía aniquilar físicamente a quienes estuvieran dentro de su amplia y difusa clasificación.

Videla diagnosticaba que cuando le había tocado asumir la presidencia, *"la Argentina"* se encontraba *"en peligro de desintegración"* a raíz de la falta de homogeneidad política, producida tras *"largas décadas de enfrentamientos y animosidades* [...], *en parte, producto de las fuerzas"* del *"propio y peculiar proceso histórico"* argentino *"y su ubicación en el contexto mundial; y por otra, de graves defectos"* del *"pensamiento"* y la *"conducta política"* de los argentinos. Según él, esto había generado un *"estado de extrema vulnerabilidad de la Nación toda".* Inculpando a la *"subversión",* aseguraba que aquel *"estado"* había sido *"minuciosamente aprovechado para descargar todo el peso de una agresión metódicamente planeada e implacablemente ejecutada, que costó mucha sangre y mucho dolor".* El presidente finalizaba su diagnóstico afirmando que *"la crisis que eclosionó en la Argentina en la década del 70 era, ante todo, una crisis de concepciones, de concepciones de la democracia, la República y el Estado [...]".*[156]

El Gobierno pretendía hacerle frente a la desintegración nacional a través de otro tipo de desintegración, la de la disidencia política. Para ello, se debía poner fin a los enfrentamientos ideológicos, eliminando a todo aquel que fuera parte de ese grupo de argentinos que el Gobierno consideraba que tenían *"graves defectos"* en su *"pensamiento"* y su *"conducta política".* La lucha anti-subversiva fue el camino a través del cual el Gobierno pretendía resolver la *"crisis de concepciones"* que, según la dictadura, imposibilitaba la homogeneización ideológica del la Nación.

El presidente agregaba a su diagnóstico que en el comienzo del Proceso de Reorganización Nacional, la Argentina era *"un país que se debatía en el caos [...], la anarquía [...], el estancamiento [...], y la violencia",* y que gracias al Gobierno militar, la Argentina se había convertido en *"un país [...] en orden [...], con autoridad [...], en creciente progreso"* y *"en paz".* Manifestaba que el Gobierno se había embarcado en *"dos tareas [...] que [...] debían desarrollarse simultáneamente"* y que estaban *"profundamente interrelacionadas: [...] pacificar la Nación y [...] reorganizar a la República y la democracia sobre la histórica base de la unidad nacional, abierta y activa, en torno de sus valores permanentes".*[157]

Aquel país que Videla decía haber constituido nunca existió. Durante los años del Proceso, la violencia había ido en ascenso y su principal promotor fue el propio Estado Argentino. La pacificación nacional estaba lejos de ser alcanzada, no sólo por las violaciones a los derechos humanos sino también porque, en 1982, el Gobierno tomaría la decisión de invadir las islas Malvinas, involucrando a la Argentina en una guerra contra una potencia armamentística mundial como Gran Bretaña.

El presidente hacía una clara diferenciación entre Nosotros y los adversarios del Gobierno nacional, manifestando *"que sólo quedaban al margen de la gran tarea a desarrollar por todos los argentinos, los corruptos, los subversivos y los que resolvieron por sí mismos su propio extrañamiento".* Videla se refería al 'enemigo interno' expresando que *"la agresión subversiva, desarrollada a nivel ideológico en todos los ámbitos y respaldada por la apelación permanente al crimen y el terror, trató [...] de imponer su pretendida revolución, presentándola como única alternativa para una Argentina con su política inválida, su sociedad convulsionada y su economía desquiciada".* Continuaba aseverando que los grupos subversivos estaban empeñados en *"destruir todo aquello que pudiera oponerles resistencia [...], sin ofrecer, jamás, otra condición para cesar en su violencia que el sometimiento de toda la Nación a su poder absoluto".* Concluía afirmando que *"una decidida actitud militar en la acción contra el terrorismo"* había sido *"clave de la derrota de sus organizaciones".*[158]

La *"decidida actitud militar"* de la que hablaba Videla no fue otra cosa que una sistemática persecución ideológica de la disidencia política, que en la mayoría de los casos culminaba en la desaparición de personas. El *"crimen y el terror"* de la guerrilla encontraba su contraparte en el terrorismo de Estado. La antinomia más trágica de la historia argentina.

De acuerdo a Palacio, los cinco años del Gobierno de Videla fueron una secuencia de situaciones políticas nacionales e internacionales que provocaron graves enfrentamientos dentro de la cúpula militar. El Gobierno militar enfrentaba situaciones complicadas: Videla debió asumir el fallo negativo con respecto al arbitrio por el canal de Beagle, favorable para Chile; habían comenzado las movilizaciones y los reclamos de las Madres de Plaza de Mayo y de las Comisiones por los Derechos Humanos; las crisis económicas y las controvertidas posiciones entre los diferentes ministros de economía; la devaluación del Peso; la liquidación de varios bancos; las reacciones sindicales, entre otras cosas. Estos factores promovieron a un cambio en la conducción del Gobierno (Palacio, 1999). El 3 de octubre 1980, tras complicadas negociaciones, la Junta designó al general Roberto Viola como sucesor presidencial de Videla. Finalmente, el 29 de marzo de 1981, Viola asumió la presidencia de la Nación, modificando su gabinete y proponiendo una nueva etapa para el Proceso de Reorganización Nacional (Cavarozzi, 2002).

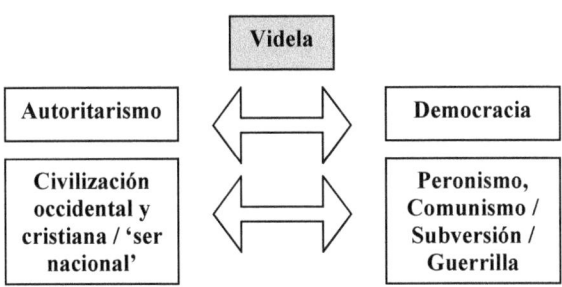

2. La búsqueda de la 'unidad nacional'

Viola asumió la presidencia con miras a un período que se extendería hasta 1984, año en el cual se produciría una apertura democrática con elecciones libres a raíz de la mejora en las relaciones entre las Fuerzas Armadas y los partidos políticos (Novaro; Palermo, 2003). Como bien escribió Di Tella, este presidente pretendía una mayor institucionalización del Proceso, y dar participación a civiles representativos de diversos sectores económicos y partidos políticos. Durante su Gobierno comenzó una apertura política a partir de la gestación de la Multipartidaria.[159] Además, se otorgaron cargos públicos a civiles pertenecientes al radicalismo y a algunos peronistas. Durante su presidencia se dio un mejor entendimiento con las dirigencias sindicales tradicionales, que volvieron a ocupar sus antiguos puestos de mando. Más allá de estos hechos positivos, el prestigio del Gobierno se vio deteriorado por la mala situación económica del país. Además, ya que Viola daba más libertades y estaba dispuesto al diálogo, el sindicalismo aprovechó para reorganizarse y lanzar movimientos de protesta. La declinación de las fuerzas reactivas del Gobierno de Viola, las exigencias de los grupos de Derechos Humanos y de las Madres de Plaza de Mayo, daban a entender que el Proceso de Reorganización Nacional se estaba debilitando, mientras que las Fuerzas Armadas transitaban por una situación de creciente conflicto interno a raíz de que un gran número de militares no estaban aún dispuestos a que finalizara la misión por la cual habían asumido la conducción del país (Di Tella, 1993).

Al asumir la presidencia de la Nación, el teniente general Viola diagnosticaba que *"Una década atrás, la agresión del terrorismo marxista parecía concentrarse"* en América Latina. De acuerdo a Viola, la Argentina había vivido tiempos en los que *"la violencia y la muerte cotidianas, unidas a un desorden generalizado, parecían envolver a la República y degradaban toda forma de convivencia civilizada"*. Aseveraba que *"el país todo, civiles y militares, luchó y venció en una guerra no deseada para restaurar el orden"* y *"preservar"* el *"estilo de vida"* de la Nación *"y ganar la paz [...]"*.[160]

El discurso del presidente Viola enfrentaba a la población argentina contra el *"terrorismo marxista"*, caracterizando a este fenómeno insurreccional como ajeno a la argentinidad. Que este gobernante haya definido al enfrentamiento del Gobierno con la izquierda como una *"guerra"* evidenciaba la existencia de una lucha armada, donde el Estado Nacional actuaba con el objeto de eliminar a la insurgencia subversiva.

Como solución a la violencia que vivía la Argentina a raíz de la *"lucha contra la subversión"*, el general Viola sugería que *"preservar la paz"* exigía *"toma de conciencia, responsabilidad y participación"*; se debía *"abandonar el hábito de la violencia y aprender a superar el resentimiento"*; y *"saber atemperar el dolor, tranquilizar los espíritus y trabajar para la convivencia [...]"*.[161]

La pacificación nacional que las Fuerzas Armadas se habían propuesto estaba lejos de concretarse. Por ello, Viola hacía un llamamiento a la ciudadanía para que colaborase con el Gobierno en su lucha antisubversiva, producto de un enfrentamiento ideológico que en esos años había cobrado un carácter belicoso. Partía desde el Gobierno un mensaje conciliador y pacificador, omitiendo u ocultando la responsabilidad que le cabía al Estado por el *"dolor"* y la *"violencia"* del país, que sólo atribuía al accionar terrorista de la subversión.

Luego del alejamiento de Videla de la presidencia, el Gobierno comenzó a cambiar su discurso con respecto a la actividad política. Viola expresaba que bajo su gestión se alentaría la *"participación individual y sectorial [...] en todos los niveles"* con el fin de *"avanzar firmemente hacia la plena vigencia de las instituciones de la democracia"*. Afirmaba que el Gobierno auspiciaría *"la progresiva normalización de la actividad política"*, posibilitando *"la insistentemente reclamada formación de nuevos dirigentes"*.[162] A pesar de no haber sido más que una mera promesa, es importante destacar que desde lo emitido por el discurso presidencial se vislumbraba la posibilidad de una apertura democrática, algo impensado años antes.

Con el afán de pacificar a la sociedad, el Gobierno había comenzado a entregarle más espacio al poder político civil. El presidente proponía desarrollar *"instrumentos legales"* que permitiesen *"consolidar una democracia sólida, moderna y estable"*, para lo que se requeriría la *"opinión a los hombres políticos, cuya valiosa experiencia"* contribuiría *"al fin propuesto"*.[163] Esto mostraba un cambio en el discurso presidencial debido a que la Junta Militar dejaba de lado su omnipresencia en la actividad política para darle mayor participación a los civiles. Esta nueva concepción de los Otros se reflejaba en el discurso de Viola al describir a los *"partidos políticos"* como *"organizaciones imprescindibles para el pleno funcionamiento de la democracia"*, además de considerarlos *"instrumentos válidos para canalizar las inquietudes ciudadanas"*. Este gobernante expresaba que la *"propia naturaleza"* de los *"partidos políticos"* les imponía *"la necesidad de ser auténticamente representativos como condición necesaria de su eficacia, y escuela de formación cívica como garantía de estabilidad y renovación permanente del sistema [...]"*. Además, reconocía a *"las organizaciones representativas de los trabajadores"* por su aporte en el *"mantenimiento de la paz social"* y les manifestaba que el Gobierno creía necesaria *"su participación en el logro de un orden social justo"*. Admitía *"la participación en el proceso de las organizaciones del empresariado"* y aseguraba que el Gobierno aspiraba a que esa participación se intensificase *"en el futuro, ya que ese renovado esfuerzo"* sería *"un elemento decisivo para el éxito de esta etapa"*.[164]

De esta manera, el Gobierno comenzaba a integrar a sectores que anteriormente habían sido excluidos de la vida política argentina. Se gestaba el surgimiento de un nuevo Nosotros, ahora también conformado por quienes hasta entonces habían sido considerados como un Otro político. Más allá de esta tenue apertura ideológica, el teniente general Viola mantenía las convicciones del Proceso de Reorganización Nacional acerca de la exclusión del 'enemigo interno', expresando que el Gobierno procuraría *"la participación de todos los sectores e individuos auténticamente representativos".* Esta autenticidad, por cierto, quedaba a criterio de la Junta Militar, manifestando, además, que dentro de esta concepción ideológica quedaban *"sólo excluidos corruptos y subversivos".*[165] Concluía asegurando que el Gobierno plantearía *"en los foros internacionales la agresiva defensa de los derechos y la dignidad humana",* expresando que no podía *"ser de otra manera"* ya que *"una brillante tradición"* respaldaba a la Argentina *"en la materia".*[166] El presidente presentaba a la Argentina como un país respetuoso de los derechos humanos, cuando el Gobierno del Proceso se había caracterizado por la violación de éstos, llevando a cabo secuestros, torturas y asesinatos. Fue una página dolorosa de la historia argentina, en la cual se procedió al aniquilamiento y desaparición de aproximadamente treinta mil personas. Este discurso mentiroso y engañoso producía fragmentación en la identidad política del país dado que la dictadura emitía un mensaje inverso y discorde al proceder criminal de la lucha anti-subversiva. El discurso de Viola era una antípoda de la realidad política argentina, que hacía que la Nación ignorara la ideología de su propio Gobierno.

Esta tergiversación de la realidad también se encontraba en las soluciones propuestas por el Gobierno cuando, implícitamente, Viola se refería al cercenamiento de la libertad de expresión, aseverando que el *"Gobierno"* se proponía *"atender particularmente las expresiones y necesidad de la cultura",* lo cual infería un riguroso control de la pronunciación pública de las ideas. En este sentido, se dirigía a los ciudadanos que participaban en actividades culturales, reclamando *"la actitud positiva de sus hombres para realzar los elementos contribuyentes a consolidar"* la *"Identidad Nacional […]".* Dicho en otras palabras, solamente estaba permitido aquello que el Gobierno consideraba como propio de la *"Identidad Nacional".*[167]

La *"unidad nacional"* aparecía como el factor *"fundamental"* para el retorno de la *"democracia"* a partir de *"acuerdos"* sobre *"valores comunes"* y *"principios"* que, según el presidente, hacían a la *"filosofía de vida"* del país. El objetivo máximo de este llamado a la *"unidad nacional"* era *"compatibilizar criterios"* y *"ampliar la convivencia".* Esto serviría como *"garantía de un sistema político estable y moderno […], con instituciones revitalizadas y con fuerzas políticas […] no identificadas con un sector de la sociedad"* sino con todos y cada uno de los distintos sectores y que aspirasen a *"integrarlos en su conjunto […]".* [168]

El Gobierno proponía la homogeneización ideológica como un medio para resolver los continuos enfrentamientos políticos del país. Una vez alcanzado este objetivo, conjuntamente con la finalización del sectarismo político, se daría paso a la restauración de las instituciones republicanas. Puede observarse nuevamente la ya mencionada confusión conceptual entre unidad y homogeneidad ideológica.

A principios de 1982, una sorpresiva dolencia del presidente Viola tuvo una repercusión espectacular que logró conmocionar al sistema político y al económico. Viola delegó interinamente el mando, pero cuando pretendió asumir nuevamente su cargo se produjo un golpe 'palaciego' en el interior del Estado autoritario. La Junta Militar aducía "razones de Estado", para luego tomar la decisión de ubicar al teniente general Leopoldo Fortunato Galtieri al frente del Poder Ejecutivo (Quiroga, 2004).

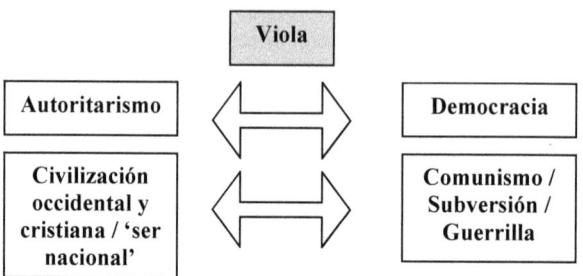

3. Argentina vs. Inglaterra

Hugo Quiroga argumenta que Galtieri proponía retornar a las "fuentes del Proceso" y pretendía recuperar la autoridad de la figura presidencial y del Gobierno militar erosionados por el desgaste de seis años de administraciones malogradas y de enfrentamientos internos. Las dudas con respecto a este presidente nacían en el campo de la sociedad civil acerca del futuro rumbo político del régimen; frente a un equipo dispuesto a llevar adelante las ortodoxas promesas procesistas largamente postergadas. "No era un Gobierno que venía a organizar la transición hacia la democracia sino que, por el contrario, parecía llegar con la esperanza de poder recomponer un proyecto autoritario resquebrajado y en crisis. Los militares sabían – y Galtieri no lo negaba – que estaban delante de la última carta del régimen militar" (Quiroga, 2004, p. 273).

El nuevo titular del Gobierno de la Nación pondría rápidamente al descubierto su jugada política de refundación del sistema de dominio autoritario, a través de la ocupación de las islas Malvinas. El 2 de abril de 1982, una fuerza militar ocupó las Malvinas casi sin resistencia. Se trataba de una vieja reivindicación nacional, ampliamente asumida, pero fue sorprendente el abandono de una acción diplomática tradicional y consecuente, y el inicio de una aventura militar de resultado incierto. La decisión de los jefes militares tenía el antecedente de una guerra que estuvo cercana a desatarse entre la Argentina y Chile en 1978, seguida de un estado de hostilidad fronteriza permanente: los jefes militares – particularmente los de la Marina – encontraron un nuevo objetivo para su decisión de encabezar una guerra, sin preparación alguna, como se supo luego. Se trataba de una suerte de escape a los crecientes reclamos de una salida política por parte de la ciudadanía y la crisis económica que generaba malestar social, a lo que se sumaba una manifestación de la CGT en la Plaza de Mayo que terminó con represión, heridos y detenidos. En ese aspecto, la invasión a Malvinas tuvo un éxito inmediato: la Plaza de Mayo se llenó de una multitud entusiasta y festiva. Previamente, Galtieri se había dirigido por radio y televisión al país. Aludía – con intención – a la unidad de las Fuerzas Armadas, por entonces muy divididas, y apelaba a la unidad del pueblo argentino. Justificaba la acción en el agotamiento del camino diplomático, pero indicó que esperaba retomar las negociaciones. Afirmaba la necesidad de establecer la soberanía territorial plena de la *"Nación Argentina"*. En esa línea, enlazaba la ocupación de Malvinas con las grandes gestas de la Independencia: los militares se proponían emular a los padres fundadores de la patria. La invocación final a Dios completaba esta exposición típica de las ideas del nacionalismo católico, dominantes por entonces en las Fuerzas Armadas (De Privitellio; Romero, 2000).

El general Galtieri, ante el desembarco argentino en las islas Malvinas, diagnosticaba que los argentinos habían *"recuperado el honor nacional"*. De acuerdo a este presidente de facto, Gran Bretaña le había exigido a un grupo de argentinos *"que abandonara las islas Georgias"*, desatendiendo acuerdos bilaterales preestablecidos. Acusaba a Gran Bretaña, el 'enemigo externo', de actuar a través de la *"fuerza"* y desconocer los *"derechos argentinos"* sobre el territorio austral. Esta fue la excusa utilizada por el Gobierno para invadir las islas del Atlántico sur (Galtieri, 2/4/1982, p. 392).

Galtieri pretendía generar un espíritu de 'unidad nacional' mediante el alineamiento de la sociedad argentina tras un objetivo de recuperación territorial. A pesar de que el presidente manifestaba que el avance sobre las islas Malvinas no había sido un *"cálculo político"*, quedaba en evidencia que se había tratado de un intento por integrar a una nación que sufría una división política severa tras años de enfrentamientos ideológicos internos. El Gobierno se había propuesto imponerle a la sociedad una meta compartida. Era una causa común que no planteaba ningún tipo de exclusión, sino que había sido pensada, como declaraba Galtieri, *"en nombre de todos y cada uno de los argentinos, sin distinción de sectores o banderías"*. El pueblo debía *"defender lo propio"*, dejando de lado los *"problemas sectoriales"* y anteponiendo el *"supremo interés nacional"*. El enfrentamiento con el Reino Unido se planteaba como una cuestión existencial, donde se dirimía *"el ser o no ser de la patria"* (Galtieri, 2/4/1982, p. 393).

En este momento de la historia argentina, los Otros, muchas veces señalados como 'enemigos internos' habían sido remplazados por un 'enemigo externo', Gran Bretaña. Según el presidente, la invasión de las islas Malvinas había sido una solución *"a la interminable sucesión de evasivas y dilaciones instrumentadas por Gran Bretaña para perpetuar su dominio sobre las islas y sus zonas de influencia"*. Galtieri acusaba al 'enemigo externo' de no haber tenido *"buena voluntad para entablar negociaciones serias"* y sostenía que los *"derechos"* que Gran Bretaña reclamaba sobre el territorio en disputa carecían de fundamentos. Según este gobernante, los *"adversarios"* de la Argentina debían deponer su actitud ya que ésta era rechazada por aquellos países que habían *"sufrido el cercenamiento de su territorio, el colonialismo o la explotación"* (Galtieri, 2/4/1982, p. 393).

Un día después de la rendición, Galtieri dirigió al país un mensaje plagado de frases hechas y promesas vacías de contenido. Fue el último intento del gobernante por recomponer su alicaída imagen política. Se nutría de un discurso aparentemente patriótico con el fin de reivindicar la desmesurada acción bélica emprendida por el Gobierno, pronunciando frases como: *"Rescataremos la República; reconstruiremos sus instituciones, restableceremos la democracia sobre bases inconmovibles de equidad y de respeto, y encenderemos como antorchas los valores más altos de nuestra argentinidad [...]. Hay honor y habrá justicia [...]. Seremos dueños totales de nuestra Nación y su destino [...]"*. Ante la derrota en la guerra, Galtieri veía como imperante la necesidad de asegurar la 'unidad nacional'. Es por ello que expresaba que el pueblo de la Nación debía *"asumir"* su *"identidad y madurez como argentinos"*. Quien no lo hiciese sería *"apartado y calificado de traidor"*.[169]

El fin de la confrontación militar impactaba directamente en la suerte institucional de la Argentina: después de la derrota de Malvinas, democracia. Según Gerardo Aboy Carlés, la conclusión no fue otra cosa que la consecuencia del desenlace del conflicto, que se descargaba como el efecto de un boomerang sobre el régimen militar. No obstante, el general Galtieri, percibiendo las modificaciones de la realidad, intentaba – en vano – encontrar la nueva senda que le permitiese remontar la adversidad de la situación. El fracaso en la guerra no daba lugar a una transición política negociada entre el régimen militar y las fuerzas políticas, principalmente por la implosión que se produjo en el poder militar. La guerra de Malvinas, una operación bélica concebida para cohesionar a las propias Fuerzas Armadas y generar consenso social para una estrategia continuista, "derivó en un escenario opuesto al buscado por los jerarcas militares. La anarquización de las Fuerzas Armadas y el repudio social al poder militar constituyeron el resultado de la rendición" (Aboy Carlés, 2004, p. 37).

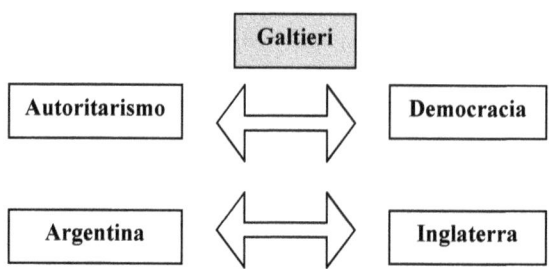

4. El discurso democrático de la dictadura

El Gobierno dictatorial anunciaba la finalización del Proceso de Reorganización Nacional. El Ejército asumió la responsabilidad de la conducción política del Gobierno nacional, designando, en julio de 1982, al general Reynaldo Bignone al frente de la presidencia. Sin aludir directamente al plazo de duración del mandato presidencial, se mencionaba que debería cumplir con un período de Gobierno de transición limitado que no podría superar los primeros meses de 1984 y que la institucionalización sería acordada con los dirigentes políticos (Quiroga, 2004).

La dictadura institucional de las Fuerzas Armadas llegaba a su fin. Rota la integridad de la Junta Militar, hecho insólito en los seis años del Proceso, se desplomaba el poder político compartido de las Fuerzas Armadas. Aboy Carlés relata que Bignone fue el encargado de 'liquidar' el régimen del Proceso y preparar las elecciones presidenciales. Debió crearse un nuevo estatuto de los partidos políticos, con pautas aceptables para la reorganización de esas asociaciones, estableciendo normas para la afiliación y las elecciones internas. En octubre de 1983, se celebraron los comicios nacionales en un ambiente de libertad y con amplio acceso a los medios de comunicación (Aboy Carlés, 2004).

La fase de transición iniciada a mediados de 1982 tenía particularidades muy singulares. Primero, la apertura política no había sido el resultado de la aún débil estrategia opositora de los partidos políticos hacia el régimen, sino el desenlace de la desventura militar en una guerra externa. Segundo, la gran mayoría de la dirigencia política y sindical del país, o sea aquellos actores supuestamente predestinados a la construcción de un horizonte post-dictatorial, había manifestado su apoyo a la invasión de las islas. Tercero, el desastre bélico había debilitado tanto al Gobierno militar que era incapaz de articular una salida negociada. Cuarto, vale destacar que para una opinión pública que había acompañado mayoritariamente la invasión de Malvinas, el resultado de la contienda le daba la oportunidad al futuro electorado de enfrentarse a una complicidad que debía ser dejada atrás. A su vez, la derrota había agudizado la oposición antidictatorial y desestructurado las inconsistentes lealtades hacia las dirigencias partidistas y sindicales, que en su mayoría habían estado al frente de dicha complicidad.[170]

Haciendo frente a la difícil situación por la que atravesaba el país, el general Bignone diagnosticaba que si la Argentina continuaba por el *"camino de los desencuentros"* se caería en la *"anarquía"*. La guerra de Malvinas no había tenido el resultado que las Fuerzas Armadas esperaban, no había aunado a la sociedad. Por el contrario, el país se encontraba en un estado de *"emergencia nacional"*.[171] Bignone expresaba que *"la misión"* que se le había *"impuesto"* era *"que para marzo de 1984 el país"* estuviera *"totalmente institucionalizado"*. El presidente se comprometía a llevar a cabo un *"inminente [...] levantamiento de la veda política [...]"*, mientras que en lo *"referido al Estado de Sitio"* decía no estar *"en condiciones"* de comprometerse con una *"modificación inmediata"* del mismo. Se debían *"hacer las adecuaciones pertinentes [...] con la veda política"*, pero con respecto al *"Estado de Sitio"*, el presidente manifestaba que era *"imprudente"* que *"prometiera otra cosa".*[172] El país comenzaba a encaminarse hacia una apertura democrática pero la violencia y la convulsión política estaban lejanas a ser superadas. Esto lo evidenciaba la permanencia del Estado de Sitio.

Bignone manifestaba que para el levantamiento de la veda política hacía *"falta estructurar alguna ley, armonizar algunas cosas"* que demandaban *"cierto tiempo"*, sin embargo, decía que se habían *"hecho en el país tantas cosas de facto que si alguna vez"* se hacía *"de facto algo a favor de los políticos nadie lo"* iba *"a criticar".*[173]

En otras palabras, el gobernante estaba señalando que a pesar de que todavía no existía un orden institucional propicio para llevar adelante una apertura electoral, el Gobierno consideraba la posibilidad de un inminente retorno a las prácticas democráticas.

Ante la inminencia de un cambio de régimen, Bignone esgrimía la principal diferencia que él encontraba entre la *"dictadura"* y la *"democracia"*, diciendo: *"La dictadura, como todo, tiene sus ventajas y desventajas. Lo que pasa es que para vivir contento en una dictadura hay que estar de acuerdo con el dictador. En cambio, en la democracia se puede vivir contento aunque no se esté de acuerdo con el que gobierna [...] ".*[174]

Esta curiosa afirmación era relevante ya que el presidente dejaba en evidencia que durante el Gobierno dictatorial no se admitía la disidencia política, además de mostrar la inminencia de un retorno a la democracia. Este gobernante aseguraba no ser partidario de la *"uniformidad de ideas"* por considerar esto como algo *"muy peligroso"* y se mostraba reacio a la utilización de expresiones como *"unidad nacional"*. Aseguraba desear un país donde la pluralidad ideológica no le impidiese a los ciudadanos convivir pacíficamente. El discurso de Bignone manifestaba que la tolerancia y el respeto por el disenso debían imperar en el país ya que estos eran *"la esencia de la democracia".*[175] A diferencia de los anteriores presidentes del Proceso, solicitaba *"ayuda"* a los partidos políticos, mostrando una actitud inédita hasta entonces en este período histórico-político.

Según Bignone, el *"objetivo fundamental"* del *"Proceso de Reorganización Nacional"* había sido *"consolidar una democracia estable"*. El discurso presidencial comenzaba a tener un tono conciliador. Las palabras de Bignone reflejaban la tolerancia y el respeto por el disenso típicos del discurso democrático, con expresiones como:

"Creo que sería irreal que pretendiéramos ponernos de acuerdo en todo [...] pero lo que sí es posible, es cierto, es real y es esencia de la democracia es que sin estar de acuerdo o teniendo algunos desacuerdos, podemos convivir, podemos hablar, podemos dialogar y estamos, entonces, en la esencia de la democracia".[176]

A diferencia del resto de los presidentes de este período histórico-político, Bignone no hablaba de la *"aniquilación"* de la *"subversión"* ni de *"recuperar la esencia del ser nacional"*, expresiones que apuntaban a la homogeneidad ideológica. A partir de la administración de Bignone, el Gobierno había suavizado su discurso, la exclusión política no se hacía tan evidente, independientemente de las convicciones personales que este presidente pudiera tener.

La *"misión clara y concreta"* de esta etapa presidencial era, según Bignone, *"institucionalizar el país"*. Planteaba este objetivo diciendo:

"Creo sinceramente, que constituye el único camino racional y pacífico para superar nuestros problemas internos y hacer frente en mejores condiciones a los externos [...]. Esta crisis en la cual estamos inmersos, que todo lo penetra y contamina, debe y puede ser superada si cada argentino pone al servicio de la Nación su esfuerzo, su inteligencia, su moderación, su fibra ética y su lealtad hacia los valores que nutren nuestra esencia".[177]

La apertura democrática fue la solución utilizada en última instancia por el Gobierno para restablecer el orden y la paz en el territorio argentino. Luego de años de represión indiscriminada y la derrota sufrida por el país en una guerra absurda, el Gobierno postulaba una solución electoralista como el *"único camino racional y pacífico"* para superar la crisis. Según las palabras de Bignone, a esta iniciativa se debía sumar el esfuerzo mancomunado de todos los argentinos, quienes debían ponerse *"al servicio de la Nación"*, en una nueva alusión a la integración nacional.

De acuerdo a lo que Tedesco argumenta en su obra, a las críticas por la pésima conducción de la guerra se sumaron las denuncias por la represión y las demandas por la vuelta a la Constitución y la democracia. La afiliación a los partidos políticos fue muy exitosa y se generalizó la voluntad de participación: hubo un aprendizaje acelerado de las prácticas y normas democráticas y una novedosa revaloración, que revirtió casi tres décadas de descalificación. Una combinación de cuatro factores había provocado el colapso del régimen autoritario. Primero, el fracaso en los esfuerzos por sobrellevar la crisis económica. Segundo, las contradicciones dentro de las Fuerzas Armadas. Tercero, estos dos factores provocaron el debilitamiento de la alianza con los sectores de la alta burguesía argentina. Y cuarto, la derrota en la guerra de las Malvinas. Para cuando la transición hacia la democracia había comenzado, las Fuerzas Armadas enfrentaban el peligro de una fragmentación interna.[178] La crisis de las Fuerzas Armadas se daba tanto entre las distintas fuerzas como dentro de cada una de éstas, especialmente en el Ejército, que se encontraba mayormente comprometido a raíz de la implantación del terrorismo de Estado y de la derrota en Malvinas. La caída del régimen militar y la crisis interna de las Fuerzas Armadas le dieron un matiz particular a la transición hacia la democracia (Tedesco, 1999).

Asimismo, previo a los comicios nacionales ocurrieron importantes cambios, tres hechos o fenómenos que modificaron el orden político y cultural del país. "En primer lugar, la aparición de una nueva alternativa de Gobierno. La emergencia del radicalismo como posibilidad franca de triunfo en elecciones libres y abiertas, después de casi cuarenta años de hegemonía peronista. En segundo lugar, congruente con el hecho anterior, el repliegue del justicialismo sobre el potencial sindicalista. Fiel y orgánico, ese potencial aislado sectorizaba en demasía un movimiento otrora policlasista, cuyos triunfos directos e indirectos necesitaron del aporte de franjas importantes de sectores medios y populistas [...]. El tercer hecho acontecía en un mundo cultural aparentemente dispuesto a tomar en cuenta las lecciones del pasado, a reivindicar la democracia pluralista y constitucional sin apelar a la versión despectiva de democracia 'formal', y a atreverse a una visión crítica del pasado autoritario, militar pero también, en tramos importantes, civil" (Floria; García Belsunce, 2005, p. 267).

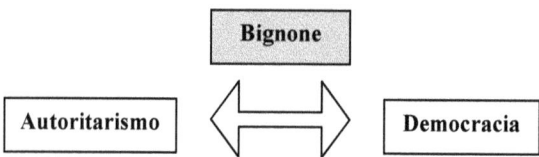

Conclusión: El levantamiento militar que derrocó a Isabel Perón y dio origen al Proceso de Reorganización Nacional estuvo, de principio a fin, ligado al paradigma amigo-enemigo. Más allá de las críticas que se le hacían al Gobierno derrocado por su pésima labor gubernamental, la Junta Militar aducía que el golpe de Estado había sido motivado por el notorio avance del 'enemigo interno', la guerrilla. En este caso, un Gobierno constitucional era reemplazado por un Gobierno de facto pero, a diferencia de otros golpes de Estado, la figura del 'enemigo interno', más allá de las críticas al Gobierno depuesto, estuvo centrada en el mismo 'enemigo interno' que los Gobiernos peronistas habían intentado excluir de la escena política local. Era de esperar que ante el 'fracaso' de la campaña anti-subversiva de la Triple A se originara un recrudecimiento de la violencia estatal hacia las corrientes izquierdistas.

El terrorismo de Estado, brazo ejecutor de la intolerancia y el autoritarismo de la dictadura militar, no tuvo otro objetivo que el de homogeneizar ideológicamente a la Nación mediante la desaparición física del 'enemigo' y de la oposición. Enraizados en este paradigma amigo-enemigo, los militares torturaron y mataron a su propio pueblo en búsqueda de una 'unidad nacional' que cada vez estaba más distante, precisamente por los dichos y hechos de un Gobierno que no concebía la posibilidad de que existiesen ideologías distintas a las propias. Como ya ocurriera anteriormente, el discurso presidencial que manifestaba un anhelo por la 'unidad nacional' obtenía un resultado opuesto.

La violencia armada y la desunión nacional alcanzaron un nivel tan dramático que el Gobierno decidió desviar la atención pública mediante la creación de un 'enemigo externo'. El discurso presidencial había remplazado el recurso antagónico del 'enemigo interno' por un 'enemigo externo'. El mensaje del Gobierno aludía constantemente a una unión nacional que no había sido ni remotamente lograda. El Gobierno militar embarcó al país en una guerra contra Gran Bretaña, con un propósito oculto, lograr la 'unidad nacional' imponiendo un objetivo común a todos los argentinos, la recuperación de la soberanía nacional sobre las islas Malvinas. La derrota en la guerra marcó el fracaso del régimen militar, que se vio obligado a permitir una apertura democrática, no por propia convicción sino por falta de alternativas para continuar en el poder. Los argentinos accedieron a comicios libres y abiertos a raíz del agotamiento de un modelo demencial, cuyos artífices decidieron abandonar la conducción del país como consecuencia de su inocultable incapacidad para gobernar.

Durante la presidencia de Bignone, el último gobernante militar, el discurso presidencial comenzó a evidenciar cambios. Ya no se hacía mención acerca de la necesidad de erradicar a los 'enemigos internos'. A su vez, el Gobierno accedió a hablar con los representantes de los distintos partidos políticos, mostrando un cambio de actitud sumamente importante para que finalmente se pudiera reestablecer el sistema de partidos. No obstante, queda claro que la apertura democrática se logró a pesar de los dichos y hechos de los militares, y no gracias a ellos.

Cuarta Sección – DEMOCRACIA Y ESTABILIDAD POLÍTICA

Esta última sección estará concentrada en el análisis discursivo de Gobiernos democráticos en los cuales el paradigma amigo-enemigo no estaba presente. El primer capítulo analizará los mensajes de Marcelo T. de Alvear, quien gobernó al país entre 1922 y 1928, y fue el único presidente dentro del período 1916-1983 cuyo discurso no evidenciaba la presencia del paradigma amigo-enemigo.

El segundo capítulo analizará el discurso de Raúl Alfonsín. La asunción presidencial, en 1983, de este dirigente radical marcó una línea divisoria con un estilo de discurso presidencial sujeto a antinomias tendientes a generar fragmentación en la identidad política nacional. Los mensajes de Alfonsín evidenciaban una reversión en el paradigma amigo-enemigo. Este cambio fundamental hizo que los adversarios políticos fueran considerados simplemente como tales, abandonando la figura del 'enemigo interno'.

El tercer capítulo, abocado a estudiar los discursos del presidente constitucional que sucedió a Alfonsín en 1989, el peronista Carlos Saúl Menem, demostrará que este mandatario pretendía darle a su triunfo electoral una condición de 'unidad nacional'. Su discurso era integrador, no adhería al paradigma amigo-enemigo.

El último capítulo de esta investigación estudiará los mensajes de Fernando De la Rúa. Este presidente electo en 1999 estuvo al frente del Gobierno nacional durante la crisis socioeconómica que afectó al país a fines del año 2001, la cual culminó con un levantamiento popular y la posterior dimisión del primer magistrado. La crisis generalizada que atravesó la Argentina, paradójicamente, sirvió como prueba de la consolidación democrática que había tenido lugar en el país. Esta investigación se propone demostrar que tal resultado se debió en gran medida a la desaparición del paradigma amigo-enemigo del discurso presidencial.

Capítulo I – UNA EXCEPCIÓN AL PARADIGMA AMIGO-ENEMIGO (1922-1928)

Marcelo T. de Alvear constituye una excepción al paradigma amigo-enemigo presente en los discursos presidenciales que van desde 1916 a 1983. Salvo por este caso, los mensajes de todos los presidentes dentro del período 1916-1983 evidenciaron, de un modo u otro, la presencia de dicho paradigma. En este capítulo se demostrará cómo la figura del 'enemigo interno' estaba ausente en las proclamas de Alvear.

1. La integración y la ilustración democrática de las masas populares

Se debe tener en cuenta que Alvear contó con el apoyo de las clases populares yrigoyenistas, de los antipersonalistas, de los sectores conservadores y oligárquicos, como así también, de las Fuerzas Armadas (Rouquié, 1994), lo cual contribuyó a que las proclamas de este presidente no se refirieran a la presencia de un 'enemigo interno' a eliminar.

Tras asumir la presidencia de la Nación, Marcelo T. de Alvear definía su misión política, legítimamente heredada, diagnosticando:

"La base de nuestra organización republicana impera. Está asegurada para los argentinos la vía legal para la expresión de las ideas, para la prestación del concurso que reclama el engrandecimiento del país y para la determinación de las aspiraciones generales auténticas. Bastará escucharlas para estar seguros de interpretar, en cada caso, la voluntad del pueblo [...]. Si nos empeñamos en desenvolver de esta manera la acción impulsora, educativa, única posible para el Estado, la Nación misma habrá labrado su propia grandeza y los responsables de su dirección habremos cumplido el deber que nos imponen las circunstancias, contribuyendo a la formación de un ambiente de paz propicio a la intensificación de las actividades superiores del espíritu que dignifican y embellecen la vida".[179]

Alvear ratificaba las bases de la organización republicana, la libertad del pueblo, la libertad de expresión y la legitimidad, asegurando el engrandecimiento y enriquecimiento del país dentro de un marco de justicia que permitiría a los ciudadanos satisfacer sus aspiraciones personales. Manifestaba que la grandeza de la Nación exigía las siguientes soluciones: la educación del pueblo, la pacificación del país y la elevación de la vida espiritual de los ciudadanos.

Sostenía que la misión gubernamental sería garantizar al *"pueblo argentino [...] la expresión de su voluntad"*. El presidente electo aseguraba que *"las soluciones"* vendrían *"por el camino que cubran las mayorías, sin que los resortes del poder puesto en"* sus *"manos incomoden su marcha resuelta y lógicamente combativa".*[180]

Ratificando la misión de Yrigoyen, aseguraba que su Gobierno defendería la legitimidad democrática. Para lograr este cometido proponía respetar la opinión popular. La *"reparación nacional"* llegaría a través del acatamiento de la voluntad de la mayoría, reconociendo y apoyando la acción combativa del pueblo. Afirmaba que su poder no sería un obstáculo para la concreción de los deseos de las masas populares, distanciándose, así, de los representantes del régimen conservador.

Enfatizaba que se debían revitalizar las instituciones y perfeccionar la democracia, una ardua tarea debido a que el país había tenido *"gobernantes"* que no mostraban *"respeto"* ni constituían una *"garantía"* a *"los pronunciamientos de la opinión"*. Se debía *"estimular la evolución política"* y *"lograr que el pueblo corrija sus errores de concepto y mejore sus procedimientos de selección"*. Alvear planteaba: *"si el patriotismo nos exige empeñarnos para que ningún retroceso se cumpla en el progreso espiritual de la Nación, no hay más que un camino legítimo a seguir: contribuir a la mayor ilustración de nuestras masas y el desarrollo de su conciencia moral".*[181]

Alvear sostenía que se debía procurar la instrucción de las *"masas"* para elevar su conciencia política y moral. Fundamentalmente, el patriotismo exigía una evolución y una conciencia política para lograr *"el progreso espiritual de la Nación"*.[182]

En los mensajes de Marcelo T. de Alvear se reflejaban dos polos de interés: proseguir con la legitimidad democrática y la educación del pueblo para vivir en una democracia auténtica. Su misión como gobernante fue lograr la integración democrática, donde opositores, adversarios y correligionarios construyeran una nación integrada a partir de la grandeza espiritual y el respeto por la Constitución y la Ley.

2. Un remedio contra los 'enemigos internos': El pluralismo ideológico

Si bien durante su Gobierno existieron huelgas, reacciones populares, levantamientos provinciales e intentos de fraude electoral, Alvear respondió a los ataques de sus adversarios con serenidad y lealtad a la Constitución. Estos hechos le permitieron tomar conciencia de quienes eran los Otros, quienes se oponían a su misión política basada en la legitimidad democrática. Alvear se resistió a reprimir las huelgas y levantamientos obreros, haciendo primar las razones de Estado y la sana interpretación de la Ley Suprema (Rouquié, 1994).

Al no apelar a la exclusión política en el discurso ni en la acción, Alvear logró que sus adversarios políticos no se constituyeran en 'enemigos internos'. Ahora bien, su administración, como es de esperar en cualquier sistema democrático, contaba con frentes de oposición, sin embargo, el respeto por la diversidad de ideas y la libre expresión de éstas, alejaron a este presidente del paradigma amigo-enemigo, dando origen a una situación poco común en la historia política de la Argentina: la ausencia del 'enemigo interno' en el discurso presidencial previo a 1983.

Alvear manifestaba:

"Los principios políticos [...] mantienen su preeminencia en todo el país, puesto que esos principios han sido invocados por los dos grandes núcleos de opinión que han intervenido en la reciente campaña electoral. Sé muy bien que la relativa imprecisión con que esas ideas se enuncian o se relacionan con las formas positivas de su interpretación, han dado ocasión a que se discuta sobre quienes las entienden bien o las aplican de mejor modo en beneficio del país. Sé, también, que en la exaltación apasionada de esa controversia, los unos niegan a los otros hasta la sinceridad de sus respectivas aseveraciones".[183]

Alvear hacía referencia a los principios democráticos y aseguraba la vigencia de éstos en todo el país, ya que debía respetar el deseo tanto de quienes lo habían votado como de aquellos que no lo habían hecho. Planteaba que existían grupos que conformaban un Otro político, quienes no respetaban las reglas democráticas, que, por lo tanto, se encontraban enfrentados a los argentinos que habían apoyado al Gobierno constitucional, o sea Nosotros. Los Otros tenían una sola opción: adaptarse a una vida política regida por los valores de la democracia, de lo contrario, se estarían autoexcluyendo del novedoso modelo político del país. Alvear, por su parte, se alejaba de la disputa entre "unos" y "otros", sin tomar partido por ninguna de las dos partes, emitiendo un discurso que se colocaba por encima de los partidos políticos.

Alvear, al igual que Yrigoyen, se refería la presencia de grupos antagónicos históricamente enfrentados por posiciones ideológicas divergentes que atentaban contra la 'unidad nacional'. No obstante, se resistía a fomentar una forzosa uniformidad de ideas. En este sentido expresaba:

"Quiero referirme a los casos en que su conducta pueda no concordar en absoluto con las orientaciones políticas diferenciadas por la posición histórica o por la apreciación circunstancial de los problemas que vamos a afrontar, todo lo cual es bien posible

puesto que mi Gobierno no tiene por origen, ni desea encontrar en su camino una unanimidad enfermiza de la opinión".[184]

Otra lectura de estos argumentos implicaría que el verdadero sentido democrático fue respetar *"las orientaciones políticas diferenciadas"*, el pluralismo ideológico, porque su Gobierno no deseaba una mera coincidencia de ideas ya que se caería en una *"unanimidad enfermiza"* que no beneficiaría al país. Por el contrario, para Alvear, la diversidad de opinión y el respeto por la heterogeneidad política engrandecerían a la patria.

3. La integración política de los Otros

Alvear se pronunciaba acerca de los levantamientos y huelgas obreras:

"Afortunadamente puedo, al finalizar mi Gobierno, volver a deciros que la paz social no ha sido perturbada por ningún episodio que haya logrado alterar en forma digna de mención la colaboración del capital y del trabajo en la creación y circulación de la riqueza. [...] Solamente algunos episodios aislados han revelado la presencia de fuerzas, felizmente escasas, que se mueven fuera de la órbita de las agremiaciones legítimas, impulsadas por un dinamismo extraviado que pretende aprovecharse de aquellas garantías constitucionales de libertad, para hacer de nuestro país un campo de experimentación y de ensayos que han merecido el franco repudio de los países mejor organizados del mundo. El mejoramiento de nuestra legislación social y la pública convicción de la existencia de un Gobierno sereno, a la vez ecuánime y firme, alejarán todo peligro al respecto".[185]

Este presidente mostraba preocupación por los levantamientos obreros, ya que perturbaban la convivencia pacífica entre los poseedores de los medios de producción y los trabajadores. Las palabras de Alvear no evidenciaban indiferencia ante los brotes de violencia, por el contrario, tendía a una respuesta políticamente integradora. Denotaba un rechazo por las agremiaciones ilegítimas que pretendían aprovecharse de las libertades constitucionales para implantar en la sociedad ideologías como el comunismo o el anarquismo. A su vez, planteaba como solución que mediante el *"mejoramiento"* de la *"legislación social"* y la *"convicción"* del pueblo de contar con un *"Gobierno sereno"*, *"ecuánime"* y *"firme"* se pondrían contrarrestar estas ideologías perturbadoras de la paz social.[186]

Haciendo un balance de su gestión, Alvear expresaba:

"[...] fiel a mis ideales democráticos, obediente a mis deberes de gobernante, celoso de la confianza que me tuvieron mis compatriotas, jamás violenté la convicción ajena poniendo al servicio de mis designios la fuerza o el poder que me fueron entregados para que garantizara con ellos nuestras libertades [...]. Puedo, pues, afirmar, que mi conducta ha contribuido a consagrar nuestras instituciones. Esa tiene que ser la obra fundamental de los Gobiernos, porque, felizmente, los demás aspectos del desenvolvimiento progresivo del país encuentran buena defensa en la gravitación espontánea de su propia vitalidad. En cambio, el perfeccionamiento de nuestra democracia fue poco menos que imposible, y se habría retardado indefinidamente, por falta de este fenómeno de conciencia que impone a los gobernantes el respeto y la garantía de los pronunciamientos de la opinión. Sean cuales fueren sus resultados, es necesario acatarlos y hacerlos acatar. No hay otro medio de estimular la evolución política y de lograr que el pueblo corrija sus errores de concepto y mejore sus procedimientos de selección".[187]

Alvear advertía que, con su labor, había cumplido y conservado los procedimientos legítimos para el alcance de lo propuesto al asumir el cargo. Sus discursos se destacaron por no haber sido violentos, manteniendo la unidad dentro de la multiplicidad ideológica entre Nosotros, los que respetaban los designios constitucionales, y los Otros, sus opositores. Sostenía haber implementado canales de opinión a través de las instituciones democráticas, un mérito que emanaba del respeto por el *"Régimen Constitucional"*.

Conclusión: La integración democrática o, en otras palabras, la no exclusión política fue el principal factor que hizo de la presidencia de Alvear un Gobierno sin 'enemigos internos'. Esto se debió en gran parte a que Alvear no emitía un discurso revanchista ni expresaba la necesidad de excluir políticamente a los adversarios del Gobierno nacional. Durante su presidencia, el mensaje del Poder Ejecutivo no caía en la condena de un sector de la población por los males que aquejaban al país. Esto le permitió a Alvear ganarse el apoyo de los conservadores. Por otro lado, la preocupación de este mandatario por la ilustración democrática de las clases populares contribuyó a la asimilación de otro frente de oposición del radicalismo yrigoyenista, los movimientos obreros, generando, a su vez, un debilitamiento en el voto socialista.

La continuidad democrática heredada por el presidente Alvear le posibilitó plasmar sus convicciones republicanas de Gobierno, sin chocar contra los 'enemigos internos' del Gobierno de Yrigoyen, principalmente, por los siguientes factores: el origen oligárquico de Alvear; la buena relación de este presidente con las Fuerzas Armadas; su preocupación por la ilustración democrática de las clases populares; su respeto por el pluralismo ideológico; y la ausencia de un espíritu confrontativo o revanchista en sus discursos. Estos dos últimos factores, en particular, fueron los que contribuyeron en mayor medida a la pacificación nacional durante esta presidencia. La ilustración democrática de la clase trabajadora y el pluralismo ideológico fueron los métodos utilizados, deliberadamente o no, por Alvear para asimilar a sus potenciales 'enemigos internos'. Tal situación favoreció el traspaso democrático del mando presidencial, posibilitando a Hipólito Yrigoyen a asumir, en 1928, la primera magistratura por segunda vez.

Capítulo II – AUTORITARISMO O DEMOCRACIA: EL DILEMA ARGENTINO (1983-1989)

Luego de la derrota en la guerra de Malvinas, la Argentina había quedado inmersa en una crisis política e institucional que llevó a una apertura democrática, donde Raúl Alfonsín, candidato de la Unión Cívica Radical, triunfó en las elecciones presidenciales de 1983 al derrotar al Partido Justicialista, representado por Ítalo Luder y Deolindo Bittel. Con la asunción presidencial de Raúl Alfonsín se produjo un cambio trascendente en el discurso presidencial: una reversión en el paradigma amigo-enemigo. Los Otros dejaron de ser visualizados como 'enemigos internos' a excluir de la vida política del país para convertirse en simples adversarios políticos. Esta sección analizará esta modificación discursiva, que llevó al surgimiento de lo que el presidente Alfonsín llamó el *"sujeto democrático"*, la figura de un ciudadano capaz de interiorizar *"valores éticos y políticos"* como: *"legitimidad del disenso, pluralismo como principio y como método, aceptación de las reglas básicas de la convivencia social, respeto de las diferencias, voluntad de participación"*.[188]

Como narra Laura Tedesco, desde 1946, en cada oportunidad donde se celebraron comicios verdaderamente libres, el Partido Justicialista había obtenido la mayoría electoral, mientras que los radicales obtenían entre 25 y 30 por ciento del total de los sufragios. En 1983 existieron factores que actuaron en contra de una victoria peronista. Primero, la ausencia de un líder capaz de reemplazar a Perón. Segundo, el grado de influencia y poder de los sindicatos obreros en las decisiones del peronismo evocaba el recuerdo del Gobierno de Isabel Perón, derrocado por un golpe militar. Tercero, la agresiva campaña electoral peronista que terminó con la quema de un féretro, representando la derrota (o muerte) de la UCR. Finalmente, la ambigüedad en la actitud de Luder con respecto a las violaciones a los derechos humanos (Tedesco, 1999).

Según esta autora, la campaña electoral de Alfonsín ponía énfasis en los valores de la democracia y la paz. Establecía categóricamente que el Partido Radical condenaría a los perpetradores de las violaciones a los derechos humanos. Ocho meses antes de las elecciones, Alfonsín había denunciado un pacto entre ciertos oficiales de las Fuerzas Armadas y representantes sindicales. Dicho pacto, aparentemente, establecía que si el justicialismo alcanzaba el Gobierno, no se investigarían las violaciones a los derechos humanos llevadas a cabo por el terrorismo de Estado; se mantendría la jerarquía de las Fuerzas Armadas; no se impondría la reorganización de éstas, ni habría una reducción en su presupuesto; y no se harían denuncias sobre actos de corrupción ocurridos durante el Gobierno militar. A cambio, el control de los sindicatos y las Obras Sociales pasaría directamente a manos de los líderes de entonces sin necesidad de una nueva ley o elecciones internas (Tedesco, 1999).

De acuerdo a lo establecido por Tedesco, a pesar de que la existencia del pacto nunca fue comprobada, el anuncio de Alfonsín fue un factor clave en su victoria electoral. Aunque Alfonsín fue acusado de adherir a tendencias socialistas, la derecha moderada votó abrumadoramente a su favor. En los últimos días de campaña electoral, los ciudadanos afines a los partidos de centro-derecha cambiaron su voto a favor del Partido Radical. El anuncio de Alfonsín, conjuntamente con el alto perfil de los sindicalistas aliados al peronismo y las tácticas violentas de la campaña peronista, contribuyeron al triunfo de Alfonsín. La Unión Cívica Radical obtuvo el 51.74% de los sufragios, mientras que el 40.15% de los votantes se inclinaron por el Partido Justicialista. El líder radical enfatizaba los valores democráticos de su partido y se mostraba como el político argentino más democrático. Contrariamente, se presentaba al peronismo como promotor de las cosas que la sociedad argentina no estaba dispuesta a seguir tolerando: violencia y desorganización. El discurso de Raúl Alfonsín estaba centrado básicamente en: el alejamiento con respecto al

Gobierno militar; una severa crítica al terrorismo de Estado y las violaciones de los derechos humanos; la promesa de que estos crímenes no quedarían impunes; la reprobación de métodos violentos que habían derivado en la militarización de los conflictos internos del peronismo; y el compromiso de democratización de diferentes ámbitos organizativos de la sociedad, en especial los sindicatos obreros (Tedesco, 1999).

Como escribió Aboy Carlés, la transformación del Estado Argentino, aunque continua en su forma, adquiría una singular connotación rupturista que conformaba el fundamento político-moral de la construcción del nuevo Estado de derecho. El alfonsinismo se organizó adoptando la condición de un efecto de frontera respecto del pasado autoritario. El candidato radical construía la narrativa de una doble ruptura: por un lado estaba la ruptura con el pasado inmediato encarnado por la dictadura militar, asociada a la discrecionalidad, la guerra, el autoritarismo y la muerte. En contraposición con este pasado, el discurso de Alfonsín hablaba de garantías relacionadas con la plena vigencia de derechos, la paz, la defensa de la vida y el orden democrático. El discurso alfonsinista tomó la forma de una ruptura con un pasado de más largo plazo, que trascendía a la saliente dictadura militar. En el mensaje de este mandatario había una promesa que asociaba la plena vigencia de la democracia con el bienestar y la prosperidad, sin limitaciones temporales y para cuya concreción se hacía necesaria la conformación de una nueva cultura política que, mediante la regeneración de los principales actores políticos y sociales, posibilitara poner fin al faccionalismo que tan disruptivo había sido para la estabilización de un régimen político en la Argentina (Aboy Carlés, 2004).

Aboy Carlés argumenta que esta segunda ruptura debía establecer un quiebre con las razones de la repetida inestabilidad política e institucional de la Argentina. El discurso alfonsinista partía de un cuestionamiento del modo mismo en que se constituyeron las principales identidades políticas de la Nación, conceptualizándolas como voluntades hegemonistas tendientes a generar dualismos facciosos que habían dado origen al autoritarismo, la violencia, la intolerancia y la incapacidad para la negociación, que habían caracterizado a la cultura política argentina. En contraposición, Alfonsín apuntaba a la regeneración de los actores políticos, la creación de *"sujetos democráticos"* (Aboy Carlés, 2004).

1. La ruptura con el pasado autoritario

Raúl Alfonsín, en su discurso de asunción presidencial, planteaba antinomias entre el *"ayer"* del Proceso y el *"hoy"* de la democracia. De acuerdo a su diagnóstico, el retorno de la democracia había puesto fin a la *"inmoralidad pública"*. El presidente constitucional describía a su Gobierno como *"decente"*, *"legítimo"* y, por ende, *"ético"*. Alfonsín expresaba: *"Hoy convocamos a los argentinos, no solamente en nombre de la legitimidad de origen del Gobierno democrático, sino también del sentimiento ético que sostiene esa legitimidad"*.[189]

La normalidad institucional y la legitimidad del Gobierno democrático tomaban un carácter pacificador y de unión nacional. El discurso presidencial esgrimía un mensaje donde la legitimidad del Gobierno aparecía como un factor de aglutinación de la ciudadanía a partir de la participación de ésta en elecciones libres. Según Alfonsín, el pasado dictatorial había estado teñido de la *"inmoralidad pública"*, mientras que en el presente democrático primaría la *"ética política"*.[190]

Manifestaba que la *"justificación de los medios por el fin"* constituía *"la apuesta demencial de muchos déspotas"* e implicaba *"el abandono de la ética política"*.[191] De esta manera marcaba una diferencia categórica entre su Gobierno y el Gobierno de facto. El Gobierno radical actuaría dentro de los marcos de la ley, sin avasallar los derechos ni coartar la libertad de ningún ciudadano, incluso de aquellos que pudieran disentir con el radicalismo.

Alfonsín expresaba que la política o, mejor dicho, la acción gubernamental no debían ser *"permeables"* al *"dolor humano"* causado por la *"crueldad"*, la *"inmoralidad"* y la *"claudicación"*[192] engendradas durante la dictadura. Es decir, el Gobierno debía abstraerse de lo acontecido durante el Gobierno anterior y planificar una política de Estado sin incurrir en el revanchismo. El mensaje presidencial, si bien condenaba lo acontecido durante el Gobierno militar, no caía en la exclusión política o el revanchismo, y menos aún en la violencia.

Según Alfonsín, la dictadura le había ocultado al *"pueblo argentino"* lo ocurrido en el país, remplazando la realidad por *"una guerra psicológica"*. Se había pretendido justificar hechos aberrantes amparándose en que se estaba obrando en beneficio del país. La mentira, el ocultamiento y la falta de información habían producido una *"muralla de incomunicación entre los gobernantes y los gobernados"*. El presidente condenaba este hecho no sólo porque se le negaba la posibilidad al pueblo de *"juzgar"* y *"opinar"*,[193] sino también porque el Gobierno se privaba de nutrirse de los aportes idóneos de la población. El retorno de la democracia estaba sentando las bases para que emergieran el pluralismo, la tolerancia y la participación popular, trazando una línea divisoria con un pasado continuamente ligado a la exclusión política y la violencia.

Concluía que la *"justificación de los medios en función de los fines"* implicaba *"admitir la propia corrupción, pero, sobre todo,"* implicaba *"admitir"* que se podía *"dañar a otros seres humanos,"* que se podía *"someter al hambre a otros seres humanos,"* que se podía *"exterminar a otros seres humanos, con la ilusión de que ese precio terrible"* permitiría *"algún día vivir mejor a otras generaciones. Toda esa lógica de los pragmáticos cínicos"*, decía Alfonsín, remitía *"siempre a un porvenir lejano"*.[194]

En las palabras del mandatario había una evidente condena a los crímenes de lesa humanidad cometidos por la dictadura militar, asegurando, además, que la política del 'fin justifica los medios' era una política que no daba resultados inmediatos, que no se proponía resolver las cuestiones que más apremiaban a la Nación, sino que siempre obraba en función de un *"porvenir lejano"* que supuestamente le permitiría *"vivir mejor a otras generaciones"*. El respeto por la libertad de las personas y el pluralismo ideológico propuestos en el discurso de Alfonsín se enfrentaban con las extralimitaciones del Gobierno de facto. La intolerancia ideológica junto con la represión ilegal y criminal practicada por la dictadura militar encontraron su contraparte en el proceder legalista y pluralista del Gobierno radical. Raúl Alfonsín propugnaba el pleno imperio de la Constitución Nacional como garantía de derechos y libertades, con el objetivo de consolidar la democracia.

2. La misión del Gobierno radical: La consolidación de la democracia

Alfonsín creía que para consolidar la democracia, su Gobierno debía democratizar los sindicatos y las Fuerzas Armadas, lo cual significaba incorporar a ambos actores al sistema democrático (Alfonsín, 1992). Tedesco esgrime que el presidente creía que tanto las uniones obreras como las Fuerzas Armadas poseían un alto grado de autoritarismo. En el caso de los uniformados esta apreciación era correcta, pero con respecto a los sindicatos era un tanto simplista. Detrás del objetivo de democratización de los sindicatos estaba el objetivo de 'desperonizar' a los mismos. Esto significaba ponerle fin al tradicionalmente poderoso rol de los sindicalistas peronistas dentro del movimiento obrero. Asimismo, existía la intención de controlar el poder disruptivo de los gremios. El Gobierno consideraba a las uniones obreras como un vehículo de desorden social que podía culminar en un golpe militar. El objetivo de democratización de los sindicatos obreros apuntaba a restringir y, finalmente, extinguir el poder político de éstos (Tedesco, 1999).

Este Gobierno aspiraba, mediante la consolidación de la *"democracia"*, conseguir una satisfactoria *"coexistencia de clases y sectores sociales"* y *"de las diversas ideologías"*. Se intentaba plasmar un modelo *"pluralista"*, un *"sistema"* que facilitara la *"renovación de los*

Gobiernos" y *"de los partidos",* y una consecuente *"transformación progresiva de la sociedad".* El presidente aseguraba que el *"sufragio"* era la única vía para resolver pacíficamente *"las controversias de la sociedad"* y, además, proveía al Estado de la *"única legitimidad pensable",* favoreciendo *"la continuidad de las instituciones republicanas y de las doctrinas en que ellas se asientan".*[195]

A diferencia de la dictadura, el modelo *"pluralista"* de Alfonsín garantizaba el voto popular como bastión de la *"legitimidad"* del Gobierno democrático y de la vigencia del sistema republicano. Los derechos cívicos aparecían como la solución a los males que habían afectado a la Argentina de la década de 1970. La vida democrática permitiría erradicar la violencia ideológica, generando un ámbito propicio para la *"coexistencia"* entre sectores divergentes.

La misión principal fue *"establecer"* una *"democracia [...] dinámica, plena de participación y movilización popular [...], en el marco"* de la *"Constitución".* El pueblo argentino había recuperado sus *"derechos"* y *"libertades".* La plena vigencia de la *"Constitución"* aseguraba *"la responsabilidad de los gobernantes ante el pueblo [...] y la renovación de los poderes mediante el [...] sufragio".* El presidente manifestaba que debido al *"autoritarismo"* del régimen militar, la sociedad había visto sus *"potencialidades [...] sofocadas".* Por lo tanto, según el presidente, se debía transformar el estado de *"emergencia"* en que vivía el país en una oportunidad para *"reanimar"* el poder de realización de los argentinos.[196]

El Estado Argentino había dejado de ser un Estado opresor para transformarse en un Estado que alentaba la participación ciudadana. No obstante, existía una amenaza latente para el Gobierno democrático, el autoritarismo de un pasado reciente, concentrado en las Fuerzas Armadas. El Gobierno radical estuvo signado por una tensa relación entre las autoridades constituidas y los militares, quienes se habían visto obligados a enfrentar a un país que finalmente había tomado conciencia de aquel triste pasado que les había sido tergiversado y ocultado durante tanto tiempo.

3. La reversión del paradigma amigo-enemigo y la relación del Gobierno democrático con las Fuerzas Armadas

Alfonsín expresaba que el país había *"padecido infinitos males, dolorosas deformaciones y verdadera decadencia"* a causa de que *"militares y civiles"* habían *"olvidado [...] que las Fuerzas Armadas"* debían *"subordinarse a la autoridad civil institucionalmente establecida".*[197]

El rol de las Fuerzas Armadas había cambiado completamente. Ya no ejercerían una función gubernamental sino que estarían únicamente abocadas a la defensa de las instituciones republicanas y subordinadas al poder político civil. Este cambio de mentalidad en la sociedad argentina era fundamental para el establecimiento de la democracia. Esta nueva etapa no admitía la posibilidad de que hubiera *"golpes de Estado ni 'planteamientos' militares".* Alfonsín definía a los golpes de Estado como una traición a la *"República",* a los *"ciudadanos",* y a la *"esencia democrática".* Aseguraba que de ocurrir un hecho de tal naturaleza se castigaría con dureza a sus perpetradores. La nueva etapa estaría estrictamente regida por los designios de la Constitución y legitimada a través del sufragio universal, imposibilitando cualquier atropello institucional. Los militares debían servir a los intereses soberanos de la *"República"* y la *"Constitución",* recuperando, de este modo, el prestigio perdido a raíz de los equívocos del pasado.[198]

Alfonsín mantenía que las *"Fuerzas Armadas"* no podían *"vivir enfrentadas con la sociedad civil",* ya que esto significaría *"caos a corto o a mediano plazo".* No debían existir *"dos sociedades antitéticas, sino una sola sociedad en donde una parte de ella"* tuviese *"a su cargo el aspecto armado de la defensa nacional".*[199]

El mal desempeño de las fuerzas militares había llevado a que esta institución se enfrentase con el resto de la sociedad. De cierto modo se intentaba, con estas palabras, alcanzar la pacificación de la sociedad y la reconciliación de ésta con las Fuerzas Armadas. Como parte esencial de la República, las fuerzas militares debían volver a ocupar el rol para el cual habían sido creadas: tener *"a su cargo el aspecto armado de la defensa nacional"*, sin incurrir en el golpismo. Estas palabras demostraban que no se pretendía demonizar a los militares ni señalarlos como un 'enemigo interno'. Por el contrario, a pesar de la trágica actuación de las Fuerzas Armadas, el presidente hacía una distinción entre esta institución y los responsables del genocidio.

El Gobierno debía hacerse cargo de la situación de las fuerzas castrenses, y facilitar su reconciliación con la sociedad. Consecuentemente, el presidente propuso lo siguiente:

"La manera de restañar esas heridas no puede girar en torno a venganzas o resentimientos que serían innobles en sí mismos, cuando no inmorales en muchos casos, en cuanto pudieran comprometer al destino del país en estériles fijaciones sobre el pasado. Pero la democracia tampoco podría edificarse sobre la claudicación, actuando como si aquí no hubiera ocurrido nada [...]. Se proporcionará la anulación de la ley de amnistía dictada por el Gobierno militar y se pondrá en manos de la Justicia la importante tarea de evitar la impunidad de los culpables. La Justicia, asimismo, tendrá las herramientas necesarias para evitar que sean considerados del mismo modo quienes decidieron la forma adoptada en la lucha contra la subversión, quienes obedecieron órdenes y quienes se excedieron en su cumplimiento. Más allá de las sanciones que pudiera determinar la Justicia, el Gobierno democrático se empeñará en esclarecer la situación de las personas desaparecidas".[200]

El dolor y el odio por lo ocurrido durante el Gobierno militar podían actuar como factores de disgregación social. Es por ello que este presidente manifestaba que para que la Nación pudiera resolver esta situación, debía ser superado el revanchismo que podía aflorar en ciertos sectores de la población. Esto no significaba, según las palabras de Alfonsín, actuar como si *"no hubiera ocurrido nada"*. El Gobierno proponía resolver el conflicto dentro del marco de la Constitución y la Ley. Se anticipaba de este modo, el histórico juicio a las Juntas Militares llevado a cabo en 1985. El Gobierno no proponía un castigo violento contra los militares ni su exclusión política, sino un enjuiciamiento legal, lo cual evidencia que ni los militares ni mucho menos las Fuerzas Armadas ocuparon el lugar del 'enemigo interno' en el discurso alfonsinista.

En un breve lapso de tiempo, se había pasado del terrorismo de Estado a actuar en defensa de los derechos humanos. Lejos de buscar responsabilidades en alguna entidad abstracta como, por ejemplo, un régimen, el Poder Judicial, como institución republicana, se encargaría de enjuiciar a personas concretas. En este caso, el mensaje presidencial no hacía lugar a la figura del 'enemigo interno' sino que impulsaba el juzgamiento de las Juntas Militares, sin caer en la exclusión o la violencia. Este proceder fue vital para la consolidación de la democracia. A su vez, *"el Gobierno democrático"* se comprometía a *"esclarecer la situación de las personas desaparecidas"*, mostrando interés en el esclarecimiento de los crímenes cometidos en nombre del Estado Argentino.

En vez de refugiarse en la comodidad de una amnistía, Alfonsín prefirió afrontar las consecuencias de un procesamiento que sin duda le valdría el malquerer de sectores de las Fuerzas Armadas vinculados con una suerte de espíritu de cuerpo. Designó una Comisión Nacional sobre Desaparición de Personas – Conadep – que tendría a su cargo la recepción de las denuncias sobre desapariciones, asesinatos, torturas, campos de concentración, etc. Paralelamente puso en marcha los mecanismos judiciales para procesar a los ex comandantes en jefe y otros implicados en esas aberraciones. Después de un juicio público que fue seguido con gran interés, los ex comandantes fueron condenados a diversas penas como responsables de los métodos seguidos por las Fuerzas Armadas en su lucha contra la subversión. Al mismo tiempo, se procesó a algunos dirigentes de las organizaciones subversivas. López Rega, extraditado desde Estados Unidos, fue asimismo procesado pero falleció antes de que se dictara sentencia.

Después de casi tres años y medio de Gobierno democrático, las Fuerzas Armadas aceptaron la condena de los jefes retirados pero manifestaron su disconformidad con las causas judiciales a oficiales en actividad. A fines de 1986, Alfonsín hizo aprobar un discutido proyecto, la Ley de Punto Final, el cual provocó malestar en el ambiente de las Fuerzas Armadas, especialmente entre los oficiales de rango intermedio. Durante la Semana Santa de 1987, un grupo de ellos – los carapintadas[201] – se sublevó en Campo de Mayo, creándole al Gobierno democrático la primera amenaza de golpe militar.

Alfonsín se dirigió al Congreso y a todas las fuerzas civiles movilizadas en la calle. Explicitó que la democracia se asentaba sobre la ley y el orden, y aseguró que no se negociaría más allá de la ley. Prácticamente no hubo apoyo para los carapintadas, pero tampoco se encontró un soldado dispuesto a actuar en contra ellos (De Privitellio; Romero, 2000).

Alfonsín, ante la insurgencia carapintada, se dirigió al Congreso y al país diagnosticando que la *"democracia"* significaba *"libertad"* y *"orden"*, como así también, se valía del *"ejercicio garantizado e irrestricto de todos los derechos inherentes a la condición humana [...],"* así como el *"sometimiento absoluto y sin excepciones al sistema jurídico que regula la vida nacional"* (Alfonsín, 16/4/1987, p. 421).

Se enaltecía la *"democracia"* como modo de vida de una sociedad que deseaba vivir en *"libertad"* y *"orden"*, con pleno respeto por los derechos ciudadanos y la ley. En contraposición se encontraban los carapintadas, representantes del desgobierno y una falta de miramiento a la soberanía popular. Ante el amotinamiento carapintada, el presidente expresaba que su misión sería *"defender invariable e irrenunciablemente [...] estos dos principios del orden democrático"*, la *"libertad"* y el *"orden"* (Alfonsín, 16/4/1987, p. 421).

Al haberse rebelado contra el Gobierno constitucional, los 'carapintadas' se convirtieron en los Otros. Vale destacar, no obstante, que el presidente de la Nación no se refirió a los militares sublevados como un 'enemigo interno' que debía ser excluido, sino que fueron los mismos militares quienes, en un acto de rebeldía contra las autoridades constituidas, se habían automarginado del proyecto democrático en que se encontraba la sociedad argentina. Este caso extremo demostró cómo a partir del retorno de la democracia el Otro político dejó de ser visualizados por el Gobierno nacional como un 'enemigo interno'.

La insurrección militar, según Alfonsín, iba en contra de los valores y los anhelos de la Argentina democrática, manifestando que este hecho había sido *"una meditada maniobra de un grupo de hombres, cuyo objetivo"* era *"crear un hecho consumado"* que obligase *"al Gobierno a convertir en materia de negociación su política [...]"*. Aseguraba que *"por esta vía"* se pretendía *"imponer al poder constitucional una legislación"* que consagrara *"la impunidad"* de quienes se hallaban *"condenados o procesados en conexión con violaciones de derechos humanos cometidos durante la pasada dictadura"* (Alfonsín, 16/4/1987, p. 421).

En cierto modo, el levantamiento carapintada representaba una contienda entre la democracia y el autoritarismo, entre Nosotros y los Otros. Esta sublevación militar hizo más evidente el surgimiento de una nueva identidad política nacional, caracterizada por el presidente en la figura del *"sujeto democrático"*, que será tratado más adelante en este capítulo. De acuerdo a las palabras de Alfonsín, *"los argentinos"*, basándose en la *"ética"*, la *"conciencia democrática"*, las *"normas constitucionales"* y la *"clara enseñanza"* dejada por la *"historia"*, habían entendido que *"ceder ante un planteamiento semejante sólo significaría poner en juego el destino de la Nación"*. Alfonsín aseguraba que el Gobierno constitucional no negociaría con los insurgentes, sentenciando: *"no hay nada que negociar. La democracia de los argentinos no se negocia"* (Alfonsín, 16/4/1987, p. 421).

Para Alfonsín, Nosotros eran aquellos que respetaban los marcos constitucionales y los Otros eran quienes desatendían los designios de la Carta Magna. El Gobierno no negociaría *"ante decisiones autónomas y legítimas de la Justicia"*, ya que *"ningún ciudadano"* podía *"negociar con la Justicia ni con ningún otro poder del Estado sobre su situación procesal"*, dado que no era *"propio de la democracia ni de ninguna sociedad fundada sobre la ley"*. La identidad política propuesta por el Gobierno radical se basaba en el acatamiento de la *"ley"* y el afianzamiento de la *"democracia"*. Todo aquel que se opusiese a estos preceptos formaría parte de los Otros, ajenos al sentir popular, no por decisión del Gobierno sino por propia voluntad. Según el presidente Alfonsín, exactamente esto fue lo que había ocurrido con los militares sublevados, quienes habían decidido *"automarginarse"* del *"proyecto colectivo"* (Alfonsín, 16/4/1987, p. 422).

Como representación máxima de la democracia, Alfonsín recitó el preámbulo de la Constitución Nacional, utilizándolo para definir la misión de su Gobierno en este momento de crisis institucional. Alfonsín expresaba:

"Hoy, como antes, y como debió ser siempre, los argentinos estamos definitivamente resueltos a constituir la unión nacional, afianzar la justicia, consolidar la paz interior, proveer a la defensa común, promover el bienestar general y asegurar los beneficios de la libertad para nosotros, para nuestra posteridad y para todos los hombres del mundo que quieran habitar el suelo argentino" (Alfonsín, 16/4/1987, pp. 423-424).

La 'unidad nacional' propuesta por el Gobierno partía del acatamiento de los designios del preámbulo de la Constitución. Se utilizaba a la Constitución como un denominador común, como un factor de unión de todos los argentinos. El preámbulo de la Constitución recitado en el discurso presidencial se transformó en el símbolo del Nosotros democrático y de la nueva identidad política nacional que afloraba.

Una vez solucionado el conflicto con los carapintadas, Alfonsín se dirigió al pueblo de la Nación desde los balcones de la Casa de Gobierno. En esta ocasión hizo el siguiente diagnóstico: *"Compatriotas: desde el jueves vivimos días de tensión, vivimos días de tristeza, pareciera que en el tiempo histórico ha habido un segundo en el que el pasado nos ha alcanzado"*. A raíz de este atentado contra la Constitución, Alfonsín optó por rescatar la emergencia del nuevo Nosotros, diciendo:

"[...] le pido a la juventud argentina, que más allá de este fenómeno comprenda y perciba en toda su magnitud lo que significa como lección para los tiempos que han de venir esta extraordinaria solidaridad con la democracia argentina, puesta de manifiesto por la totalidad de nuestro pueblo [...]. Le pido que por encima de la tristeza advierta hasta qué punto hombres de distintos sectores sociales, los trabajadores de la Argentina, los empresarios, el mundo de la cultura, todos, en fin, nos ponemos de pie para defender las instituciones de la República".[202]

El discurso de Alfonsín resaltaba la actitud de la población, especialmente de *"la juventud"*, que se había erigido en defensa de la *"democracia argentina"*. Se había producido un drástico cambio en una sociedad que once años atrás se había manifestado mayoritariamente a favor del golpe de Estado. Los trágicos tiempos dictatoriales parecían haber conscientizado a la sociedad de que el nuevo Nosotros democrático debía valerse de la 'unidad nacional' para enfrentar los resabios de un pasado que amenazaba con volver.

Se estaba formando una nueva identidad política nacional, a la cual el presidente se refería diciendo: *"[...] está galvanizado en el corazón y en el sentimiento de los argentinos el estilo de vida democrático"*. Planteaba que el levantamiento reflejaba la antinomia entre *"demócratas"* y *"autoritarios"*, o un enfrentamiento entre los *"demócratas"* y aquellos que pretendían *"atrasar el reloj de la historia"*. El presidente sentenciaba:

> *"[...] en primer lugar estamos demostrando acabadamente la definitiva decisión de vivir en democracia. En segundo lugar, estamos demostrando la fuerza de la movilización pacífica de la ciudadanía, que es más fuerte que la violencia. Y en tercer lugar, cuando el pueblo se encolumnaba a los costados del camino por donde avanzaban las tropas de las Fuerzas Armadas leales, con aplausos y abrazos también demostramos que no estamos contra los militares, cuando los militares quieren cumplir con su deber".*[203]

Con estas palabras, Alfonsín dejaba en claro que no se estaba excluyendo a las Fuerzas Armadas del proyecto democrático. La exclusión había partido de los mismos militares insurrectos, no había sido el Gobierno quien la impulsara. De este modo se marcaba un hecho inédito en la política argentina: el 'enemigo interno' dejaba de existir para dar paso a un simple Otro político. El discurso de Alfonsín no fue violento ni de exclusión política. Por el contrario, apuntaba a forjar el Nosotros de la democracia en vez de proponer o fomentar la erradicación de los Otros.

Al regresar de la reunión mantenida con los militares sublevados en Campo de Mayo, el presidente le anunció al pueblo: *"Los hombres amotinados han depuesto su actitud"*. En consecuencia se procedería a ejecutar las acciones legales pertinentes a un acontecimiento de esta naturaleza. Distante de la acción represora que el Estado Argentino había ejercido sobre quienes identificaba como 'enemigos internos', en esta oportunidad el Gobierno actuaría dentro de los marcos constitucionales. Manifestaba Alfonsín:

> *"Como corresponde, serán detenidos y sometidos a la justicia [...]. Para evitar derramamiento de sangre di instrucciones a los mandos del Ejército para que no se procediera a la represión, y hoy podemos dar gracias a Dios: la casa está en orden y no hay sangre en la Argentina".*[204]

El discurso presidencial violento del pasado y su espíritu represivo se habían transformado en un mensaje pacífico, comprometido con los procedimientos legales de la Justicia. La sublevación militar y, consecuentemente, el discurso presidencial habían demostrado un cambio en la manera de encarar los conflictos políticos del país. La relación entre las Fuerzas Armadas y el Gobierno radical fue tensa y conflictiva, principalmente porque los militares no estaban dispuestos a acatar la sentencia de la Justicia. Los carapintadas iniciaron una contienda entre el pasado y el presente, entre el autoritarismo y la democracia. Tanto el juicio a las Juntas como el levantamiento 'carapintada' le permitieron al Gobierno radical, ante una ciudadanía expectante, definirse a partir de los designios constitucionales. Por otro lado, ambos hechos colaboraron en el saneamiento de la relación entre las Fuerzas Armadas y la ciudadanía porque, gracias a la actitud legalista de Alfonsín, se logró separar a la institución armada de sus ocasionales líderes. Ambos acontecimientos fueron sumamente relevantes para la historia argentina, ya que el discurso presidencial no se refirió al terrorismo de Estado ni a la sublevación 'carapintada' como la obra de un 'enemigo interno'. El pluralismo ideológico predicado por el Gobierno radical debía ser fiel a sí mismo, lo que implicaba no incurrir en la exclusión política. Este cambio en el discurso presidencial fue clave para la construcción de la democracia argentina, sin embargo, para que ésta se consolidara, antes se debía resolver el problema de la intolerancia política, instigadora de violencia. Con este propósito, Alfonsín se refería al trágico saldo dejado por el terrorismo subversivo y el terrorismo de Estado.

4. La ruptura con el paradigma amigo-enemigo

El Gobierno de la democracia reconocía que tanto el *"terrorismo subversivo"* como el *"terrorismo de Estado"* habían dejado un saldo de *"muertos y desaparecidos"* que provocaron *"profundas heridas en la sociedad argentina"*.²⁰⁵

El país había sido vapuleado durante varios años por una violencia que no había hecho más que agravar los conflictos políticos de una sociedad que a lo largo de casi todo el siglo XX había atravesado momentos de extrema tensión política. La insurgencia subversiva y el terrorismo de Estado significaron la máxima expresión de una realidad política conflictiva y violenta, donde la intolerancia ideológica derivó en la aniquilación sistematizada del 'enemigo interno' del Gobierno militar.

Raúl Alfonsín expresó su parecer con respecto a la *"violencia"* de la década de 1970 con el afán de poner fin a la etapa más trágica de la historia del Estado Argentino y favorecer su democratización. El gobernante declaraba:

"La violencia era el régimen, y esa violencia del régimen no debía ser reemplazada por otra de distinto signo, sino por el sufragio [...]. Históricamente nos opusimos a que una pequeña minoría de la población, considerada a sí misma como población combatiente, eligiera al Gobierno en reemplazo del pueblo. Por eso luchamos para defender el derecho a elegir Gobierno, pero sólo para defender el derecho del pueblo a elegirlo. Esa distinción rechaza desde siempre a la filosofía de la subversión. Pero debe tenerse en cuenta que la Constitución y las leyes son subvertidas, también, por minorías armadas, que reemplazan la ley por las balas, tanto a través del guerrillerismo, como a través del golpismo. Por eso, señalamos categóricamente que combatiremos el método violento de las elites, derechistas o izquierdistas".²⁰⁶

Este gobernante condenaba del mismo modo la *"violencia"* ejercida tanto por la insurgencia subversiva como por la dictadura militar. Dejaba establecida su concepción democrática a partir de un mensaje equidistante de ambos extremismos, mientras que proponía el sufragio como única vía de acceso al poder. Sólo la voluntad popular podía designar a los gobernantes de la República. Vale destacar que no se proponía la exclusión política de quienes habían ejercido la violencia, sino que se actuaría dentro de los marcos constitucionales para contrarrestar el accionar de éstos, lo cual demostraba un cambio rotundo en la relación del Gobierno con los Otros. El autoritarismo en los mensajes presidenciales de los Gobiernos de facto utilizaba la violencia política para marginar a sus 'enemigos internos', mientras que Alfonsín proponía el pluralismo ideológico y la tolerancia como modo de resolución de diferencias políticas e ideológicas, marcando la reversión del paradigma amigo-enemigo en el discurso presidencial.

Alfonsín expresaba que *"una antigua concepción generalmente asociada a las derechas tradicionales"* tendía *"a juzgar al orden social como un valor absoluto y suficiente y a calificar al disenso, y sobre todo al conflicto, como eventualidades negativas e indeseables por principio"*, mientras que *"otra concepción no menos añeja – vinculada a ciertas izquierdas –"* exaltaba *"las presuntas virtudes de la lucha y el antagonismo constantes, considerando como perniciosa toda estrategia que se preocupe por la construcción de un orden político estable"*.²⁰⁷

El Gobierno radical disentía con la concepción derechista de la imposición del *"orden social como un valor absoluto"*. La dictadura, con el afán de evitar el *"conflicto"* o el *"disenso"*, había querido imponer forzosa y violentamente una ideología hegemónica y homogénea. Mientras que para este presidente, el pluralismo ideológico y la tolerancia en el *"disenso"* podían ser fuentes de progreso para el país. Tampoco adhería a la propuesta izquierdista de *"la lucha y el antagonismo constantes"*, generalmente relacionados con la violencia, apartados de las prácticas democráticas y tendientes al desorden social.

Según Alfonsín, la Argentina se encontraba dividida entre:

"partidos compartimentados, organizaciones sindicales compartimentadas, asociaciones empresarias compartimentadas, fuerzas armadas compartimentadas, unidades culturalmente dispersas que sólo ocasionalmente se asociaban en parcialidades mayores también excluyentes entre sí, pero nunca en esquemas de convivencia global".[208]

El primer magistrado afirmaba:
"En estos procesos de asociación, lo que se unía nunca era el país sino un conglomerado interno que sólo lograba afirmar su propia unidad en la visualización del resto del país como enemigo. Este esquema tuvo sus inevitables derivaciones en la mentalidad colectiva de los argentinos".[209]

De esta fractura derivaba:
"[…] el autoritarismo como forma natural de relación entre grupos que no concebían otro modo de coexistir que el de la imposición de unos sobre otros. La violencia como forma natural de interacción entre grupos que no reconocían la existencia de espacios normativos, axiológicos o de finalidades comunes. La intolerancia como producto de una percepción compartimentada de los valores. Cada grupo vivía bajo una constelación de valores percibida como una exclusividad propia e irreconocible en los demás. La ineptitud para la negociación, el acuerdo, el compromiso. En una sociedad maniquea, cada grupo asigna un carácter absoluto a sus propios objetivos y no puede considerar satisfactorio para sí un destino plasmado en la concesión, la conciliación negociada de los propios intereses con los de los otros grupos. La Argentina ha sido siempre un país donde la intransigencia, más allá de la necesaria para preservar principios, era considerada una virtud; donde la expresión 'no transar' se multiplicó en los lemas de los más variados signos y donde negociar era considerado una traición o una claudicación indecorosa".[210]

Luego de hacer un paneo de la división ideológica y política que vivía el país, este presidente sentenciaba que el *"autoritarismo"* se había debido a que los grupos antagónicos coexistían a partir de *"la imposición de unos sobre otros"*. Los distintos sectores *"compartimentados"* a los que se refería Alfonsín habían llevado al país a la intolerancia y la exclusión política. De acuerdo a las palabras del gobernante, en la 'vieja' Argentina *"la intransigencia"* era vista como *"una virtud"*. La nueva Argentina democrática aspiraba a ser un país transigente, donde la ciudadanía pudiera ajustar un punto litigioso, conviniendo en algún medio que partiera la diferencia de la disputa. De este modo, la *"unidad nacional"* sería real y no se estaría apelando a la *"unidad de un conglomerado interno"*, una unidad ficticia, como había ocurrido con el peronismo o las dictaduras militares, adeptos a una *"visualización del resto del país como enemigo".*[211]

Alfonsín planteaba una antinomia entre la *"juridicidad"* y la *"ajuridicidad"*, con ésta última acompañada por la *"violencia"*. En particular, se marcaba una línea divisoria entre los Gobiernos anteriores a 1983 y la etapa que comenzó a partir de la elección de Alfonsín como presidente de la República. Si bien había mutado, la *"ajuridicidad"*, conjuntamente con la *"violencia"*, había sido una constante a lo largo de la historia argentina, manifestándose en: los distintos Gobiernos golpistas de facto; los impulsores del fraude electoral; y el peronismo, definido como *"un partido hegemónico que dificultaba la competencia por el poder"*. Sostenía Alfonsín que la *"ajuridicidad"* había alcanzado su punto máximo durante la década de 1970, abarcando a toda la sociedad, con consecuencias dramáticas para la población. Apelaba a la 'unidad nacional' con el objeto de derrotar los vestigios de *"autoritarismo"* que prevalecían en la Argentina que, según este presidente, se dirigía *"hacia una experiencia democrática continua y afianzada"*. La finalización de la *"ajuricidad"* era vital para terminar con el autoritarismo en la Argentina. En este sentido, el juicio a las Juntas había sido una lección ejemplificadora, dado que se estaba haciendo valer el Estado de Derecho para juzgar a quienes habían gobernado bajo el imperio de la más absoluta *"ajuricidad"*. Este proceder estaba en directa relación con la erradicación del autoritarismo, lo cual, a su vez, era gravitatorio para la construcción de la democracia en el país. A propósito de esta construcción democrática, el Gobierno radical se había propuesto instaurar en la sociedad valores republicanos que habían dejado de tener vigencia, como el protagonismo popular, el pluralismo ideológico, la libertad y la tolerancia, conjuntamente con la creación de una nueva identidad política nacional: el *"sujeto democrático"*.[212]

5. La creación de una identidad política democrática

Las características principales de la nueva identidad política impulsada por el radicalismo alfonsinista fueron: el protagonismo popular, el pluralismo ideológico, la libertad, la tolerancia, y el *"sujeto democrático"*.

a) Protagonismo popular, pluralismo ideológico, libertad y tolerancia

El discurso presidencial hablaba del *"protagonismo popular"* como base fundamental para *"la independencia del Estado"*. El Gobierno aseguraba la participación de la ciudadanía, manifestando que la *"democracia"* era *"una fuerza movilizadora"*, mientras que *"el régimen desmoviliza"*. Un ejemplo de esto, según Alfonsín, fue que la dictadura había transformado *"las universidades en enseñaderos"*, mientras que la *"democracia"* se proponía atender *"a la movilización de la juventud en torno de los problemas generales y de sus problemas específicos"*.[213] Continuaba marcando diferencias entre ambos modelos de Gobierno, asegurando que *"la independencia del Estado"* también dependía de *"la moralidad administrativa, la conducta de los gobernantes"*. Aseguraba que su Gobierno *"más que una ideología"* sería *"una ética"*, sentenciando que *"la lucha contra los corruptos, contra la inmoralidad y la decadencia"* era *"el reaseguro del protagonismo popular"*. Finalmente, expresaba que el *"protagonismo popular"* y *"la moralidad administrativa"* estaban íntimamente relacionados, ya que no se podía *"luchar contra la corrupción"*, que estaba *"en la entraña del régimen, sino a través del protagonismo popular"* y, a su vez, no se podía *"preservar el protagonismo popular sin sostener una política de principios, una ética que asegure su perduración"*.[214]

El *"diálogo"* y la aceptación del *"pluralismo ideológico"* aparecían como las herramientas principales para la *"consolidación del proyecto democrático"*. La *"tolerancia"* en el *"disenso"* posibilitaría, de acuerdo al presidente Alfonsín, alcanzar la *"unidad nacional"*. Las prácticas democráticas le permitirían a la sociedad conducir *"su propio destino"* sin estar subsumida a *"tutelas autoritarias"*. A diferencia del régimen dictatorial, el nuevo Gobierno democrático se basaría en la *"participación"* ciudadana para interpretar los *"anhelos"* de la sociedad y en consecuencia tomar las decisiones de Estado pertinentes. La *"libertad"* aparecía como un valor que debía ser conservado y respetado para que el país pudiese progresar y mejorar en todos los ámbitos. La *"libertad"* propuesta por el Gobierno radical no hacía lugar a la exclusión política, ya que serviría *"para organizarse en defensa de los intereses y los derechos legítimos del pueblo todo y de cada sector en particular"*. La *"democracia"* era otro valor que debía ser cuidadosamente salvaguardado por la sociedad argentina. Según Alfonsín, la *"democracia"* no debía ser considerada como *"una mera forma de legitimidad del poder"*, sino como la vía mediante la cual se produciría el progreso de la República Argentina.[215]

En la nueva Argentina democrática, el *"voto"* y el respeto por la *"voluntad popular"* constituían la única solución aceptable para revertir tantos años de *"autoritarismo"*, *"violencia"* y *"caos político"*. Era la manera en la que el pueblo podría expresar sus anhelos y, a su vez, actuar en contra de *"la posesión monopólica del Estado y del país"* por parte de los grupos económicos influyentes o de cualquier *"grupo armado"*. El *"sufragio"* se presentaba como una *"resolución pacífica"* a los conflictos que afectaban a la Nación y la manera en la cual se lograrían salvaguardar *"las instituciones republicanas"*. El mensaje presidencial ponía énfasis en la *"ética"* y el *"pluralismo"* como valores fundamentales de la *"democracia"*. En este sentido, la *"ética"* implicaba asegurar la *"equidad"* entre los sectores más y menos favorecidos de la población, mientras que el *"pluralismo"* ideológico consistía en la aceptación de las *"diversidades y discrepancias"*. De este modo se impartía un mensaje de justicia social e integrador de la sociedad.[216]

En contraposición con la dictadura, Alfonsín argumentaba que su Gobierno democrático rechazaba el deseo de *"uniformidad"* y *"unanimidad"* característico *"de los totalitarismos"*. Sin embargo, esto no significaba que se alentara al *"individualismo egoísta"*. Por el contrario, la construcción democrática necesitaba de la *"solidaridad"* y la cooperación entre ciudadanos para alcanzar el *"bien común"*.[217] Esta es la característica clave del pluralismo: el rechazo a la uniformidad.

b) El sujeto democrático

El proceso democrático implicaba la construcción de un nuevo Nosotros y una nueva identidad política nacional, el surgimiento de un *"sujeto democrático"*. Alfonsín explicaba este concepto de la siguiente manera:

"¿Qué es un sujeto democrático? Simplemente, aquel que ha interiorizado, hecho suyos, los valores éticos y políticos antes expuestos: legitimidad del disenso, pluralismo como principio y como método, aceptación de las reglas básicas de la convivencia social, respeto de las diferencias, voluntad de participación. En un país con arraigadas tradiciones autoritarias, la emergencia de sujetos democráticos no va de suyo; es una tarea, una empresa. Desde el punto de vista de los individuos es, a su vez, un aprendizaje producto de experiencias, de ensayos y errores, de frustraciones y gratificaciones. Durante años, ha sido un aprendizaje solitario y desvalido. El Estado democrático debe contribuir decisivamente a consolidar y acelerar ese aprendizaje, y el discurso político ayudar a que las rutinas democráticas se conviertan en hábitos queridos y compartidos por la ciudadanía".[218]

La nueva identidad política que el Gobierno pretendía fundar se alejaba categóricamente de la uniformidad de criterios a la que aspiraba la dictadura. El *"sujeto democrático"* y sus valores fundamentales sugerían el comienzo de una transformación política donde la tolerancia política desplazaba a la violenta imposición ideológica. El autoritarismo había imperado en la Argentina durante tanto tiempo que la sociedad debía transitar un período de *"aprendizaje"* en el cual el *"Estado democrático"* y el *"discurso político"* tendrían un papel preponderante como sustento para la consolidación de la nueva identidad política nacional.

Este gobernante argumentaba que *"el primer paso"* para lograr *"una sociedad mejor"* era convertir *"a la vieja sociedad cerrada en una sociedad abierta y plural"* a través del *"ejercicio pleno de los derechos ciudadanos, las libertades individuales y la solidaridad social [...]"*. Sostenía, quizás ingenuamente, que *"los nuevos valores de la comunidad argentina – la tolerancia, la racionalidad, el respeto mutuo y la búsqueda de soluciones pacíficas a los conflictos –"* harían *"posible un tránsito sin traumas de la sociedad autoritaria a la sociedad democrática"*. Alfonsín manifestaba que en *"esta nueva sociedad, cada argentino"* debía *"sentir"* que poseía *"poder de opinión, poder de decisión y poder de construcción [...]"*. Además, *"la transición en libertad hacia la nueva sociedad"* implicaba *"[...] una sociedad integrada y con una interdependencia y una comunicación más estrechas entre los hombres"* que garantizasen *"un común universo de valores compartidos y un orden respetado por todos"*. Según este presidente, *"lograr la consolidación de esta sociedad integrada"* suponía *"contener en un marco de convivencia los antagonismos que en el pasado nos dividieron y poner fin a las luchas que nos desgarraron"*. Finalizaba asegurando que *"la sustitución de la violencia y la intolerancia por la discusión y el pluralismo, la exclusión de la lucha salvaje como medio para dirimir las naturales contiendas entre diferentes ideas y propuestas y su reemplazo por el debate abierto y el consecuente respeto a la decisión mayoritaria y a los derechos de las minorías"* constituirían *"un primer compromiso para la movilización detrás de objetivos comunes".*[219]

Se ratificaba, así, el reemplazo del discurso violento y excluyente por un discurso que resaltaba la *"tolerancia"* y el *"respeto"* por la voluntad de los ciudadanos, en un marco de *"pluralismo"* ideológico. El mensaje radical reivindicaba la participación ciudadana y la elevaba como factor principal para asegurar *"un tránsito sin traumas de la sociedad autoritaria a la sociedad democrática"*. Existía en el discurso presidencial un espíritu de integración y unidad de la Nación, así como un llamado a la convivencia pacífica de los grupos antagónicos, a partir del *"debate abierto y el consecuente respeto por la decisión mayoritaria"*. La *"unidad nacional"* era solamente posible a través del ejercicio de la democracia.[220]

La transferencia del mando presidencial dentro de marcos constitucionales no era un tema menor, era una prueba de fuego para una Nación con poca experiencia en lo que respecta a la participación popular. La sucesión presidencial serviría para determinar si los valores democráticos que habían surgido tras el fin de la dictadura militar se habían afianzado en la ciudadanía argentina.

6. La sucesión presidencial: La consolidación de la democracia argentina y el fin de la visualización del adversario político como 'enemigo interno'

El último discurso que diera Raúl Alfonsín en la apertura de sesiones ordinarias del Congreso de la Nación, hacía un diagnóstico de una situación poco común en la historia argentina, diciendo: *"Nos aproximamos a un acontecimiento histórico, como lo es una sucesión presidencial en los marcos de la normalidad institucional. Siempre pensé – y lo dije varias veces – que la prueba decisiva del éxito del camino iniciado en 1983 era llegar a las elecciones de 1989".*[221]

La sucesión presidencial representaba la consolidación de la democracia. El traspaso del mando dentro de los marcos constitucionales constituía un triunfo de suma relevancia para el proyecto democrático emprendido en 1983. Alfonsín mostraba un cambio en el discurso presidencial. Entre 1916 y 1983, la mayoría de los presidentes argentinos, bajo diferentes argumentos y situaciones conflictivas, habían adherido al paradigma amigo/enemigo. El discurso presidencial se refería a los adversarios políticos como enemigos a exterminar o excluir de la vida política nacional. Esta división dilemática en términos de la aniquilación del Otro mostró un cambio a partir de 1983 que tuvo consecuencias positivas para la construcción de la democracia.

Alfonsín expresaba que gracias a que el país contaba con *"un Gobierno legal"*, *"los adversarios"* se definían *"dentro del sistema"*, y *"la competencia política"* respetaba *"las reglas de juego del pluralismo"*. Según el presidente, en el pasado, *"el repudio a quienes habían ocupado el poder ilegalmente unificaba a los candidatos en competencia: el adversario, el culpable estaba fuera del sistema, era aquel que había usurpado por la fuerza la voluntad ciudadana".*[222]

La exclusión y la violencia del pasado ya no regían en la argentina democrática que comenzaba a consolidarse. Conforme a las palabras del gobernante, su Gobierno era *"el primero en la entera historia del país"* que llegaba *"a las postrimerías de su mandato sin presos políticos, ni leyes persecutorias, ni órganos de prensa clausurados, ni policías bravas, ni interventores instalados en provincias, sindicatos o universidades […]"*. Estas prácticas violentas, según el presidente radical, no habían sido exclusivas de las *"dictaduras"*, sino que también los Gobiernos *"constitucionales"* se habían visto tentados a utilizarlas, mientras que su Gobierno no había incurrido en *"las inclinaciones autoritarias de las que estuvieron plagados Gobiernos constitucionales del pasado [...]".* La ciudadanía, representada por el Gobierno radical, se enfrentaba a *"aquella cultura autoritaria",* al *"empleo de la fuerza para derribar Gobiernos constitucionales"* y al terrorismo de Estado.[223]

Alfonsín declaraba que la naturaleza misma de la democracia, sustentada en la libre expresión de las ideas y el pluralismo ideológico, en cierta medida, favorecía la permanencia del *"autoritarismo",* debido a que el Gobierno constitucional, a diferencia de los regímenes totalitarios, no ejercía métodos de exclusión política. Esta afirmación también evidenciaba un cambio en la interacción y relación del Gobierno con los Otros. El Gobierno radical no pretendía instalar un *"hegemonismo"* ideológico como sí lo hiciera la dictadura militar. A su vez, este presidente aseveraba que dicho hábito político había hecho que la identidad política de parte de la población fuera *"hostil"* a la *"pluralidad"* ideológica, entorpeciendo la transformación política del país.[224]

Más allá del avance logrado en el campo político, el Gobierno radical afrontaba dificultades crecientes, particularmente el descontrol de la economía. En mayo de 1989 se había desencadenado la hiperinflación y varios supermercados habían sido saqueados: la crisis parecía profunda e insoluble. El 14 de mayo del mismo año, Carlos Saúl Menem había superado con holgura al candidato radical Eduardo Angeloz. Ante la imposibilidad del Gobierno de resolver la crisis, el traspaso del mando, previsto para octubre, se adelantó al 8 de julio de 1989.

Conclusión: El discurso presidencial, especialmente en este período histórico-político crucial para la historia argentina, fue gravitatorio para la construcción democrática del país. Dada la delicada situación institucional de una nación que todavía sufría los embates de su pasado autoritario, el presidente de la República debía, por un lado, marcar un curso político claro, acotado a principios democráticos como el protagonismo popular, el pluralismo ideológico, la libertad y la tolerancia; todos ellos representados en el surgimiento de una nueva identidad política nacional: el *"sujeto democrático".* Por otro lado, se debía evitar la exclusión política, característica de los regímenes totalitarios. Estos dos factores, en conjunto, se plasmaron en el discurso del Estado, produciendo una reversión en el paradigma amigo-enemigo, habilitando a una transformación política en la Argentina. El discurso de Alfonsín, al no adherir a este paradigma que había caracterizado a la política local desde el primer Gobierno democrático hasta la última dictadura militar, posibilitó iniciar al país en una dirección política hasta entonces intransitada, donde la coexistencia de las distintas ideologías permitiría sentar las bases para una consolidación democrática sustentable. Esto permite concluir que el discurso presidencial previo a 1983 no daba lugar a la convivencia con el Otro, sino que se proponía su erradicación, por lo cual a éste se le atribuía la figura del 'enemigo interno'.

Capítulo III – EL FIN DE LA IDENTIFICACIÓN POR ALTERIDAD (1989-1999)

En este capítulo se analizará el discurso de Carlos S. Menem, en el cual se observará un cambio importante en la actitud del Gobierno entrante al referirse a la administración que dejaba el poder. Se evaluará cómo Menem pretendía darle a su triunfo electoral una condición de 'unidad nacional'. En este sentido, el discurso presidencial continuaría con el carácter integrador que le diera Alfonsín y, en consecuencia, desaparecería la figura del 'enemigo interno' de las proclamas presidenciales. Asimismo, se mostrará cómo la naturaleza aglutinante de los mensajes de Menem promovía a la tolerancia y al pluralismo ideológico, colaborando con la evolución de la democracia argentina y la consecuente consolidación de la misma, confirmada por la sucesión presidencial que llevó a Fernando De la Rúa a la conducción del país.

Conforme a lo estudiado por Novaro, durante el Gobierno de Menem se produjo una modificación en el formato de la identidad peronista que tuvo ingerencia en la identidad política nacional. La transformación identitaria producida por el menemismo no consistía solamente en la reelaboración de la historia, los valores y las metas heredadas, sino que se modificaba el formato mismo de la identidad: sintéticamente, la identidad peronista había sido una identidad por alteridad, y el menemismo completó el proceso de reconversión que hizo de ella una identidad por escenificación (Novaro, 1994). Palermo y Novaro sostienen que la identificación por alteridad se daba a partir de un principio activo en sí mismo que operaba en relación con un 'alter' intersubjetivo, partiendo de la distinción entre 'amigos' y 'enemigos', que constituía una identidad que involucraba existencialmente a los sectores sociales. Tal modalidad era proclive a generar agrupamientos y conflictos políticos, además de reducir la dinámica representativa a su expresión. Esto se debía a que a pesar de que la identidad resultante no era obviamente 'natural', la misma tendía a naturalizarse como esencia originaria de un sujeto colectivo, compuesta de intereses, valores y formas culturales, en contraposición a los de otras identidades equivalentes, también presentes en el plano político (Palermo; Novaro, 1996).

De acuerdo a estos autores, de allí partía la antinomia peronismo-antiperonsimo y, generalmente, el clásico y recurrente enfrentamiento entre identidades políticas y sociales. Esto evidenciaba el dominio de la lógica de la identidad política sobre la de la representación, que llegó a su fin al descomponerse ese agrupamiento y ser sustituido por una identificación por escenificación. La misma unifica la heterogeneidad de una sociedad 'polimorfa', desarticulada y dispersa, como la argentina, refiriéndola a una escena de simbolización y a un actor que personifica algo común a todos los sujetos, con el objetivo de dar lugar a la reconciliación a partir de una imagen colectiva de éstos. Esta escenificación se basa en la movilización de recursos simbólicos preexistentes. Sin embargo, lo importante es que las nuevas identificaciones se constituyen mediante la representación, actuando como un nuevo principio activo y lógica fundante (Palermo; Novaro, 1996).

Palermo y Novaro sostienen que la identidad del peronismo tradicional daba lugar a comportamientos electorales estables, sólidos lazos de pertenencia partidaria y lentos recambios dirigenciales. La victoria electoral de Raúl Alfonsín inició un cambio en esta situación, la cual se desarticularía definitivamente con la asunción presidencial de Carlos Menem. A partir de entonces se dieron cambios en las actitudes de los votantes, guiados más por sus opiniones que por vínculos de pertenencia a los partidos. Otra notable consecuencia de este cambio fue la desactivación de las polaridades sobre las que se asentaba la competencia política en la Argentina. Pese a la intolerancia presente en los dichos de distintos funcionarios del menemismo, los términos del conflicto político y social se habían suavizado notablemente en comparación con lo que acontecía antes del retorno de la democracia. Dicho cambio encuentra una explicación en el hecho de que el conflicto provocado por la identidad por alteridad era significativamente más excluyente que el de la identidad por escenificación. La primera estaba supeditada a una posición entre dos campos sociales, constituidos a partir de una enemistad absoluta (pueblo-oligarquía, patria-antipatria). La identidad por escenificación diluye la enemistad, dado que las líneas de conflicto se entrecruzan y son móviles, y por consiguiente las oposiciones, a pesar de que no desaparecen (lo que significaría la desaparición de las identidades mismas), son considerablemente más moderadas (Palermo; Novaro, 1996).

Estos mismos investigadores argumentan que puede observarse una estrecha relación entre el cambio en el formato de la identidad peronista y el reemplazo de su principio de legitimidad tradicional. Originalmente, el principio de legitimidad peronista se basaba en una cadena de equivalencias nacional-popular con centro en un liderazgo personalizado: la Nación se identificaba con el pueblo, éste con el movimiento y éste, a su vez, con el líder.[225] Esta cadena de identificación se correspondía con lo que Perón llamaba la *"unidad espiritual"*. A partir de ésta podía identificarse al partido con el Estado y la doctrina partidaria con la ley y la razón de ser de ese Estado.[226] Esta cadena fue desactivada a raíz de la descomposición del imaginario en que se asentaba: el vínculo de pertenencia provisto por la identificación por alteridad (Palermo; Novaro, 1996).

Para Sigal y Verón, existe una explicación histórica para este fenómeno. Durante el proceso iniciado en 1973, con el regreso de Perón a la Argentina, el peronismo enfrentó el siguiente dilema: sin enemigo no había revolución. Por lo tanto, no se justificaba la presentación del movimiento como expresión única de la Nación (Sigal; Verón, 2003). A esto se le sumó, según Halperín Donghi, la muerte del líder del movimiento, haciendo desaparecer la encarnación personalizada del Estado (Halperín Donghi, 1994).

Aquel principio de legitimidad fue seriamente cuestionado en la nueva identidad peronista, reemplazándolo por uno nuevo basado en dos elementos: la eficacia gubernamental o, en otras palabras, la elaboración de políticas públicas que otorgasen resultados presentables ante la opinión pública; además del respaldo electoral basado en la confiabilidad del líder, la cual debe ser renovada periódicamente, diferenciándose, así, de lo que sucedía con el liderazgo 'natural' anterior. Por ejemplo, el Gobierno peronista de Menem proclamaba estar fundando una *"nueva Argentina"*, sin embargo, ello ya no significaba la defensa de la *"justicia social"* y la *"democracia real"*, enfrentándose a los personeros del imperialismo, la oligarquía y la *"democracia formal"*. La *"nueva Argentina"* propuesta por este renovado Gobierno peronista estaba basada en gobernar y competir por el apoyo de la opinión pública. No obstante, Menem, en sus proclamas, con el propósito de lograr dicho cometido, utilizaba todos los recursos de la tradición peronista (Palermo; Novaro, 1996).

1. Un Gobierno de 'unidad nacional'

Una característica destacable del discurso de Menem fue el reconocimiento de los logros alcanzados por el Gobierno anterior, manifestando que *"la década de los 80"* había sido *"una inflexión en la cíclica sucesión de Gobiernos civiles y militares"* y que la *"administración radical"* le había *"otorgado a los argentinos garantías de vida en democracia"*.[227] A diferencia de la mayoría de los presidentes argentinos, Menem no responsabilizaba al Gobierno saliente por la mala situación en que se encontraba el país. Planteaba que su Gobierno, según él, un *"Gobierno de unidad nacional"*, consideraba que *"todos"* los argentinos, *"en mayor o menor medida"*, eran *"responsables y copartícipes de este fracaso argentino"* (Menem, 8/7/1989, p. 426). Vale destacar que hasta entonces todos los jefes de Estado se habían referido a la *"unidad nacional"* como una meta, algo que debía lograrse. Menem, en cambio, mencionaba a la misma como algo que se había concretado y ubicaba a su Gobierno como representante de ésta, más allá de la veracidad o no del hecho.

Menem expresaba que la *"crisis"* que vivía el país en el momento de su asunción presidencial era la *"peor"* de la historia argentina. No obstante, presentaba a la *"crisis"* como *"una oportunidad* [...], *un desafío"*. Transmitía un espíritu de *"unidad nacional"* al afirmar que su asunción presidencial iniciaba el *"reencuentro entre todos los argentinos"*. El discurso de Menem evidenciaba el surgimiento de un Nosotros democrático constituido por la totalidad de la población, así como la ausencia de un 'enemigo interno', al expresar que su Gobierno representaba el fin del *"país 'de todos contra todos'"* y el comienzo del *"país del 'todos junto a todos'"* (Menem, 8/7/1989, p. 426).

El mensaje de 'unidad nacional' emitido por Menem, al enunciar la misión política de su Gobierno, ponía igual énfasis en el nacimiento de una sociedad comprometida con las prácticas democráticas como en la recuperación de una nación que durante mucho tiempo había estado subsumida bajo un autoritarismo con ingerencia en la identidad política nacional, y que había contribuido a la fragmentación de ésta. Manifestaba que su objetivo sería reparar aquella división que aquejaba al pueblo argentino. En este sentido, el presidente sentenciaba: *"Se murió el país donde impera la ley de la selva. Se acabó el país oficial y el país sumergido. Se acabó el país visible y el país real. Yo vengo a unir a esas dos Argentinas. Vengo a luchar por el reencuentro de esas dos patrias* [...]*"*. La misión del Gobierno menemista, según las palabras de este presidente, era consolidar una *"Argentina unida que avance a pesar de las discrepancias"*. Menem declaraba no querer ser *"el presidente de una fracción, de un grupo, de un sector, de una expresión política"* (Menem, 8/7/1989, p. 429). La erradicación del autoritarismo, junto con el forzoso hegemonismo ideológico, fragmentador de la identidad política nacional, serían combatidos principalmente a través de la tolerancia y el pluralismo ideológico. El autoritarismo de muchos discursos presidenciales anteriores a 1983 estaba siendo reemplazado por un mensaje pacífico y no excluyente, haciendo de la consolidación de la democracia una realidad; cambio que había comenzado durante el último Gobierno radical.

La *"unidad nacional"* propuesta por Menem se basaba, también, en atender los intereses de todos los ciudadanos por igual, mientras que la justicia social era presentada como un factor determinante para la continuidad de esa unidad nacional. Menem aseguraba que no podía *"existir una real unidad sin justicia"*. La solución propuesta fue *"impulsar la adhesión a un pacto federal y un pacto político"* como *"elementos fundadores de un nuevo estilo de organización política y social"*. De acuerdo al primer mandatario, esto daría origen a *"una organización"* donde no existirían *"ciudadanos, ni ciudades, ni provincias de segunda categoría* [...]*"* (Menem, 8/7/1989, p. 430).

Este presidente utilizaba a la democracia como la solución de los males que aquejaban al país. Esta solución consistía en *"conjugar a esta democracia con la libertad y la justicia, con el pan y la paz, con las obras y la producción* [...]*"*. Agregaba que la *"primera y gran responsabilidad"* de este Gobierno era atender las necesidades de *"los marginados del saber, de la dignidad, de la cultura, del trabajo, de la vivienda, de la salud y del bienestar"*. Resolver esta cuestión era vital para el devenir de la democracia y la *"unidad nacional"*, debido a que no podía *"existir verdadera democracia con exclusiones* [...]*"* (Menem, 8/7/1989, p. 431). A través de su discurso, el Estado se mostraba integrador de la sociedad, no sólo por su compromiso con la libertad de expresión, sino también por asegurar que se velaría por el bienestar de los sectores marginados.

Menem igualaba su asunción presidencial con la *"unidad nacional"* al manifestar que *"el pueblo argentino votó por la epopeya de la unidad nacional"*. Se constituía un nuevo Nosotros en el que todos los argentinos, a través de la emisión del sufragio, estaban representados. Expresaba que su triunfo electoral representaba el deseo del *"pueblo argentino"* por superar sus *"mezquinos desencuentros"*. Afirmaba que la *"unidad nacional"* propuesta por su Gobierno no estaba sustentada en *"proyectos hegemónicos, ni actitudes paternalistas, ni arrebatos pasionales, ni emociones pasajeras* [...],*"* sino que el *"Gobierno de unidad nacional"* era *"propiedad de todos los argentinos"*. No existía un manifiesto deseo de imponer desde el Gobierno una identidad política nacional sino que ésta se constituiría con el aporte de todos los ciudadanos y mediante el respeto por las diferentes opiniones. A su vez, aseguraba que la difícil situación del país se debía principalmente a las *"divisiones"*, los *"lastres históricos"*, los *"prejuicios ideológicos"* y los *"sectarismos"* de los argentinos. Añadía a su diagnóstico que los orígenes de la crisis socioeconómica se remontaban a los años de las dictaduras militares, cuando las prácticas autoritarias impidieron *"el desarrollo de la sociedad"* al restringir la *"libertad"*, el *"pluralismo"* y la *"confianza"*; necesidades básicas *"para el despliegue de la creatividad del hombre y el desenvolvimiento del capital y la inversión"* (Menem, 8/7/1989, pp. 428-430).

2. El adversario ya no es el 'enemigo'

Menem afirmaba que la consolidación de las prácticas democráticas había hecho que el Gobierno dejara de considerar a sus adversarios políticos como 'enemigos internos'. Manifestaba que se había acabado *"el tiempo del peor de los subdesarrollos. El subdesarrollo de considerar como un enemigo al que piensa distinto […]"*. La pluralidad ideológica, según Menem, había hecho que este Gobierno fuera *"un Gobierno de genuina unidad nacional […]"*. Este proyecto democrático había *"convocado ampliamente a todos los sectores"*. El Gobierno comprendía que la oposición política era beneficiosa para el desenvolvimiento gubernamental del Estado, por ello aseguraba que su administración no sería *"un Gobierno transformado en una sede partidaria […]"*, donde sólo se velaría por los intereses del oficialismo, sino que las voces disidentes también serían escuchadas y consideradas por el Gobierno constitucional. (Menem, 8/7/1989, p. 430).

Menem, al igual que Alfonsín, a través de un discurso que no incurría en la violencia, ni en un forzoso hegemonismo ideológico, ni en la exclusión política, contribuyó a la construcción de la democracia en la Argentina. La misión del Gobierno, según las palabras de este presidente, era *"la unidad del pueblo argentino sobre todas las cosas"*. Menem declaraba que había *"llegado el reencuentro de todos los argentinos"*, donde los argentinos se dejaban *"de mirar como enemigos"*. Es de destacar que Menem no hablaba de la 'unidad nacional' como algo a lo que se aspiraba, un anhelo para el futuro, sino como algo que ya se había concretado gracias a su triunfo presidencial. Tras su asunción presidencial, Menem declaraba: *"Hoy se consolida la democracia y la libertad que tanto nos costara conseguir en largos años de lucha"*.[228]

3. Tolerancia y pluralismo ideológico

La tolerancia y el pluralismo ideológico estaban presentes en el discurso de Menem cuando afirmaba que *"la democracia"* no era *"sólo el Gobierno de las mayorías"*, sino que era, *"esencialmente, el respeto por las minorías"*. Destacaba al *"ámbito parlamentario"* como el lugar donde se escuchaban *"voces con las que no"* era *"necesario coincidir pero sí"* era *"imprescindible escuchar"*. Luego le correspondía a la soberanía popular decidir *"en las urnas"* cuáles eran *"las voces"* que mejor la representaban. El *"respeto por los que piensan distinto"* era presentado como *"uno de los pilares"* de *"la democracia"*, asegurando que el *"disenso"* nutría *"al sistema"* democrático. Para Menem, los Otros eran aquellos argentinos que preferían el sistema de Gobierno de los *"regímenes monocordes, totalitarios"*, ya que no adherían a la ideología democrática que postulaba este Gobierno, principalmente por no compartir como principio fundamental el derecho al *"disenso"*, sin embargo, desde el discurso presidencial no se fomentaba la exclusión política de estos ciudadanos (Menem, 8/7/1989, pp. 426-435).

4. La reforma constitucional y la consolidación de la democracia

La gestión de Menem fue escenario de transformaciones institucionales, culminando con la reforma constitucional de 1994 que sucedió al llamado Pacto de Olivos, el cual tuvo como protagonistas a los presidentes de la instauración democrática: Raúl Alfonsín y Carlos Menem. El Pacto de Olivos fue un acuerdo hermético sin información ni debate público. La reforma constitucional fue la consecuencia de la relación de fuerzas y no de la búsqueda del diseño más apropiado a los nuevos tiempos y sus exigencias. Para Menem y el menemismo, el eje de la reforma pasaba por la reelección presidencial, subordinando a ese objetivo las consideraciones sobre las consecuencias para el sistema democrático (Romero, 2001).

En las elecciones de 1995, Menem enfrentó a una UCR debilitada y sin confianza, y a una nueva fuerza: el Frepaso, fruto de la unión entre el Frente Grande y un movimiento apresuradamente organizado por el dirigente peronista mendocino José O. Bordón. Menem, acompañado por Carlos Ruckauf, derrotó a la fórmula Bordón-Álvarez, que dejó a los radicales Massaccesi y Storani en un lejano tercer lugar. El triunfo de Menem fue muy claro, ya que había logrado prácticamente el 50% de los votos.

a) La evolución de la democracia argentina

El pronunciamiento de la misión gubernamental enfatizaba conceptos como *"paz"* y *"justicia"*. El presidente se comprometía a *"cumplir"* con los *"mandatos básicos de la democracia"*. Manifestaba que ya no era suficiente con que el país gozara de una mera *"democracia representativa"*, era necesaria una *"democracia participativa, para que [...] en forma comprometida, solidaria y responsable"*, los ciudadanos forjasen *"el futuro argentino"*, entre otras cosas, a través de la *"libertad de expresión"*. Esto confirmaba que el discurso presidencial había perdido todo resabio de violencia y que los valores e ideales de la democracia, transmitidos por el mensaje presidencial, comenzaban a ahondar en la ciudadanía argentina. La convocatoria popular y las garantías sobre la libertad de expresión ofrecidas por el Gobierno indicaban que la exclusión política ya no tenía lugar en el discurso presidencial.[229]

Al igual que Alfonsín, Menem se distanciaba del discurso autoritario de la dictadura militar mostrando, entre otras cosas, su rechazo por *"toda forma de discriminación"* y *"toda violación de los derechos humanos"*. A su vez manifestaba su *"enérgica condena al genocidio, a la crueldad y a la degradación del hombre"*.[230] Con respecto a las soluciones propuestas por su Gobierno, Menem afirmaba: *"La Constitución reformada auspicia una comunicación dinámica entre el hombre y el sistema, entre el protagonista individual y el institucional"*. La reforma constitucional serviría para que hubiera una interacción más fluida entre representantes y representados. El discurso presidencial presentaba a la reconciliación y la integración nacional como hechos consumados, expresando: *"Supimos reformarnos; supimos reconciliarnos; supimos integrarnos"*. Para Menem, *"la mejor forma de defender la libertad"* consistía en *"acatar una autoridad única, la de la Constitución Nacional"*, utilizándola como el símbolo de la 'unidad nacional', o como decía Menem, una *"brújula"* que guiaría a la patria hacia un destino común a todos los ciudadanos. El mensaje presidencial reivindicaba al pluralismo ideológico, al respeto por el disenso y a la libertad de expresión, con manifestaciones como: *"Exhorto a mis compatriotas a expresarse, a seguir expresándose como empresario, como contribuyente, como soldado, como trabajador, como creyente, como investigador, como simple ciudadano que es el título más honroso"*. Todos los ciudadanos, sin exclusión ideológica alguna ni distinción de bandería política, eran convocados a expresar sus opiniones en libertad.[231]

Menem se esforzaba por demostrar que la consolidación de la democracia era un hecho, afirmarmando que a lo largo de sus diez años de Gobierno se habían producido *"tres logros fundamentales: la transformación económica, la inserción internacional y, sobre todo, la reconstrucción del poder político"*. Con respecto a esto último, Menem expresaba que las *"decisiones drásticas"* que se debieron adoptar por parte del *"poder político"* para superar la *"crisis"* se habían dado *"dentro de un marco de legitimidad democrática y de respeto a las instituciones"*. Este gobernante aseguraba que, a pesar de las *"diferencias"*, la participación de la ciudadanía y su esfuerzo mancomunado habían permitido salir de la *"crisis más profunda"* de la historia del Estado Argentino. Esto indicaba que se había logrado un diálogo democrático constructivo entre las distintas corrientes de opinión, sin caer en el autoritarismo o la violencia. Menem también expresaba que gracias al *"esfuerzo de todos los argentinos"* se había alcanzado el *"consenso necesario"* para que la Nación tuviese *"bases jurídicas sólidas"*. Este *"consenso"* tendría consecuencias directas en el desempeño institucional, lo cual también demostraba un avance importante en la política del país.[232]

Para establecer quiénes eran Nosotros y los Otros para su Gobierno, Menem manifestaba que los Otros eran aquellos gobernantes que habían carecido de las facultades necesarias para llevar adelante una satisfactoria labor gubernamental, quienes, principalmente a través del discurso presidencial, habían disgregado al pueblo argentino. En su imprecisa señalación de los Otros, Menem no identificaba un 'enemigo interno', simplemente afirmaba que estos políticos habían sido nocivos para la Nación. El presidente expresaba que si el Gobierno hubiera estado en manos de los Otros, los argentinos estarían:

"Dominados por el aislamiento, por la pobreza, por la mediocridad, por las máquinas de impedir, por los nostálgicos del pasado, por los que temen perder sus riquezas, por los que no tienen coraje y audacia y siempre buscan protección. Dominados por los que permitieron y consintieron que se derogara por decreto una Constitución que impulsaba la democracia plena de justicia social y hoy se rasgan las vestiduras cuando se proponen cambios. Dominados por los que siempre vieron enemigos en sus hermanos del continente, por los que no quisieron, por los que no supieron y por los que no pudieron".[233]

Estos eran los Otros, *"frente a ellos"*, decía Menem, Nosotros, *"los argentinos deseosos de unidad"*. Para cerrar este discurso de 'unidad nacional', Menem parafraseaba a Perón, expresando que *"para un argentino no hay nada mejor que otro argentino"* y agradecía *"a todo el arco político del país"* por haber *"acompañado"* a su Gobierno *"en las políticas de Estado [...], por encima de las divergencias ocasionales y naturalmente necesarias"*.[234]

La frase peronista *"para un argentino no hay nada mejor que otro argentino"*, por haber sido enunciada por Menem y por no haber estado directamente relacionada a la pacificación nacional, tomaba en este contexto un nuevo matiz. Ya no era esgrimida con un espíritu conciliador sino que, superada la exclusión política, se constituía en una frase que apuntaba a la consolidación de una coexistencia ideológica pacífica entre adversarios políticos. Durante el Gobierno de Menem, esta frase ya no era utilizada para aplacar el enfrentamiento político entre compatriotas; era la confirmación de que se había superado la violenta imposición de un sector sobre otro, dando paso a la convivencia política a través del diálogo democrático entre sectores divergentes. A su vez, el agradecimiento de Menem no hacía distinciones ideológicas, demostrando que el discurso presidencial respetaba el pluralismo ideológico, era integrador, tolerante y pacífico.

El año 1999 se presentó como un año trascendente en la vida política argentina. Luego de una década de Gobierno menemista era tiempo de una nueva elección presidencial. Fernando De la Rúa y Carlos 'Chacho' Álvarez constituyeron la fórmula presidencial de la Alianza, mientras que Eduardo Duhalde junto a Ramón 'Palito' Ortega representaron al Partido Justicialista. Domingo Cavallo, por su parte, creó una fuerza política, Acción para la República, con el objetivo de organizar el voto del sector de centro derecha. En las elecciones para presidente de la República, la fórmula De la Rúa-Álvarez triunfó con el 48,5% de los votos. La Alianza gobernaba en seis distritos y tenía mayoría en la Cámara de Diputados; el justicialismo tenía amplia mayoría en el Senado y controlaba catorce distritos, entre ellos los más importantes: Buenos Aires, Santa Fe y Córdoba. De la Rúa recibió un poder limitado en lo político y condicionado por la crisis económica, a lo que se le sumó la dificultad para transformar una alianza electoral en una fuerza gobernante (Romero, 2001).

Conclusión: El discurso presidencial de Carlos Saúl Menem fue trascendental para la construcción democrática: reconocía los logros obtenidos por el Gobierno radical; no responsabilizaba únicamente a la administración saliente por la crisis socioeconómica del país, sino que hacía responsables a todos los ciudadanos; y, consecuentemente, pretendía erigir su victoria electoral como un emblema de la 'unidad nacional'. Por lo tanto, el discurso de Menem fue favorable para la democracia argentina porque no identificaba a ningún grupo o sector político como un 'enemigo interno' a eliminar y, a su vez, le daba una condición integradora a sus mensajes.

La continua mención que Menem hacía de la 'unidad nacional' como una meta ya alcanzada era significativa, no por la veracidad o falsedad de la afirmación, sino porque, primordialmente, no caía en la exclusión política, lo cual era aún más trascendente. Al no haber existido una imposición ideológica desde el discurso presidencial, el respeto por el disenso y la pluralidad de ideas iniciado en el Gobierno de Alfonsín se fue fortaleciendo, y con éste la democracia. Contrariamente a los Gobiernos autoritarios, este Gobierno democrático consideraba a la pluralidad ideológica como la única vía para conseguir la 'unidad nacional', que tanto presidentes constitucionales como de facto aseguraban anhelar para el país. Asimismo, Menem fue el primer presidente peronista que no incurrió en la exclusión política, por no hacer de la identidad peronista una identificación por alteridad, lo cual marcó un cambio importante en el discurso justicialista. Por lo mencionado anteriormente, se puede concluir que el mensaje republicano de Menem y la ausencia del 'enemigo interno' en las proclamas de este gobernante favorecieron a la consolidación democrática argentina, permitiéndole al país continuar en la dirección iniciada en 1983.

Capítulo IV – CRISIS SIN ENEMIGOS (1999-2001)

Esta investigación culminará con el estudio de las proclamas presidenciales de Fernando De la Rúa. Sus mensajes permitirán observar cómo el discurso presidencial dejaba de alentar a la exclusión política, inclusive cuando se le formulaban fuertes críticas y acusaciones al Gobierno saliente, como así también, durante períodos de crisis socioeconómica. El análisis de los mensajes que el Poder Ejecutivo diera en respuesta al levantamiento popular que reclamaba la renuncia del presidente demostrará cómo la desaparición discursiva del paradigma amigo-enemigo contribuyó a la consolidación de la democracia en la Argentina.

En 1999, Fernando De la Rúa encarnó el cambio al que aspiraba una sociedad argentina irritada con la corrupción, golpeada por el modelo económico y sin confianza en el resto de los candidatos a la presidencia de la Nación. La Alianza, que unía a la UCR y al Frepaso, buscaba un mensaje capaz de expresar esos anhelos y temores. De la Rúa acusaba a sus adversarios de ser privilegiados, egoístas y corruptos, reivindicando para sí la austeridad y la solidaridad. De la Rúa subrayó el sentido republicano de la Alianza y su aprecio por los valores éticos y solidarios. Dio su versión de la clásica fórmula: pesada herencia, duros sacrificios, futuro prometedor. Pero puso el acento en el segundo término: el aspecto más crítico de la herencia era el déficit fiscal; y para acabar con él, todos debían renunciar a algo (De Privitellio; Romero, 2000).

En agosto de 2000 estalló una crisis política e institucional a partir de una denuncia de soborno a senadores nacionales de las principales fuerzas políticas; soborno que funcionarios gubernamentales habrían gestado para lograr la aprobación de la reforma laboral. El escándalo enfrentó al impulsor principal de la denuncia, el vicepresidente Álvarez con el presidente, quien se mostraba remiso frente al desafío de las circunstancias, y luego procuraría limitar los alcances de la crisis. El escándalo mostraba un Gobierno en tensión y a un presidente a la deriva, que creía afirmar su autoridad herida con cambios ministeriales desconcertantes. De la Rúa cambió su gabinete, y el vicepresidente Álvarez renunció. Lo que era una crisis política se transformó en una crisis institucional.

1. La crítica de un Gobierno democrático a su par saliente

Fernando De la Rúa expresaba que su asunción presidencial simbolizaba *"el anhelo de un cambio profundo [...]"*. En esta afirmación se dejaba entrever una crítica al Gobierno de Menem, denunciando que su administración asumía *"sin que se haya aprobado el Presupuesto para el año 2000"*. De la Rúa manifestaba que el Gobierno de Menem había vivido *"el efecto de años de crecimiento global"*; había reformado *"el Estado, privatizando empresas públicas"*; había tenido *"estabilidad monetaria mediante la convertibilidad"*, y *"en rigor"* debía haber entregado *"el país con cuentas ordenadas"*. Sin embargo, el presidente entrante aseguraba que existía *"un enorme déficit presupuestario"*. Definía la situación social y económica del Estado Argentino como *"grave"*. Señalaba que *"la situación"* era *"peor que la anunciada; más grave que la informada por el Gobierno saliente"*, que hablaba *"de un orden financiero"* que *"en rigor"* era inexistente.[235]

Como tantos otros presidentes argentinos, en el momento de asumir la presidencia, De la Rúa hacía una severa crítica al Gobierno saliente, responsabilizándolo por la grave situación social y económica que vivía el país. No obstante, la crítica que le hacía a Menem era significativamente diferente a las condenas esgrimidas por distintos presidentes argentinos a lo largo del siglo XX, fueran estos constitucionales o de facto. Anteriormente, los jefes de Estado se refreían a los Gobiernos salientes como los responsables absolutos del caos político, social y económico del país. La crítica hecha por De la Rúa de ningún modo caía en la violencia o la exclusión política, era la crítica de un Gobierno constitucional a su par saliente.

Continuaba expresando que *"la pobreza y la exclusión"* social se habían extendido *"de modo dramático y, junto con el desempleo de millones de personas"*, presentaban *"un frente social de marginación [...]"*. Este presidente sostenía que los argentinos debían *"asumir"* que el Estado Argentino era *"un Estado endeudado e ineficiente, un Estado ausente"* que se debía *"refundar"*. De la Rúa manifestaba que *"el país"* necesitaba *"de todos"*, porque era *"de todos y para todos: para los desempleados, los jóvenes, los jubilados, los pequeños productores, los que enseñan y aprenden, [...] todos los que tenemos responsabilidades, oficialistas y oposición, representantes de todos los sectores, representantes de las entidades intermedias"*.[236]

Frente al drama social y económico de la Argentina, De la Rúa solicitaba la participación y colaboración de todos los argentinos. Ante la marginación social, el Poder Ejecutivo emitía un mensaje integrador, en el cual se convocaba a la totalidad de la ciudadanía, sin alentar a la exclusión política de ningún sector. Incluso se proponía la refundación del Estado pero, a diferencia de los mensajes presidenciales previos a 1983, el Gobierno entendía que no era necesario caer en el marginamiento político de sus adversarios.

Finalizaba su diagnóstico expresando: *"El mundo ha observado con respeto esta ejemplar transición democrática argentina, a la Argentina que consolida sus instituciones y que elige, luego de recuperada la plena vigencia de la Constitución, a su tercer presidente por el voto popular"*.[237] Como lo demostraba el discurso presidencial, la democracia argentina se estaba construyendo sobre bases sólidas y, en gran parte, se debía a la reversión del paradigma amigo-enemigo, iniciada una vez recuperada la democracia en 1983.

a) Honestos vs. corruptos

En el discurso proselitista de De la Rúa podía advertirse un intento por superar antinomias para colocarse por encima de los partidos políticos y sumar fuerzas de diferentes sectores políticos. En el caso de De la Rúa, los Otros eran los políticos menemistas, por considerarlos grandes responsables de los males que aquejaban al país, en particular la corrupción, que había generado descontento en la sociedad argentina. Para el Gobierno de la Alianza, el Nosotros se constituiría a partir de un nuevo camino para la política del país. De la Rúa pretendía personalizar al cambio, mientras que, según él, Eduardo Duhalde, su principal competidor por la presidencia de la República, constituía una continuidad al modelo menemista (Ollier, 2001).

María Matilde Ollier explica que De la Rúa se mostraba dispuesto a consensuar, con una percepción de la política alejada de la confrontación. El *"cambio"* propuesto por este mandatario no tenía sentido de disputa. El país, según él, precisaba una nueva etapa de construcción, de consenso y diálogo, mientras que acusaba al Gobierno de Menem de haber animado el enfrentamiento político. Con su iniciativa por evitar la confrontación parecía estar expresando la actitud política general de la ciudadanía, logrando, de este modo, aceptación por su propuesta (Ollier, 2001).

En cuanto a la corrupción del Gobierno menemista, en distintas ruedas de prensa, De la Rúa mencionaba la posibilidad de investigar a la administración saliente. No obstante, tanto para los analistas políticos como para el público en general era evidente que existían escasas intenciones de llevar adelante pesquisas para develar los oscuros negociados del Gobierno de Menem. Por lo tanto, para De la Rúa, la palabra *"consenso"* sugería encubiertamente la estrategia de olvidar lo pasado (Ollier, 2001).

Según Ollier, llegando al final de la campaña electoral, el discurso del candidato alianzista estaba marcado por dos consignas: *"Se va a acabar la fiesta de unos pocos"* y *"Somos más"*. Ambas afirmaciones sugerían una evidente divergencia entre el menemismo y la propuesta de la Alianza, mostrando nuevamente una distinción entre Nosotros y los

Otros. Lo que De la Rúa parecía querer transmitir en sus mensajes era que el Gobierno de Menem, los Otros, habían gobernado para unos pocos y por lo tanto no ganarían (pues para ganar hacían falta muchos) y él iba a ganar porque iba a gobernar para todos. A su vez, en el discurso delarruista podía observarse el concepto de 'reparación'. La propuesta ponía hincapié en la idea de la reconstrucción y la curación de las heridas provocadas por diez años de desmanejos. De la Rúa le daba un tono épico a esta misión gubernamental, mientras hacía un esfuerzo por desideologizar su propuesta con el afán de evitar asuntos comprometedores (Ollier, 2001).

Una vez asumida la primera magistratura, De la Rúa anunciaba la misión política de su Gobierno, afirmando que el comienzo de su gestión representaba *"una ruta firme hacia una nueva sociedad ética, solidaria y progresista"*. Manifestaba que su elección a la presidencia significaba *"una firme vocación de cambio"* por parte del pueblo argentino. Según este presidente, *"ese cambio"* suponía para el nuevo Gobierno: *"transparencia, honestidad, austeridad, lucha permanente contra cualquier forma de corrupción, convicción profunda de servir a la gente y no a sí mismos o a grupos privilegiados a la sombra del poder"*.[238]

De este modo, De la Rúa procuraba distanciarse de la corrupción que había caracterizado al Gobierno menemista. A pesar de que De la Rúa no tildaba explícitamente al Gobierno saliente de corrupto, era evidente para la ciudadanía que el nuevo presidente estaba intentando dar una imagen de honestidad ante una opinión popular que condenaba la falta de ética política del Gobierno de Menem. A su misión se le sumaba la contraposición de los valores que el Gobierno de la Alianza decía ostentar y aquellas características con las que describía al Gobierno anterior. Según De la Rúa, "e*l pueblo"* debía *"ver la diferencia entre transparencia y corrupción, entre solidaridad e interés personal* [...] ".[239]

De la Rúa planteaba la existencia de Nosotros y los Otros basándose en las reglas éticas que había marcado en el comienzo de este mensaje de asunción presidencial: *"transparencia"*, *"honestidad"*, *"austeridad"*, *"lucha contra la corrupción"* y *"convicción profunda de servir a la gente"*. El mandatario expresaba al respecto:

"Quienes se hayan apartado o se aparten de esas normas elementales para todo gobernante o funcionario serán sometidos a los jueces de la Nación [...]. Vamos a afrontar esta crisis con coraje; vamos a superarla porque así vamos a crecer y vamos a crear las condiciones de vida dignas para todos. Los convoco a hacerlo, a amigos y adversarios, a quienes desde hoy serán oficialismo y a quienes desde hoy integrarán la oposición [...]. Por ello, haremos prédica permanente de que a través del diálogo se resuelven los conflictos [...] ".[240]

El mensaje presidencial estaba totalmente alejado de la exclusión política. Los Otros eran aquellos políticos que no respetaban las reglas éticas explicitadas por De la Rúa, mientras que Nosotros para este Gobierno eran aquellos que luchaban contra estos males y hacían suyos los principios de la ética política. La vigencia de la Constitución y la Ley también era expresada en este mensaje cuando se advertía que quienes hubieran incurrido en actos de corrupción serían remitidos a la Justicia. A su vez, el discurso de De la Rúa integraba a *"amigos y adversarios"*, *"oficialismo"* y *"oposición"*, mediante una convocatoria para dirimir los *"conflictos [...] a través del diálogo"*. De este modo quedaba demostrada la naturaleza democrática del nuevo Gobierno, el cual aseguraba la libre expresión de las ideas y respeto por el disenso, fortaleciendo la democracia argentina.

b) *Sí al pluralismo ideológico, no a la violencia*

El discurso de Fernando De la Rúa tomaba un carácter integrador al diagnosticar que desde que los argentinos vivían *"en democracia todos"* eran *"depositarios del destino de la Patria"*. El mensaje presidencial estaba comprometido con el pluralismo ideológico, manifestando que era *"importante subrayar el valor de la paz social, de la convivencia en el respeto y la discrepancia"*. A diferencia de los discursos presidenciales previos a 1983, este mensaje no caía en la violencia verbal ni incitaba a la violencia armada. Por el contrario, aseguraba estar a favor de *"la erradicación de toda forma de violencia"*. Para el jefe de Estado, los argentinos debían convivir pacíficamente más allá de las posibles divergencias en sus principios e ideales políticos. Manifestaba que Argentina era *"un país abierto al diálogo,"* que quería *"la convivencia pacífica, libre en la expresión de las ideas pero respetuoso de las personas y de la libertad de los demás"*.[241]

Además de los corruptos, para este Gobierno, los Otros eran los violentos. En referencia a la violencia política que había caracterizado a la Argentina del siglo XX, De la Rúa manifestaba: *"La violencia es repudiable en sí misma, máxime si está asegurada la libertad en el marco de la democracia [...]. La invocación de motivos políticos no legitima la violencia. Este Gobierno ha dado [...] las más amplias muestras de respeto a la libertad de opinión, de reunión, de manifestación o de crítica"*. El discurso presidencial procuraba dar una imagen pacífica, forjador de un Nosotros alejado de todo lineamiento autoritario. De la Rúa manifestaba querer *"una sociedad integrada, sin odios ni violencia, reconciliada en los valores superiores de la paz y el respeto"*. La democracia estaba cada vez más arraigada en la identidad política nacional. El presidente expresaba que no creía *"en una república de iluminados"*, sino *"en una república democrática que sea de todos los argentinos y que llegue con su protección solidaria a todos y a cada uno"*.[242]

El país que se había debatido durante tanto tiempo entre el autoritarismo y la democracia finalmente había experimentado una consolidación democrática que lo distanciaba cada vez más de la exclusión política. El discurso presidencial describía una Argentina donde la totalidad de la ciudadanía podía expresar sus opiniones y participar activamente en la conducción del país a través de las representaciones públicas.

2. La crisis: reflejo de la consolidación de la democracia argentina

El país, en default técnico, fue escenario de una corrida bancaria: en sólo un día, los ahorristas retiraron de los bancos mil trescientos millones de dólares. El sistema financiero no resistió. La Argentina estaba en medio de una gran incertidumbre, con un liderazgo presidencial colapsado. Se escuchaban demandas sectoriales y voces alarmadas que llamaban a alguna forma de acuerdo social, y voces militantes que llamaban a ganar la calle y alentar la crisis del Gobierno de la Alianza. Desbordado, en la madrugada del 20 de diciembre, el presidente declaró el Estado de sitio. Reclamó la solidaridad del Partido Justicialista para evitar la anarquía, y propuso un Gobierno de 'unidad nacional'. Se registraron confrontaciones entre manifestantes y fuerzas policiales, con un saldo de más de treinta muertos y cientos de heridos.

Dos causas combinadas habían desatado la crisis argentina: la fragmentación del sistema político-institucional y la extrema dependencia en el crédito externo por parte de la economía nacional. El nivel de fragmentación del sistema político-institucional había dejado a los principales partidos políticos nacionales severamente dañados. Esta situación hacía difícil que el Gobierno pudiera contrarrestar acontecimientos traumáticos. La falta de resolución se debía, principalmente, a la dependencia en el crédito extranjero. Cuando se originan recesiones o depresiones económicas, como lo ocurrido en Argentina en 2001, la ayuda económica externa es indispensable para salir de tal situación y para pagar los intereses de la deuda. Tales restricciones limitaban la capacidad del Gobierno de la Alianza para implementar medidas políticas sin perder control de la situación, en un contexto de serio deterioro social (incremento del índice de pobreza, desempleo y trabajo informal) (Ollier, 2001).

El 19 y 20 de diciembre de 2001 ocurrieron saqueos a supermercados, seguidos de una espontánea movilización de la clase media, que golpeando cacerolas y sartenes exigía la dimisión del ministro de Economía Domingo Cavallo. Horas más tarde se conoció la renuncia del presidente Fernando De la Rúa. La democracia política sufrió un durísimo golpe, con la contribución de opositores organizados en la búsqueda de poder.

En su último discurso antes de renunciar a la presidencia de la Nación, Fernando De la Rúa declaraba:

"Quiero dirigirme a todos los argentinos, que saben que la situación económica, política y social pasa por graves momentos. Estamos en una situación crítica y sólo podremos salvarla con el conjunto de la dirigencia política. Lo importante no son las personas sino las instituciones y el país [...]. Asumo las responsabilidades por la situación que me toca administrar, pero debemos oír el reclamo popular. Si no asumimos todos los dirigentes, con grandeza y claridad, las responsabilidades, los efectos pueden ser peores [...]. No estoy acá porque me aferré a un cargo sino porque es mi deber, y represento la institucionalidad democrática. He sido elegido por el pueblo para presidir la Nación. Me ha tocado un tiempo de grandes dificultades y sé que los resultados no son los que deseamos todos los argentinos ni los queridos por mí mismo [...]. Es evidente que está resentida la gobernabilidad y puede deberse a múltiples factores. No es menor la queja social [...]*".*[243]

De la Rúa no inculpaba a un sector político o a un 'enemigo interno' por el caos del momento. Por el contrario, asumía la responsabilidad que le cabía y convocaba a los distintos dirigentes políticos, sobre todo a la oposición, a colaborar con el Gobierno para salvar las instituciones. Lo que en otra época hubiera originado un golpe de Estado, en este momento evidenciaba que la política argentina había logrado valerse de los principios constitucionales para la continuidad de la democracia. Los adversarios políticos eran convocados por el presidente para que, conjuntamente, oficialismo y oposición lograran salvaguardar la República, algo impensable para cualquier gobernante anterior a Raúl Alfonsín. La crisis que se desató en diciembre de 2001 fue una corroboración de que la reversión del paradigma amigo-enemigo en el discurso presidencial había tenido consecuencias positivas que se trasladaron a todo el campo político nacional. A pesar del caos generalizado, en ningún momento existió la posibilidad de un golpe de Estado o de caer en la anarquía.

Con respecto a la misión gubernamental correspondiente a aquel momento de crisis, De la Rúa expresaba: *"Los convoco con toda amplitud y generosidad para que traigan sus ideas, sus propuestas y los cambios* [...]*".* El pluralismo ideológico y el diálogo aparecían como los valores que salvarían a las instituciones. El presidente se mostraba dispuesto a escuchar a la oposición y llevar adelante los cambios que fueran necesarios para *"preservar las instituciones, la paz y el futuro nacional".* Continuaba manifestando: *"Sé del compromiso y la responsabilidad de la dirigencia democrática argentina".* Los políticos civiles eran convocados, sin distinción de banderías políticas, para que colaborasen con el Gobierno en su misión de *"asegurar la paz y los derechos"* de los argentinos.[244]

De la Rúa hacía públicas las soluciones propuestas por su Gobierno, de la siguiente manera:

"Estoy convencido de que sólo la unidad nacional puede levantar al país [...]. He ofrecido al justicialismo [...] que participe en un Gobierno de unidad nacional [...]. Más allá de las personas hay que asegurar la paz; [...] por eso he dictado el Estado de sitio [...]. Convoco [...] desde mi legitimidad, en el claro sentido de la institucionalidad, a los líderes de la oposición, del partido justicialista para juntos fortalecer la gobernabilidad y participar de la conducción *[...]. Por eso convoco a deponer las actitudes de violencia".*[245]

Contrariamente a otras épocas, *"la unidad nacional"* se planteaba a partir de la integración de los adversarios políticos a las decisiones de Gobierno y no a partir de la exclusión política ni la erradicación del los Otros. Esto demostraba cómo la oposición, en este caso el justicialismo, se había convertido en un factor de Gobierno fundamental para la democracia. El adversario político ya no era combatido a través de la violencia discursiva o armada sino que era requerido para dar su aporte, incluso a través del disenso.

Tras la renuncia del presidente, un Gobierno compuesto por una amplia coalición parlamentaria comenzó la transición hacia una nueva estabilidad dentro del régimen democrático. Ollier sostiene que este episodio había originado el surgimiento de un protagonista capaz de jugar un papel preponderante: el Congreso. En un sistema presidencialista, el Parlamento había encontrado la manera de salvar al régimen democrático de la anarquía o el autoritarismo. El Congreso fue de vital importancia para dirigir al país hacia la próxima sucesión presidencial, la cual se concretaría por medios legales. Sin embargo, las divisiones dentro del Partido Justicialista y los deseos de varios de sus líderes de convertirse en el próximo presidente habían colocado al peronista Adolfo Rodríguez Saá en la primera magistratura. No obstante, se le había impuesto la condición de convocar a elecciones para dos meses después de que asumiera el cargo. Luego de anunciar la cesación de pagos de la deuda externa y tomar ciertas medidas, los líderes peronistas comprendieron que Rodríguez Saá planeaba continuar en el poder por lo menos por dos años más. Esto hizo que el Partido Justicialista le retirara su apoyo. La crisis, con un sistema político severamente cuestionado más la falta de liderazgo y la fragmentación partidaria, comenzó a devorar el poder del propio peronismo (Ollier, 2001).

La magnitud de los eventos ocurridos en Argentina indicaba que un partido fragmentado y sin claro liderazgo, no estaba en condiciones de estar a cargo de la conducción del país. Por lo tanto, fue necesario un amplio acuerdo parlamentario entre el Partido Justicialista, la Unión Cívica Radical y algunos sectores del Frepaso, quienes designaron a Eduardo Duhalde para tomar las riendas de la presidencia de la Nación (Ollier, 2001).

<u>Conclusión</u>: Los acontecimientos del 19 y 20 de diciembre de 2001 fueron un duro golpe para el Gobierno y la sociedad. Paradójicamente, la traumática situación socioeconómica del país sirvió para ratificar que la exclusión política había desaparecido, contribuyendo a que cesara la recurrente imposición de un sector político sobre sus adversarios. A diferencia de Yrigoyen, Perón, Frondizi, Illia y Martínez de Perón, quienes sufrieran golpes de Estado, De la Rúa no fue forzosamente removido del poder, y el nuevo presidente de la Nación fue designado en concordancia con los procedimientos constitucionales. Fue un gran paso para un país que veinte años atrás estaba subsumido en la más terrible dictadura militar. La joven democracia argentina resistió la crisis. El Gobierno, en vez de silenciar voces disidente, solicitó el apoyo de la oposición para conformar un Gobierno de 'unidad nacional'. Contrariamente a los Gobiernos anteriores a 1983, el Gobierno de De la Rúa pretendía alcanzar la 'unidad nacional' a través de la participación y el pluralismo ideológico, no mediante la represión o la exclusión política de los sectores disidentes.

Los últimos días del Gobierno de la Alianza estuvieron signados por la violencia. Existieron levantamientos de protesta civil a los que el Gobierno respondió con una fuerte represión armada, incluso excesiva si se quiere. No obstante, este factor no debilita la aseveración de que la Argentina había consolidado su democracia. El reemplazo presidencial democrático que siguió a la renuncia de De la Rúa se debió, principalmente, a la evolución de un tipo de discurso presidencial que no consideraba a los adversarios políticos como 'enemigos internos'. Esto fue demostrado cuando De la Rúa convocaba al justicialismo para conformar junto al oficialismo un Gobierno de 'unidad nacional'. La colaboración entre adversarios y el respeto en el disenso fue lo que mantuvo de pie a las instituciones y le permitió al pueblo argentino acceder a una apertura electoral para llevar al poder a un nuevo presidente constitucional.

Concusiones Finales

Como conclusión final de esta investigación se establecerán tres grandes categorías con el objeto de clasificar a los distintos presidentes. La clasificación se hará única y estrictamente a partir del discurso, y no desde la acción. El propósito es mostrar la promoción del paradigma amigo-enemigo presente en el discurso presidencial entre 1916 y 1983, y su ausencia a partir de entonces, concluyendo el período de análisis en 2001. Por lo tanto, las categorías propuestas, en relación al paradigma amigo-enemigo, son las siguientes:

1. Manifestación evidente
2. Manifestación encubierta
3. Sin manifestación

Categoría 1:

Manifestación Evidente
Hipólito Yrigoyen (1916-1922; 1928-1930)
José F. Uriburu (1930-1932)
Ramón S. Castillo (1940-1943)
Arturo Rawson (1943)
Pedro P. Ramírez (1943-1944)
Edelmiro J. Farrell (1944-1946)
Juan D. Perón (1946-1955; 1974)
Eduardo Lonardi (1955)
Pedro E. Aramburu (1955-1958)
Aruturo Frondizi (1958-1962)
Arturo Illia (1963-1966)
Juan C. Onganía (1966-1970)
Roberto M. Levingston (1970-1971)
Alejandro A. Lanusse (1971-1973)
Héctor J. Cámpora (1973)
Raúl A. Lastiri (1973-1974)
María E. Martínez de Perón (1974-1976)
Jorge R. Videla (1976-1981)
Eduardo Viola (1981-1982)
Leopoldo F. Galtieri (1982)

Categoría 2:

Manifestación Encubierta
Agustín P. Justo (1932-1938)
Roberto Ortiz (1938-1940)
Reynaldo Bignone (1982-1983)

Categoría 3:

Sin Manifestación
Marcelo T. de Alvear (1922-1928)
Raúl Alfonsín (1983-1989)
Carlos S. Menem (1989-1999)
Fernando De la Rúa (1999-2001)

De los 27 presidentes cuyos discursos fueron analizados en esta investigación, 20 de ellos forman parte de la categoría 'manifestación evidente', mientras que 3 demostraron una 'manifestación encubierta', y otros 4 se ubican en la categoría 'sin manifestación'. Los 20 presidentes que mostraron una manifestación evidente del paradigma amigo-enemigo más los otros 3, ubicados en la categoría 'manifestación encubierta', ratifican que entre 1916 y 1983, el discurso presidencial se refería a los adversarios políticos como 'enemigos internos'. De las 4 presidencias sin manifestación discursiva del paradigma amigo-enemigo, sólo el Gobierno de Marcelo T. de Alvear se ubica dentro del período 1916-1983. Quizás sea la excepción que hace a la regla. Los otros 3 presidentes que componen la tercera categoría son Alfonsín, Menem y De la Rúa, convalidando la hipótesis de esta investigación, la cual sostuvo que una vez reinstaurado el sistema democrático, en 1983, se produjo una reversión del paradigma amigo-enemigo en el discurso presidencial, donde el adversario dejo de ser visualizado como 'enemigo', lo cual tuvo consecuencias positivas para la consolidación de la democracia en la Argentina.

Por lo tanto, de un modo u otro, 23 de los 27 presidentes comprendidos en esta investigación utilizaron un discurso antagónico, excluyente. En otras palabras, hasta 2001, los discursos del 85% de los presidentes de la Argentina hicieron referencia a un 'enemigo' que debía ser políticamente erradicado. Más allá de los argumentos acerca de las dificultades que presentan los sistemas presidencialistas para la continuidad de la democracia, ya tenidos en cuenta y presentados en el comienzo de esta investigación, los resultados obtenidos del relevamiento de los distintos discursos presidenciales permiten concluir que un motivo fundamental por el cual la democracia argentina ha zozobrado recurrentemente fue la adhesión al paradigma amigo-enemigo de la gran mayoría de los jefes de Estado. No es casualidad que la democracia argentina haya comenzado a consolidarse en el mismo momento en que el discurso presidencial dejó de excluir políticamente a los adversarios del oficialismo.

Ahora bien, se deben dilucidar las consecuencias que ha tenido el paradigma amigo-enemigo en la historia política del país. La Argentina se ha visto atrapada en un círculo vicioso, donde los que ostentaban el poder excluían a sus adversarios, y éstos, luego de hacerse cargo de la conducción del país, procuraban imponerse por sobre quienes los habían marginado. De allí proviene el carácter refundacional de casi todas las asunciones presidenciales. Asimismo, esta discontinuidad dio origen a la fragmentación de la identidad política argentina, como así también, a su núcleo confrontativo.

La apelación al 'enemigo' ha sido un método utilizado para, por ejemplo, inculpar a un 'chivo expiatorio' o legitimar una administración gubernamental. A partir de este fenómeno se origina una paradoja mencionada reiteradamente a lo largo de este libro: los presidentes manifestaban sus deseos de 'unidad nacional', pero mediante sus dichos y hechos conseguían un resultado contrario. La disgregación política de la Argentina fue siempre un resultado directo de la imposición ideológica y su inseparable aliada, la exclusión política. Los drásticos cambios de rumbo que el discurso del Estado Argentino ha demostrado a través de su historia no hacen otra cosa que ratificar la fragmentación existente en la identidad política de este país. Con sus variantes discursivas, el Estado Nacional moldeó una identidad política conflictiva, incierta y fragmentada.

Sería imprudente y desacertado afirmar que en la actualidad la Argentina cuenta con una identidad política integrada, no fragmentada. Sin embargo, ha sido importante el cambio evidente en los discursos presidenciales a partir de 1983; la consolidación democrática lo confirma. Por cierto, estará siempre latente la tentación oportunista de enfrentarse a un 'enemigo' en busca de algún rédito mezquino que ningún bien puede ocasionar a la democracia ni a la Nación. Carece de importancia si se trata de un 'enemigo interno' o un 'enemigo externo', si el 'enemigo' es un partido político, una personalidad del mundo de la política, una institución como las Fuerzas Armadas, un país, o cierto sector de la producción económica nacional. La figura del 'enemigo' no debe jamás estar presente en el discurso presidencial, menos aún si se pretende vivir en democracia. La historia misma se ha encargado de probarlo.

Epílogo

Tras le renuncia de Fernando De la Rua a la presidencia de la Nación se pusieron en funcionamiento los mecanismos constitucionales previstos por la ley de acefalía. En medio de un gran caos político y social se sucedieron, en pocos días, cuatro presidentes: Ramón Puerta, Adolfo Rodríguez Saá, Eduardo Caamaño y Eduardo Duhalde. Este último gobernó durante casi dos años, y su principal objetivo fue llevar al país a una nueva elección presidencial democrática. En 2003, Duhalde fue sucedido por Néstor Kirchner, quien ganó las elecciones luego de que Carlos Menem desistiera de presentarse al ballotage, a pesar de haber liderado los comicios en primera instancia. Durante la presidencia de Kirchner, el mensaje presidencial buscó en varias oportunidades un enfrentamiento casi obsoleto con un pasado que la ciudadanía pretendía dejar atrás. El presidente insistía en escarbar viejas heridas dejadas por la última dictadura militar. Con un espíritu más revanchista que de justicia, el primer mandatario arremetía contra los jerarcas castrenses del Proceso de Reorganización Nacional. No obstante, la ciudadanía, apremiada por la preocupante situación socioeconómica del país, no se hizo eco del mensaje presidencial. El sentimiento popular era que el Poder Ejecutivo se enfocaba en este pasado trágico para desviar la atención de los serios problemas que aquejaban a la Argentina. La estrategia del presidente no prosperó y su mensaje, que mostraba ciertos resabios de ese paradigma amigo-enemigo que tanto mal le causara al país, bajó el nivel de confrontación. No obstante, vale destacar que se observaba un particular cambio en el discurso del Ejecutivo, que a partir de 1983 había experimentado una reversión de dicho paradigma, paralela al retorno de la democracia.

Durante el Gobierno de Cristina Fernández de Kirchner, quien sucediera a su esposo en la primera magistratura en diciembre de 2007, el Gobierno nacional tomó la decisión de imponer un nuevo esquema de mayores retenciones a la producción agrícola, lo cual fue el desenlace de una ineficaz sucesión de medidas equivocadas que, detrás de la manifiesta intención de moderar la presión sobre el precio interno de los alimentos proveniente del alza de las 'commodities' en los mercados internacionales, llevó a una situación crítica a varios segmentos de la producción primaria (carne, leche y trigo).[246] Ante las protestas, el Poder Ejecutivo inculpaba a los productores rurales de estar en contra de los intereses y necesidades del resto de la población. El enfrentamiento entre el Gobierno y el sector agropecuario (originado por la iniciativa del Gobierno de transformar en ley la disposición de imponer restricciones móviles a las exportaciones provenientes de la agroindustria) dividió al país en dos, generando altos niveles de tensión, violencia y disgregación. Como en épocas pasadas, se produjo una severa escisión en la sociedad argentina. Principalmente esta situación se dio como consecuencia de que el mensaje oficialista llevaba intrínseca una única opción: estar a favor o en contra de los sectores de la producción agropecuaria y, consecuentemente, estar (según se desprende del discurso presidencial) a favor o en contra de los intereses del país, apelando siempre al enfrentamiento entre argentinos.

Cristina Fernández de Kirchner acusaba a la dirigencia de las asociaciones agropecuarias de ser antidemocrática, sosteniendo *"que desde un sector de la sociedad, desde una corporación, cuatro personas a las que nadie votó, a las que nadie eligió, se reunían, deliberaban, decidían y comunicaban al resto de los argentinos quién podía andar por las rutas del país y quién no".*[247] La presidente intentaba hacer aparecer a los dirigentes rurales como autoritarios y antidemocráticos, cuando la realidad era que éstos habían sido elegidos legítimamente dentro de sus organizaciones. Inclusive el mensaje de la presidente aseguraba que desde la dirigencia rural *"se estaba socavando, se estaba interfiriendo en la misma construcción democrática, esa que nos dice que son los representantes del pueblo, elegido en elecciones libres, democráticas y sin proscripciones, los que deciden, deliberan y* *ejecutan".*²⁴⁸ Esta última afirmación puede interpretarse como un retorno del paradigma amigo-enemigo en el discurso presidencial, dado que se estaba excluyendo a los ruralistas del Nosotros que el Gobierno proponía. El Otro político volvía a ser visualizado como un 'enemigo interno'.

La presidente acusaba a los ruralistas de querer *"dar marcha atrás y volver a la impunidad [...]".* Puede interpretarse que Cristina Kirchner aludía a un retorno a las prácticas autoritarias del Proceso de Reorganización Nacional, un Gobierno que ejerció el terrorismo de Estado en contra del pueblo con total *"impunidad".* Excluyéndolos del Nosotros, expresaba que los productores agropecuarios *"no se dan cuenta que es la historia y el pueblo el que decidió derribar el muro de la impunidad".*²⁴⁹ Con tal afirmación se comprueba que el mensaje presidencial pretendía enfrentar a este sector con el supuesto interés común de la ciudadanía.

El Gobierno se empecinaba en relacionar a los productores rurales con el pasado violento de la Argentina de la década del 70, planteando el conflicto en términos de democracia contra anti-democracia. La mandataria expresaba:

*"Tal vez con tanto golpe de Estado, con tanta interrupción institucional que hemos vivido, creemos que todo se arregla con intolerancia, con golpes, con bocinas, cacerolas o corte de ruta [...]. Equivocados por la propia dinámica sectorial, equivocaron el rumbo y quisieron mandarnos a todos los argentinos, a decirnos por dónde podíamos pasar y por dónde no [...]. Les pido que en nombre de la democracia, que en nombre de la Constitución, que en nombre de las leyes, liberen las rutas y dejen que los argentinos volvamos a producir y trabajar".*²⁵⁰

A medida que el conflicto entre el Gobierno y el 'campo' se agravaba, el discurso presidencial profundizaba su actitud de relacionar al sector agropecuario con la dictadura más nefasta que el país tuvo que soportar. La jefa de Estado, en referencia a la demostración popular opositora que tuvo lugar en varios puntos de la Capital Federal luego de un discurso suyo, afirmaba haber observado manifestaciones escritas como *"Kirchner montonero"* y *"Videla volvé".* Asimismo, aseguraba haber visto *"caras de conocidos defensores y defensoras de los genocidas [...] en Plaza de Mayo".*²⁵¹ El nivel de hostilidad por parte del Poder Ejecutivo dejaba en evidencia la búsqueda oficialista del 'enemigo interno'. El mensaje presidencial había retomado un carácter confrontativo y hasta belicoso, con enunciaciones como: *"Dialogar con una pistola en la cabeza es muy difícil, sobre todo en democracia [...]. No se dialoga tres horas antes de que hable la presidenta de la República decretando un paro, un lock out patronal, contra el Gobierno, en definitiva, contra el pueblo al quitarle los alimentos o al hacer que éstos suban producto de la escasez".*²⁵² Más aún, el verdadero espíritu del discurso de la presidente quedó en evidencia cuando hizo mención a lo que ella denominó como *"una licencia del peronismo",* manifestando que *"el peronismo nunca planteó la lucha de clases, el peronismo nunca planteó la guerra entre los pobres y los ricos [...]".*²⁵³ Paradójicamente, semejante falacia sirve para corroborar que desde la presidencia de la Nación se estaba emitiendo un mensaje disgregador que renegaba de un pasado peronista plagado por la visualización del adversario político como enemigo a excluir y que contenía características muy similares al discurso confrontativo que el líder histórico del movimiento justicialista solía utilizar.

En representación del Nosotros, la presidente se enfrentaba a sus enemigos políticos, los productores agropecuarios, manifestando: *"[...] en nombre de los argentinos, yo les pido [...] que por favor dejen transitar a los camiones y, además, que por favor también, se piensen como parte de un país, no como propietarios del país [...]".* Asimismo, la mandataria se presentaba como la defensora de la democracia, del pueblo y, si se quiere, incluso de la argentinidad, arremetiendo contra la dirigencia de la agroindustria mediante frases que alentaban a la confrontación, siempre dejando en claro que quienes disentían con el Gobierno estaban actuando en contra de los intereses de la patria. En su discurso de exclusión política, expresaba: *"[...] Yo les pido que, en nombre de las instituciones, en nombre de la calidad institucional, en nombre del pueblo, en nombre de todo lo que les ha tocado vivir a los argentinos, que recapaciten un poco".*[254] Ubicándose en una posición de defensa de los intereses comunes de los argentinos, les solicitaba a los productores rurales que *"levanten las medidas contra el pueblo".*[255]

"El conflicto entre los productores agropecuarios y el Gobierno nacional ha sido extraordinariamente expresivo de los problemas de la Argentina de nuestros días, desde la economía política del modelo de desarrollo, hasta la cultura cívica de un país que persiste en viejas formar de conducir los asuntos públicos. En lugar de encauzar la disputa como un conflicto distributivo propio de cualquier sociedad compleja, el Ejecutivo lo presentó como una presunta conspiración 'golpista' de sectores oligárquicos minoritarios en contra de un Gobierno popular y progresista" (Camou; Eliaschev; Merke; Novaro; Ollier; Palermo; Rozenwurcel; Schibber; Tokatlian, 2008, p. 2).

El kirchnerismo cometió el grave error de colocar al 'campo' en el lugar del 'enemigo interno', incluso llegando al punto de desconocer el rol fundamental que jugó el sector, y que debería conservar, en la recuperación económica que vivió el país en los últimos años. El Gobierno nacional terminó aislándose a si mismo a raíz de la estrategia de polarización utilizada, la cual, a su vez, unificó en su contra a un amplísimo frente común de intereses económicos, sociales y políticos muy diversos, y que concluyó infligiéndole una durísima derrota en el Congreso durante la votación para transformar en ley las retenciones móviles a las exportaciones agropecuarias.

Es sumamente llamativo que la estrategia oficialista buscara el "enfrentamiento con un sector que, en las actuales circunstancias, debería haber sido su socio y no su enemigo [...]. El Gobierno de Cristina Kirchner impulsó una polarización destructiva que, erigida de manera sobreactuada, pero sobre la base de auténticos problemas de política nacional, pretendía transformar conflictos de intereses en cuestiones de identidad, densos antagonismos político-culturales, oposiciones de todo o nada, generando una deslegitimación estimulada por una visión movimientista totalizante y excluyente a la vez, asociada a una mirada histórica impregnada de un exaltado patriotismo" (Camou; Eliaschev; Merke; Novaro; Ollier; Palermo; Rozenwurcel; Schibber; Tokatlian, 2008, p. 9).

El tan severo grado de polarización que vivió la Argentina a raíz del enfrentamiento entre el campo y el Gobierno fue favorecido por características fundamentales de la cultura política argentina. La polarización llevó a la vida política a volcarse a las calles y plazas, con una sociedad que expresaba directamente su posición ante el conflicto. "Es posible que este panorama de polarización sociopolítica y cultural haya llegado a ser más aparente que real y que la imagen de las dos plazas, como expresión de dos países, dos voluntades colectivas opuestas de organizar la Nación, haya sido ilusoria. No obstante, los peligros de este ambiente político polarizado son reales" (Camou; Eliaschev; Merke; Novaro; Ollier; Palermo; Rozenwurcel; Schibber; Tokatlian, 2008, p. 9).

Se debe tener en cuenta que "cuando en el marco de un orden constitucional, actores fundamentales – como ha sido el caso – propenden intensamente a la polarización, el peligro es que las instituciones – en este caso los diferentes poderes de una república federal – se conviertan en impotentes y así terminan arrasadas por el impulso polarizador, en vez de morigerarlo, contenerlo, acotarlo, y redefinir los términos de la confrontación". La polarización que promovía el Gobierno les atribuía responsabilidades a "grandes malvados", recogiendo y potenciando una estrategia de exclusión que pretendía utilizar en su provecho. (Camou; Eliaschev; Merke; Novaro; Ollier; Palermo; Rozenwurcel; Schibber; Tokatlian, 2008, p. 9).

1. Las polarizaciones provechosas

Desde una perspectiva más amplia, observado la situación más allá del conflicto en sí, la puja de intereses entre el sector agropecuario y el Gobierno de la Nación terminó propiciando ciertas 'polarizaciones provechosas'. En particular, se debe destacar que "fracasó el intento de organizar el escenario de la política en términos de Gobierno o golpe de Estado, aunque también es sugestiva la evidente incapacidad oficial para aprender de esa experiencia y rectificarse" (Camou; Eliaschev; Merke; Novaro; Ollier; Palermo; Rozenwurcel; Schibber; Tokatlian, 2008, p. 10).

En lo que hace al ámbito estrictamente institucional, la resistencia contra el aumento de las retenciones no tuvo una actitud intransigente, sino que se dio a través de un activismo que, al no bloquear la gobernabilidad y buscar compatibilizar intereses, dio origen a "una efectiva des-polarización y una promisoria redefinición de los términos del conflicto y los debates" (Camou; Eliaschev; Merke; Novaro; Ollier; Palermo; Rozenwurcel; Schibber; Tokatlian, 2008, p.11).

Del mismo modo, desde ciertos sectores afines al oficialismo se agitaba la posibilidad de que la Argentina cayera en un proceso 'destituyente'. No obstante, la des-polarización de las instituciones alejó significativamente el peligro de una finalización prematura del mandato presidencial. Esto no es un dato menor para ningún país latinoamericano y menos aún para la Argentina.

Quizás la principal lección que dejó este conflicto fue que, a pesar de que existan en la sociedad conflictos de intereses y de que un Gobierno (cualquiera sea su ideología) tenga derecho a no ser neutral al respecto, ejerciendo su influencia para que la disputa se resuelva a su favor, lo cual es totalmente legítimo, dicha circunstancia no debe implicar que no se deba gobernar para 'todos'. Por lo tanto, el Poder Ejecutivo no puede tratar a cualquier interés que se oponga a su objetivo como enemigo a destruir.

En este caso en particular, el conflicto entre el Gobierno de la Nación y el sector agropecuario, pusieron a prueba a las instituciones republicanas de un modo sin precedentes. Es por ello que debe destacarse que en esta oportunidad las instituciones cumplieron adecuadamente su función, limitando la radicalización populista del Gobierno nacional, mientras que también pudieron moderar el proceder de parte de la oposición, "cuyos métodos, retóricas y propósitos reforzaban la índole principista, innegociable, del conflicto" (Camou; Eliaschev; Merke; Novaro; Ollier; Palermo; Rozenwurcel; Schibber; Tokatlian, 2008, p. 12).

Conclusión: Esta investigación ha probado que la democracia argentina logró avanzar en su consolidación en los momentos en que el discurso presidencial dejó de hacer alusión a la figura del 'enemigo' y que dicha consolidación ha estado acompañada por un fortalecimiento institucional de la República. No obstante, queda claro que la democracia del país tiene todavía mucho camino por recorrer ya que el funcionamiento de las instituciones republicanas y los distintos poderes del Estado lejos está de ser el adecuado. Asimismo, la calidad de la democracia argentina se ve gravemente afectada por la obscena corrupción que existe en los tres Poderes del Estado.

Por otra parte, el discurso confrontativo del Gobierno de Cristina Kirchner ha sido sólo una muestra del litigio constante propuesto por el kirchnerismo, que ha llevado al país a revivir épocas de severa disgregación política y social. Tal circunstancia no ha ayudado en absoluto a resolver la fragmentación de la identidad política nacional. Lejos de ello, ha sido causante de un marcado retroceso en logros que parecían ya consolidados. En esta nueva devaluación de la democracia argentina, el discurso del Estado estuvo acompañado por una gestión pública no menos nociva. Sin todavía haber resuelto el conflicto con el agro, el Gobierno redobló su apuesta de constante confrontación y conflicto mediante la promulgación de una polémica y peligrosa ley de medios audiovisuales que, según el oficialismo, fue impulsada para contrarrestar el poderío de los oligopolios radiovisuales y de prensa escrita de la Argentina. En esta ocasión, como en las anteriores, este Gobierno recayó en la tentación de mostrarse a sí mismo como la representación de la democracia, mientras los Otros eran presentados como 'enemigos' de la Nación.

Simultáneamente, dicha ley conlleva un riesgo para la libertad de expresión, dado que restringe el alcance de posibles voces disidentes y otorga al Ejecutivo un mayor control sobre la prensa libre, valiéndose de empresas de comunicación para consumo personal. Como se observa, el kirchnerismo ha incurrido en prácticas preocupantes y se ha embarcado de manera obstinada en una maquiavélica operación para revertir a su favor una opinión pública cada vez más crítica y disidente. Este Gobierno, que ve en toda oposición a un 'enemigo', parece creer que su acción compulsiva podría obligar a los medios de comunicación a actuar concertadamente a su favor. En su necia intentona, el Gobierno no logra percatarse de que la libertad de pensar, escribir y hablar es, en definitiva, anárquica, por ende, no puede ser uniformada por ningún monopolio, sea éste público o privado.

Como cierre final de esta investigación es posible afirmar que la Argentina ha alcanzado la estabilidad democrática que no supo tener durante tanto tiempo. Es decir, lo que está asegurado en el país es el modelo democrático o, en otras palabras, la realización de elecciones populares. Sin embargo, la democracia es mucho más que ello. La falta de espacio que el Gobierno nacional le otorga a sus adversarios y el hostigamiento que a éstos propicia es una muestra clara de la defectuosidad de la democracia argentina. En definitiva, la cuenta pendiente, el problema en cuestión, es la calidad de la democracia del país.

En lo que hace exclusivamente al discurso presidencial, es fundamental que éste se mantenga totalmente alejado del paradigma amigo-enemigo. Dentro del desarrollo democrático que la Argentina necesita llevar a cabo, el mensaje del Ejecutivo juega un rol preponderante, sobre todo ante las muestras de hartazgo que la población ha evidenciado frente al resurgimiento de un discurso presidencial disgregador. Los jefes de Estado deben siempre salvaguardar al pluralismo ideológico como pilar del desarrollo nacional. Para que ello ocurra es fundamental que exista un reconocimiento y una reivindicación de la importancia del adversario político como elemento esencial en la construcción democrática. En la medida en que esto no suceda, jamás existirá una posibilidad real de que la democracia argentina alcance la madurez deseada. Este es un cambio imperioso para que el país deje de vivir en el fracaso y la postración, hundido en disputas arcaicas e inconducentes. La fragmentación de la identidad política nacional es una cuestión que los futuros Gobiernos y la sociedad en su conjunto deberán resolver por ser un tema de fondo en el desarrollo socioeconómico del país y por su influencia directa en el devenir de la posteridad argentina.

Notas

[1] En el lenguaje psicológico y sociológico, al igual que en el político, se utilizan estos términos (Nosotros y Otros) para diferenciar los grupos de pertenencia con identidades semejantes, enfrentados a los otros grupos que pueden representar ideologías opositoras, a partir de sus adversarios o enemigos. La conciencia del 'colectivo' Nosotros se refiere a todos aquellos que comparten una misma visión de nación., mientras que los Otros son aquellos a quienes se excluye de Nosotros. Ambos términos surgen del imaginario social como pertenecientes a grupos 'enemigos'. Esto lleva a la fragmentación de la nación. La fragmentación de la identidad nacional o del 'ser nacional', es la división o ruptura entre y dentro de Nosotros y los Otros. Se puede hacer referencia a la fragmentación del poder, a la fragmentación partidaria, a la fragmentación oficialista, a la fragmentación de identidades políticas, y a la ruptura y desintegración como máxima expresión de los múltiples procesos fragmentarios.

Una diferencia clave entre un discurso democrático y otro autoritario es que el último no admite al Otro. Lo que no cabe dentro de Nosotros se convierte en 'enemigo'. En el discurso democrático/liberal la presencia del Otro político es lo que fundamenta la existencia misma del régimen político. Es un punto de partida que refiere a la existencia del pluralismo, la tolerancia y el derecho al disenso. Por lo tanto, aquello que en un discurso democrático ocupa la figura del Otro, en un discurso autoritario es considerado como 'enemigo'.

[2] Yrigoyen, Hipólito. (Junio 30, 1917). "Mensaje ante el Honorable Congreso de la Nación". Secretaría de Prensa y Difusión, Presidencia de la Nación, Buenos Aires.

[3] Yrigoyen, Hipólito. (Mayo 11, 1917). "Mensaje ante el Honorable Congreso de la Nación". Secretaría de Prensa y Difusión, Presidencia de la Nación, Buenos Aires.

[4] La extensión de las instituciones democráticas, dada la identificación de Nación ideal y razón de ser de la UCR, implicaba la extensión de la unanimidad radical. Esta identidad política fue rechazada por distintas agrupaciones políticas, no sólo las conservadoras sino también otras más renovadas como la progresista y la socialista y, luego, la socialista independiente (Zarazaga, 2004).

[5] Yrigoyen, Hipólito. Manifiesto de la Unión Cívica Radical. Pueblo y Gobierno, t. III.

[6] Yrigoyen, Hipólito. (Junio 30, 1917). "Mensaje ante el Honorable Congreso de la Nación". Secretaría de Prensa y Difusión, Presidencia de la Nación, Buenos Aires.

[7] Ídem

[8] Ídem

[9] Yrigoyen, Hipólito. (Mayo, 1922). "Mensaje ante el Honorable Congreso de la Nación". Secretaría de Prensa y Difusión, Presidencia de la Nación, Buenos Aires.

[10] Otra de las misiones de Yrigoyen fue la Reforma Universitaria, una de las obras más importantes del Gobierno radical, generando un enfrentamiento ideológico entre el presidente y los líderes del régimen, al posibilitar el ingreso de las clases medias a la educación universitaria, hasta ese entonces patrimonio exclusivo de la clase alta argentina (Floria; García Belsunce, 2005).

[11] Yrigoyen, Hipólito. (Mayo, 1922). "Mensaje ante el Honorable Congreso de la Nación". Secretaría de Prensa y Difusión, Presidencia de la Nación, Buenos Aires.

[12] Ídem

[13] Ídem

[14] Yrigoyen, Hipólito (1917, 1919, 1922). Elaboración en base a "Mensajes ante el Honorable Congreso de la Nación". Secretaría de Prensa y Difusión, Presidencia de la Nación, Buenos Aires.

[15] Yrigoyen, Hipólito. (Mayo, 1922). "Mensaje ante el Honorable Congreso de la Nación". Secretaría de Prensa y Difusión, Presidencia de la Nación, Buenos Aires.

[16] La intervención no buscaba reemplazar autoridades opositoras por radicales, sino apartar a las autoridades que no fueran resultado de elecciones democráticas o que las impidieran, y ubicar a aquellos políticos que sí lo fueran y defendieran las mismas. No obstante, más allá de las razones válidas que Yrigoyen pudiera tener para las distintas intervenciones, algunas de ellas implicaron maniobras políticas dudosas para favorecer a los sectores que respondían a su persona. Los interventores no se limitaban a impartir orden hasta llamar a elecciones sino que, en varios casos, influyeron en la gestión de éstas mediante el manejo de la policía, las manipulaciones y los jueces de paz. Por otro lado, la disidencia política calificaba las intervenciones decretadas por Yrigoyen como dictatoriales (Zarazaga, 2004).

[17] Yrigoyen, Hipólito (1919). "Mensaje de Inauguración de Sesiones Ordinarias del Honorable Congreso de la Nación". Secretaría de Prensa y Difusión, Presidencia de la Nación, Buenos Aires.

[18] Históricamente, hasta 1946, el movimiento obrero estaba organizado por los comunistas, socialistas y anarquistas.

[19] Yrigoyen, Hipólito. (Mayo, 1922). "Mensaje ante el Honorable Congreso de la Nación". Secretaría de Prensa y Difusión, Presidencia de la Nación, Buenos Aires.

[20] Yrigoyen, Hipólito (1919). "Mensaje de Inauguración de Sesiones Ordinarias del Honorable Congreso de la Nación". Secretaría de Prensa y Difusión, Presidencia de la Nación, Buenos Aires.

[21] Los integrantes del grupo antipersonalista, en general, habían compartido la lucha por el sufragio libre pero sentían aversión hacia la concepción política de Yrigoyen y su conducción personalista. En general, los dirigentes antipersonalistas eran mucho más cercanos en sus intereses al viejo conservadurismo, por lo que terminarían siendo sus ocasionales aliados, en una política que unos llamaron de concordancia y otros de contubernio (Zarazaga, 2004).

[22] Yrigoyen, Hipólito (Mayo 24, 1929). "Mensaje ante el Honorable Congreso de la Nación". Secretaría de Prensa y Difusión, Presidencia de la Nación, Buenos Aires.
[23] Ídem
[24] El surgimiento de las Fuerzas Armadas nació con el concepto de la defensa de la soberanía y la patria, con los principios de la 'unidad nacional' y 'conciencia nacional' (Rouquié, 1994).
[25] Perón estaba en contra del sistema de distribución de tierras, que él consideraba semejante al feudalismo europeo.
[26] Enfrentamiento político entre la confederación de Urquiza y el federalismo de la Provincia de Buenos Aires, representado en la figura de Rosas, a mediados del siglo XIX.
[27] "La verticalización del movimiento obrero, con vértice en Perón, se produjo a través de la manipulación y represión de todos aquellos líderes sindicales dispuestos a mantener la autonomía de su movimiento y a prestar un apoyo condicional al líder. Dicha verticalización era consecuencia directa de la necesidad de contar con dirigentes sindicales capaces de ajustar la lucha obrera a los límites impuestos por una relación íntima con el Estado [...]. Esto no debe llevarnos a creer que la movilización de la clase trabajadora se mantuvo en los carriles delineados por el Estado debido a la manipulación y la represión. Además de la habilidad de Perón para promover su orden, debemos tener en cuenta la capacidad de percepción de la cultura y de las necesidades obreras. En este sentido, el discurso peronista tuvo la virtud de articularse tanto desde el balcón de la Casa Rosada como desde la Plaza de Mayo, constituyendo simultáneamente la identidad de los que estaban de un lado como del otro [...]. La relación manipuladora vertical se gestó en su inicio mediante la concesión de beneficios a los sindicatos gracias a la labor de la Secretaría de Trabajo. El claro mensaje de que girando en torno a la órbita establecida por Perón se accedía a las reivindicaciones reclamadas, producía la centralización y verticalización del sindicalismo, a la vez que limitaba sus acciones a las fronteras establecidas" (Mackinnon, 1998 en Zarazaga, 2004, p. 212).
[28] Perón, Juan D. (Octubre 17, 1945). "Mensaje emitido el desde los balcones de la Casa Rosada". Las Voces de Nuestro Siglo, Grabación Hyspamérica, Buenos Aires.
[29] El surgimiento del sindicalismo de masas en la Argentina remite a un momento de crisis y reorganización del Estado a mitad de los años cuarenta, en el cual surgió una nueva elite dirigente, de origen militar, que procuraba darse una base de apoyo social apelando a la movilización de los sectores populares (Torre, 1989).
[30] Perón, Juan D. (Junio 18, 1948). "En reunión con legisladores nacionales y dirigentes políticos de Partido Peronista". Secretaría de Información, Presidencia de la Nación, Buenos Aires.
[31] "La unanimidad centralizada en su persona que Perón buscó establecer hacia el interior del partido, estaba en sintonía con la unanimidad que pretendía extender a nivel nacional. La verticalización del poder estatal se basaba en su convencimiento de su capacidad para conducir una nación incapaz de gobernarse a sí misma. Redujo así la política a un mecanismo destinado a producir la adhesión de todas las fuerzas de la patria a su persona. Nunca entendió la resistencia que generaba al procurarse tal adhesión y al renunciar a la política como un esfuerzo para gobernar coordinando y generando consenso en una sociedad plural" (Zarazaga, 2004, p.221). Asimismo, Perón no logró jamás advertir a cuánto estaba renunciando al considerar sus victorias electorales como simples confirmaciones, entre otras, de su innato genio de conductor, que a su entender le confería el derecho de estar al frente del Ejecutivo (Halperín Donghi, 1994).
[32] Perón, Juan D. (Mayo 1°, 1950). "Doctrina Nacional". Mensaje ante la Asamblea Legislativa (p. 31) en Perón, Juan D. (1950). Habla Perón. Secretaría de Información de la Presidencia de la Nación, Buenos Aires.
[33] Perón, Juan D. (Junio 4, 1946). "Ideal Democrático". Mensaje de Juramento Constitucional ante el Congreso de la Nación (p. 44) en Perón, Juan D. (1950). Habla Perón. Secretaría de Información de la Presidencia de la Nación, Buenos Aires.
[34] Perón, Juan D. (Mayo 1°, 1947). "Mensaje pronunciado ante el Honorable Congreso de la Nación". Secretaría de Prensa y Difusión, Presidencia de la Nación, Buenos Aires.
[35] Perón: El Hombre del Destino (1960). s.d., Buenos Aires.
[36] Juan José Hernández Arreghi, un fiel exponente del pensamiento peronista, escribió: "La oligarquía ganadera en la Argentina, por ejemplo, no es 'nacionalista', sino extranjerizante, liberal, partidaria del internacionalismo de la economía. Es decir, el imperialismo" (Hernández Arregui, 1960, p. 118).
[37] Perón, Juan D. (Mayo 1°, 1947). "Mensaje pronunciado ante el Honorable Congreso de la Nación". Secretaría de Prensa y Difusión, Presidencia de la Nación, Buenos Aires.
[38] Ídem
[39] Perón, Juan D. (Mayo 1°, 1948). "Nuestra Democracia". Acto en la Avenida 9 de Julio con motivo de la Fiesta del Trabajo (p. 62) en Perón, Juan D. (1950). Habla Perón. Secretaría de Información de la Presidencia de la Nación, Buenos Aires.
[40] "La reforma de la Constitución fue una muestra acabada de que el Parlamento jamás constituyó para Perón un contrapeso a su poder ni un control a su gestión [...]. La nueva Constitución sería llamada por el bloque triunfante 'la Constitución peronista', mientras recibía el título de 'flagrante violación institucional' por parte de la avasallada minoría. Aunque en términos legales el peronismo podía esgrimir una serie de argumentos para apuntalar la constitucionalidad de la maniobra, lo que no podía ocultar era que había impuesto la voluntad de Perón por sobre la búsqueda de cualquier consenso político que implicara a los Otros. [...] cuanto más se esforzaba el peronismo por identificar el movimiento con la Nación, trayendo a todos a su Constitución y unanimidad, más resaltaban los grupos que se oponían a integrarse al régimen de partido único" (Zarazaga, 2004, p. 227).
[41] Perón, Juan D. (Mayo 1°, 1949). "Arrebatos Imperialistas". Mensaje ante la Asamblea Legislativa (p. 21) en Perón, Juan D. (1950). Habla Perón. Secretaría de Información de la Presidencia de la Nación, Buenos Aires.
[42] Perón, Juan D. (Mayo 1°, 1950). "Doctrina Nacional". Mensaje ante la Asamblea Legislativa (p. 31) en Perón, Juan D. (1950). Habla Perón. Secretaría de Información de la Presidencia de la Nación, Buenos Aires.
[43] Perón, Juan D. (1946). "Mensaje emitido ante el Honorable Congreso de la Nación". Secretaría de Prensa y Difusión, Presidencia de la Nación, Buenos Aires.

[44] Acerca del comunismo, Hernández Arregui esgrimió la siguiente opinión: "[…] los primeros partidos de programa obrero – el socialismo y el comunismo – estuvieron dirigidos desde los comienzos, no por trabajadores, sino por intelectuales pequeño burgueses de Buenos Aires, extranjeros de nacimiento o por formación mental. Esta desconexión con el país ha sido el escollo, hasta ahora insuperado de la izquierda, y ha marcado el carácter antinacional de su pensamiento y de su acción política" (Hernández Arregui, 1960, p. 97).
[45] Perón, Juan D. (Mayo 1º, 1950). "Doctrina Nacional". Mensaje ante la Asamblea Legislativa (p. 31) en Perón, Juan D. (1950). Habla Perón. Secretaría de Información de la Presidencia de la Nación, Buenos Aires.
[46] Perón, Juan D. (Septiembre 6, 1944) "Anulación de los extremismos". Acto de creación del Consejo Nacional de Postguerra (p. 20) en Perón, Juan D. (1950). Habla Perón. Secretaría de Información de la Presidencia de la Nación, Buenos Aires.
[47] Perón, Juan D. (Mayo 1º, 1952). "Mensaje emitido ante el Honorable Congreso de la Nación". Secretaría de Información de la Presidencia de la Nación, Buenos Aires.
[48] "Hacia 1949 la promulgación de la ley de desacato daba al Gobierno un instrumento para intimar a la oposición. En ese mismo año se prohibía la formación de coaliciones electorales y se dificultaba la formación de nuevos partidos, lo que suscitaba la indignación de los adversarios. La marcha decidida del Gobierno hacia la conversión por cualquier medio de todo el sistema político en un movimiento de adhesión a la figura de Perón acentuó a partir de 1950 la escisión de la sociedad argentina en torno a su nombre. […] A partir de entonces el Gobierno actuó cada vez más bajo la máxima apocalíptica de que 'quien no está con nosotros está contra nosotros'" (Zarazaga, 2004, p. 236).
[49] Perón, Juan D. (Mayo 1º, 1955). "Mensaje emitido al inaugurar el 89º período ordinario de sesiones del Honorable Congreso de la Nación". Secretaría de Información de la Presidencia de la Nación, Buenos Aires.
[50] De acuerdo a Hernández Arregui, la Iglesia Católica había apoyado "en los comienzos a Perón, pero no el contenido de masas del movimiento. En esta divergencia estaba implícita la posición que la Iglesia, como institución política, adoptaría en 1955. A medida que Perón enlazó su política a la clase trabajadora, la Iglesia se fue apartando y obstaculizando la acción del Gobierno, hasta entrar directamente, a través de conflictos accidentales fomentados desde el extranjero, en alianza con la oligarquía terrateniente" (Hernández Arregui; 1960, p. 495).
[51] Cámpora, Héctor J. (Mayo 25, 1973). "Mensaje del presidente de la Nación ante el Congreso de la Nación al inaugurar el 98º período ordinario de sesiones". Secretaría de Prensa y Difusión, Presidencia de la Nación, Buenos Aires.
[52] Ídem
[53] Ídem
[54] Ídem
[55] Ídem
[56] Ídem
[57] Ídem
[58] Ídem
[59] Ídem
[60] Lastiri, Raúl A. (Julio 30, 1973). "67 Días de Gobierno del Pueblo. Mensaje al País del presidente Lastiri". Secretaría de Prensa y Difusión, Presidencia de la Nación, Buenos Aires.
[61] Ídem
[62] Ídem
[63] Perón, Juan D. (Mayo 1º, 1974). "Mensaje pronunciado ante el Honorable Congreso de la Nación". Secretaría de Información de la Presidencia de la Nación, Buenos Aires.
[64] Ídem
[65] El periódico 'El Peronista' describió lo acontecido en este acto político, de la siguiente manera: "Y lo que pasó en la Plaza fue la ruptura de la verticalidad de Perón. Y esto no ocurrió porque se retirara la mayor parte de los asistentes sino precisamente por lo que motivó esta retirada; la ruptura, por primera vez en casi 30 años, del diálogo con las masas, que al expresar allí sus intereses y encontrar también allí una respuesta positiva a su planteo, asumen la verticalidad ante quien las representa […]" (Silvia; Verón, 2003, p. 232).
[66] Juan D. Perón dijo: "La columna vertebral del Justicialismo es el movimiento obrero organizado". Perón, Juan D. (Mayo 13, 1974). "Mensaje emitido ante la Comisión Organizadora de los actos del 1º de mayo en la Casa de Gobierno". Secretaría de Información de la Presidencia de la Nación, Buenos Aires.
[67] Ídem
[68] Confederación General de Trabajo
[69] Confederación General Empresaria
[70] Entre fines de 1973 y principios de 1976, esos grupos paramilitares perpetraron no menos de 900 asesinatos (algunos estudios llevan esa cifra a más del doble, pero sin muchos fundamentos) (Novaro; Palermo, 2003).
[71] En el curso de 1975, las dos organizaciones guerrilleras más poderosas, ERP y Montoneros, decidieron intensificar la militarización de sus cuadros y militantes y de sus acciones. ERP y Montoneros fusionaron lo político y lo militar, e intensificaron sus acciones dirigidas a golpear simultáneamente a las fuerzas represivas y a los enemigos políticos y de clase, con el objeto declarado de mantenerlos a la defensiva y alentar a las masas a acompañarlos en el nuevo salto cualitativo. Con esa idea, lanzaron ataques espectaculares contra objetivos militares que, más que dirigidos a ganar posiciones estratégicas en ese terreno, apuntaban a mantener la moral de combate. Paradójicamente, cuanta más atención se prestaba a este objetivo, menos dispuestas estaban estas organizaciones a advertir que sus pasos conllevaban un dramático desgaste del prestigio y la solidaridad que habían sabido ganarse en la etapa previa en amplios sectores sociales (y que perdían tan rápido como éstos advertían que la guerrilla era incapaz de protegerlos de la represión y, más bien, atraía y acrecentaba el peligro), y de sus recursos humanos más valiosos. Para finales de ese año, tras una serie de resonantes fracasos, a pesar de que intensificaban

más y más la tarea de reclutamiento, y promovían aceleradamente militantes a soldados y soldados a oficiales, se hallaban políticamente aisladas y buena parte de sus cuadros estaban detenidos, muertos o desaparecidos (Novaro; Palermo, 2003).
[72] Martínez de Perón, María Estela (Septiembre 20, 1974). "Mensaje de la presidente de la República a los trabajadores del país, desde los balcones de la Casa de Gobierno. Promulgación de la Ley de Contrato de Trabajo". Secretaría de Prensa y Difusión, Presidencia de la Nación, Buenos Aires.
[73] Ídem
[74] Martínez de Perón, María Estela (Diciembre 21, 1973). "Mensaje pronunciando por la vicepresidente de la Nación en el acto organizado por el Departamento de la Mujer de la CGT". Secretaría de Prensa y Difusión, Presidencia de la Nación, Buenos Aires.
[75] Ídem
[76] Martínez de Perón, María Estela (Septiembre 20, 1974). "Mensaje de la presidente de la República a los trabajadores del país, desde los balcones de la Casa de Gobierno. Promulgación de la Ley de Contrato de Trabajo". Secretaría de Prensa y Difusión, Presidencia de la Nación, Buenos Aires.
[77] Martínez de Perón, María Estela (Agosto 27, 1974). "Mensaje de la presidente de la República al Pueblo de la Nación". Secretaría de Prensa y Difusión, Presidencia de la Nación, Buenos Aires.
[78] Justo, Agustín P. (1932). "Mensaje dirigido al Honorable Congreso de la Nación". Secretaría de Prensa y Difusión, Presidencia de la Nación, Buenos Aires.
[79] Ídem
[80] Ídem
[81] Justo, Agustín P. (Mayo 4, 1937). "Mensaje dirigido al Honorable Congreso de la Nación". Secretaría de Prensa y Difusión, Presidencia de la Nación, Buenos Aires.
[82] Ortiz, Roberto M. (Julio 6, 1937). "Mensaje emitido ante el Congreso Nacional". Secretaría de Prensa y Difusión, Presidencia de la Nación, Buenos Aires.
[83] La sigla 'GOU' tiene distintas interpretaciones: 'Grupo de Oficiales Unidos'; 'Grupo Obra de Unificación'; 'Gobierno, Orden, Unidad'.
[84] Castillo, Ramón (1942). "Mensaje ante el Honorable Congreso de la Nación". Secretaría de Prensa y Difusión, Presidencia de la Nación, Buenos Aires.
[85] Ídem
[86] Desde 1945, la UCR padeció una serie de escisiones entre sus bloques partidarios. Los motivos de estas fracturas fueron, principalmente, las disidencias con respecto a la abstención del radicalismo en las elecciones y las alianzas con ciertos grupos militares, entre otras directivas políticas. Las distintas facciones del radicalismo durante este período fueron: el Movimiento de Intransigencia y Renovación (MIR), el Movimiento de Intransigencia Nacional (MIN) y el Núcleo de Unidad Radical (NU). El MIR, en 1948, accedió a la conducción de la UCR a partir de una victoria en elecciones internas. Divergencias ideológicas entre Balbín y Frondizi provocaron nuevas divisiones en el radicalismo. La Justicia obligó a que las dos facciones coexistentes del partido se diferenciaran en sus siglas, adoptando el ala frondizista el epíteto 'Intransigente' y la de sus adversarios, 'del Pueblo' (Smulovitz, 1988).
[87] Frondizi, Arturo. La Nación, 9 de enero de 1957.
[88] Frondizi, Arturo. (Mayo 1°, 1958). "Mensaje emitido ante el Honorable Congreso de la Nación". Secretaría de Prensa y Difusión, Presidencia de la Nación, Buenos Aires.
[89] Ídem
[90] Ídem
[91] Ídem
[92] Frondizi, Arturo (Septiembre 26, 1958). "Discurso ante el Honorable Congreso de la Nación". Secretaría de Prensa y Difusión, Presidencia de la Nación, Buenos Aires.
[93] Ídem
[94] A raíz de la conmoción causada por el surgimiento de focos guerrilleros en las provincias de Córdoba y Tucumán, el Gobierno central se vio obligado a satisfacer el reclamo de las Fuerzas Armadas, instaurando dicho Plan. El mismo "daba amplios poderes a los jefes de unidad, quienes podrían así poner en práctica sus maniobras antiguerrilleras. Pero las autoridades provinciales y la independencia del poder judicial subsistían, aunque los militares proclamaran, como en toda lucha antisubversiva, que el país estaba en guerra. En la Argentina seguía imperando el estado de derecho, lo que dio origen a múltiples conflictos con el poder civil y a querellas de competencia entre la justicia ordinaria y la justicia militar" (Rouquié, 1998, p. 176).
[95] Illia, Arturo. (Julio 8, 1965) "Discurso emitido con motivo de la celebración del aniversario de la Independencia". Secretaría de Prensa y Difusión, Presidencia de la Nación, Buenos Aires.
[96] Ídem
[97] Circuló de forma clandestina una proclama secreta que aseguraba que la Junta revolucionaria seguiría las enseñanzas ofrecidas por los triunfos de Alemania durante la Guerra, que atribuía a la estricta disciplina política y social impuesta por el régimen nazi, y a seguirlas tanto en la elección de los métodos de gobierno como en la de los objetivos a cuyo servicio se disponía a ponerlos, movilizando todos los recursos nacionales con el estilo de un régimen totalitario para lograr la hegemonía argentina sobre el continente sudamericano (Halperín Donghi, 2004).
[98] El método que utilizaría el Gobierno para lograr la integración nacional fue expresado por el ministro Gustavo Martínez Zuviría, también conocido como Hugo Wast, quien declaraba: *"Hay que realizar la unión de todos los argentinos [...]. Hay que cristianizar al país en armonía con su historia y su Constitución; [...] hay que extirpar las doctrinas de odio y de ateísmo [...]"*, implícitamente refiriéndose al comunismo ateo (Rouquié, 1998).

[99] Ramírez, Pedro P. (Junio 7, 1943). "Acordada del 7/6/1943 de la Corte Suprema de Justicia". Secretaría de Difusión de la Presidencia de la Nación, Buenos Aires.
[100] Las convicciones de las Fuerzas Armadas fueron expresadas por el filósofo e ideólogo del GOU, Giordano Bruno Genta, diciendo: *"la nación es una realidad militar"* y *"la virtud se ha refugiado en los cuarteles; [...] los civiles no tienen ningún derecho a conducir los destinos del país y de sus habitantes"*. De acuerdo con Genta, las Fuerzas Armadas deseaban refutar *"la falsa creencia de que toda libertad cesa donde empieza el régimen militar"*. Según él, *"la libertad"* era *"un estado de disciplina [...], el cumplimiento del deber, no la libertad liberal y revolucionaria, principio de muerte y de degeneración"* que permitía *"dudar de todo, de Dios, de la Patria, del Estado y de la familia"* (citado en Rouquié, 1998)
Genta diagnosticaba que la Nación estaba controlada por las Fuerzas Armadas y que los civiles no tenían espacio alguno en la vida política nacional. Con tal afirmación no se comprende cómo se lograría refutar la supuesta falsa creencia de la que hablaba. Concluía haciendo una descripción de lo que entendía por libertad, basándola en la *"disciplina"* y *"el cumplimiento del deber"*. La misma 'libertad' de la que 'goza' un soldado en tiempos de guerra. Esta concepción autoritaria y antiliberal de la moral y de la vida social alentaba permanentemente al militarismo. El rigor de la política social del Gobierno militar fue de un paternalismo autoritario que exigía obediencia y disciplina social a los trabajadores para recibir a cambio beneficios sociales. La represión y la justicia iban de la mano. Había que tener en línea a las masas turbulentas.
[101] Ramírez, Pedro P. (Junio 7, 1943). "Acordada del 7/6/1943 de la Corte Suprema de Justicia". Secretaría de Difusión de la Presidencia de la Nación, Buenos Aires.
[102] Ídem
[103] Farrell, Edelmiro J. (Junio 4, 1944). "Mensaje ante el Honorable Congreso de la Nación". Secretaría de Prensa y Difusión, Presidencia de la Nación, Buenos Aires.
[104] Ídem
[105] Ídem
[106] Farrell, Edelmiro J. (Junio 4, 1946). "Mensaje ante el Honorable Congreso de la Nación". Secretaría de Prensa y Difusión, Presidencia de la Nación, Buenos Aires.
[107] Perón, Juan D. (septiembre 20, 1955). "Trascripción de la copia manuscrita publicada en el diario Democracia", Buenos Aires.
[108] Lonardi, Eduardo (Septiembre 23, 1955). "Discurso pronunciado al prestar juramento como presidente provisional de la Nación". Secretaría de Prensa y Difusión, Presidencia de la Nación, Buenos Aires.
[109] Ídem
[110] Ídem
[111] Ídem
[112] Los *"dos polos"* hacían referencia a los pares de opuestos entre: democracia constitucional contra dictadura, justicia contra injusticia, y legalidad contra ilegalidad.
[113] Lonardi, Eduardo (Septiembre 23, 1955). "Discurso pronunciado al prestar juramento como presidente provisional de la Nación". Secretaría de Prensa y Difusión, Presidencia de la Nación, Buenos Aires.
[114] Ídem
[115] Ídem
[116] Aramburu, Pedro E. (Noviembre 13, 1955). "Discurso de Asunción del Cargo como presidente Provisional de la Nación". Secretaría de Prensa y Difusión, Presidencia de la Nación, Buenos Aires.
[117] Aramburu, Pedro E. Mensaje emitido por radiodifusión, en Mar del Plata, 1957. http://lanic.utexas.edu/project/arl/pm/sample2/argentin/index.html
[118] Ídem
[119] Ídem
[120] Ídem
[121] Aramburu se vio obligado a crear una Junta Consultiva Civil, remplazando a la Junta Militar Consultiva, además de sufrir una serie de huelgas y sabotajes, provocando un estallido militar en junio de 1956, a manos de peronistas y sindicalistas. Aramburu mandó a fusilar a los principales complotados: 18 militares y 15 civiles, hecho que tomó pública notoriedad. Ante estos acontecimientos, el Gobierno se decidió por una salida constitucional, llamando a elecciones nacionales, proscribiendo la participación del peronismo. Estos hechos reflejaron que el golpe militar de 1955 había tenido como única misión el exterminio del peronismo, dando cuenta de la carencia de un proyecto político de conducción nacional (Rouquié, 1998).
[122] Lonardi, Eduardo (Octubre 27, 1955). "Decreto Ley del 27 de octubre de 1955". Secretaría de Prensa y Difusión, Presidencia de la Nación, Buenos Aires.
[123] Los Partidos Justicialista y Radical disueltos, junto con los líderes de cuatro partidos políticos más pequeños, emitieron una declaración conjunta, crítica del programa de Levingston. Esta declaración multipartidaria llamaba a un reconocimiento inmediato de los partidos políticos con plena libertad de acción, a la promulgación del estatuto de los partidos posterior a la consulta con sus dirigentes y a la aprobación inmediata de un plan político, que incluiría una fecha temprana para elecciones generales en todo el país.
[124] Pistarini, Pascual Ángel; Varela, Benigno Ignacio; Álvarez, Teodoro (Junio 28, 1966). "Acta de la Revolución Argentina". Secretaría de Difusión de la Presidencia de la Nación, Buenos Aires.
[125] Ídem
[126] Onganía, Juan C. (Junio 30, 1966). "Mensaje al asumir la Presidencia de la Nación". Secretaría de Prensa y Difusión, Presidencia de la Nación, Buenos Aires.

[127] Onganía, Juan C. (Agosto 4, 1966). "Mensaje Directiva para el Planeamiento y Desarrollo de la Acción de Gobierno, emitido en conferencia de prensa". Secretaría de Prensa y Difusión, Presidencia de la Nación, Buenos Aires.
[128] Ídem
[129] Onganía, Juan C. (Marzo 10, 1967). "Discurso del acto de clausura de la Primera Junta de Gobernadores de la Patagonia". Secretaría de Prensa y Difusión, Presidencia de la Nación, Buenos Aires.
[130] Ídem
[131] Pistarini, Pascual Ángel; Varela, Benigno Ignacio; Álvarez, Teodoro (Junio 28, 1966). "Acta de la Revolución Argentina". Secretaría de Difusión de la Presidencia de la Nación, Buenos Aires.
[132] Onganía, Juan C. (Abril 4, 1970). "Discurso emitido con motivo de la Quinta Reunión de Gobernantes". Secretaría de Prensa y Difusión, Presidencia de la Nación, Buenos Aires.
[133] Onganía promulgó la Ley 18.701, el 2 de junio de 1970. Esta ley iba contra los designios constitucionales. Sin embargo, los hechos de violencia hicieron que el presidente tomara la determinación de instaurar la pena de muerte. Fuente: Diario La Nación.
[134] Gnavi, Pedro A. J. "Mensaje de la Junta de Comandantes en Jefe, leído por el presidente". Diario La Nación 10/6/1970, Buenos Aires.
[135] Levingston, Roberto M. (Junio 23, 1970). "Mensaje del presidente de la Nación al Pueblo de la Nación Argentina". Secretaría de Prensa y Difusión, Presidencia de la Nación, Buenos Aires.
[136] Ídem
[137] Ídem
[138] Ídem
[139] Lanusse, Alejandro A. (Mayo 1º, 1971). "Mensaje del presidente de la Nación al Pueblo de la Nación Argentina". Secretaría de Prensa y Difusión, Presidencia de la Nación, Buenos Aires.
[140] Lanusse, Alejandro A. (Diciembre 30, 1971). "Mensaje del presidente de la Nación al país". Secretaría de Prensa y Difusión, Presidencia de la Nación, Buenos Aires.
[141] Ídem
[142] Lanusse, Alejandro A. (Octubre 8, 1971). "Mensaje del presidente de la Nación al país". Secretaría de Prensa y Difusión, Presidencia de la Nación, Buenos Aires.
[143] Ídem
[144] Lanusse, Alejandro A. (Julio 7, 1972). "Mensaje del presidente de la Nación a la Fuerzas Armadas". Secretaría de Prensa y Difusión, Presidencia de la Nación, Buenos Aires.
[145] Lanusse, Alejandro A. (Julio 3, 1972). "Palabras a los periodistas acreditados en la Casa de Gobierno, al anunciar la entrega del cadáver de María Eva Duarte de Perón, en cumplimiento del 'juego limpio'". Secretaría de Prensa y Difusión, Presidencia de la Nación, Buenos Aires.
[146] Junta Militar (24/3/1976). "Acta". Secretaría de Prensa y Difusión, Presidencia de la Nación, Buenos Aires.
[147] Poco más del 10% de los casos documentados de personas desaparecidas corresponde a judíos, comunidad que representa sólo el 1% de la población del país. Con todo, debe decirse que estas personas fueron secuestradas, en su enorme mayoría, por su actividad política y no por su condición étnica o religiosa (aunque los testimonios de muchas víctimas y testigos revelaron comportamientos y disposiciones antisemitas de los represores y confirmaron la difusa asociación, en la retórica antisubversiva, de ambas condiciones).
[148] La Nación 25/3/74 en Quiroga, 2004.
[149] Videla, Jorge R. (Marzo 30, 1976). "Discurso pronunciado al asumir la Primera Magistratura de la República Argentina". Secretaría de Prensa y Difusión, Presidencia de la Nación, Buenos Aires.
[150] Ídem
[151] Videla, J. R.; Massera, E. E.; Agosti, A. (Marzo 24, 1976). "Acta fijando el propósito y los objetivos básicos para el Procesos de Reorganización Nacional". Secretaría de Prensa y Difusión, Presidencia de la Nación, Buenos Aires.
[152] Estas preguntas surgen dando que el discurso no deriva una definición del *"ser nacional"* y su *"esencia"*. Se puede inferir que se trata del uso de vocablos carentes de contenido, también entendidos como entelequias.
[153] Videla, J. R.; Massera, E. E.; Agosti, A. (Marzo 24, 1976). "Acta fijando el propósito y los objetivos básicos para el Procesos de Reorganización Nacional". Secretaría de Prensa y Difusión, Presidencia de la Nación, Buenos Aires.
[154] Ídem
[155] Ídem
[156] Videla, Jorge R. (Marzo 26, 1981). "Discurso dirigido al pueblo de la Patria con motivo de su inminente alejamiento del cargo". Secretaría de Prensa y Difusión, Presidencia de la Nación, Buenos Aires.
[157] Ídem
[158] Ídem
[159] La idea original del radicalismo era lanzar una amplia convocatoria que emprendiera a la totalidad de los partidos, como a las entidades empresariales y a los organismos sindicales. El llamamiento que involucraba a los sectores políticos, sociales, militares, espirituales e intelectuales tenía el propósito de definir una estrategia nacional que permitiera rescatar la democracia (Quiroga, 2004).
[160] Viola, Roberto E. (Marzo 30, 1981). "Discurso del presidente al asumir la primera magistratura". Secretaría de Prensa y Difusión, Presidencia de la Nación, Buenos Aires.
[161] Ídem
[162] Ídem
[163] Ídem

[164] Ídem
[165] Ídem
[166] Ídem
[167] Ídem
[168] Ídem
[169] Diario La Nación, 16 de junio de 1982.
[170] Ídem
[171] Bignone, Reynaldo (Junio 25, 1982). "Conceptos y diálogo mantenidos por el presidente con dirigentes de partidos políticos". Secretaría de Prensa y Difusión, Presidencia de la Nación, Buenos Aires.
[172] Ídem
[173] Ídem
[174] Ídem
[175] Ídem
[176] Ídem
[177] Bignone, Reynaldo (Julio 1°, 1982). "Mensaje dirigido al país al asumir la primera magistratura". Secretaría de Prensa y Difusión, Presidencia de la Nación.
[178] Luego de la renuncia de Galtieri, el comandante en jefe del Ejército, general Nicolaides, designó a Bignone como presidente de la Nación. Esto hizo que la Marina y la Aeronáutica dejaran la Junta Militar dado que Nicolaides no había respetado lo estipulado por los altos mandos del Proceso de Reorganización Nacional, quienes habían convenido en que la designación del presidente era responsabilidad de la Junta. Por lo tanto, el Ejército asumió toda la responsabilidad de Gobierno (Tedesco, 1999).
[179] Alvear, Marcelo T. (Octubre 12, 1922). "Mensaje de asunción de la Presidencia ante la Honorable Congreso de la Nación". Secretaría de Prensa y Difusión, Presidencia de la Nación, Buenos Aires.
[180] Ídem
[181] Ídem
[182] Ídem
[183] Ídem
[184] Alvear, Marcelo T. (Mayo, 1923). "Mensaje de asunción de la Presidencia ante la Honorable Congreso de la Nación". Secretaría de Prensa y Difusión, Presidencia de la Nación, Buenos Aires.
[185] Alvear, Marcelo T. (Octubre 12, 1928) "Mensaje de asunción de la Presidencia ante la Honorable Congreso de la Nación". Secretaría de Prensa y Difusión, Presidencia de la Nación, Buenos Aires.
[186] Ídem
Las *"ideologías perturbadoras"* se sobreentienden como los movimientos obreros de tendencias anarquistas, socialistas, comunistas y marxistas.
[187] Alvear, Marcelo T. (Octubre 12, 1928) "Mensaje de asunción de la Presidencia ante la Honorable Congreso de la Nación". Secretaría de Prensa y Difusión, Presidencia de la Nación, Buenos Aires.
[188] Alfonsín, Raúl (Diciembre 1°, 1985). "Discurso pronunciado por el presidente de la Nación ante el plenario de delegados al Comité Nacional de la UCR en Parque Norte". Secretaría de Prensa y Difusión, Presidencia de la Nación, Buenos Aires.
[189] Alfonsín, Raúl (Diciembre 10, 1983). "Mensaje de asunción presidencial ante el Honorable Congreso de la Nación". Secretaría de Prensa y Difusión, Presidencia de la Nación, Buenos Aires.
[190] Ídem
[191] Ídem
[192] Ídem
[193] Ídem
[194] Ídem
[195] Ídem
[196] Ídem
[197] Ídem
[198] Ídem
[199] Ídem
[200] Ídem
[201] Soldados vestidos con ropa de fajina que se pintaban las caras, camuflándose como si estuvieran en el campo de batalla.
[202] Alfonsín, Raúl (Abril 19, 1987). "Desde el balcón de la Casa de Gobierno". Secretaría de Prensa y Difusión, Presidencia de la Nación, Buenos Aires.
[203] Ídem
[204] Alfonsín, Raúl (Abril 19, 1987b). "A su regreso de Campo de Mayo, desde los balcones de la Casa de Gobierno". Secretaría de Prensa y Difusión, Presidencia de la Nación, Buenos Aires.
[205] Alfonsín, Raúl (Diciembre 10, 1983). "Mensaje de asunción presidencial ante el Honorable Congreso de la Nación". Secretaría de Prensa y Difusión, Presidencia de la Nación, Buenos Aires.
[206] Ídem
[207] Alfonsín, Raúl (Diciembre 1°, 1985). "Discurso pronunciado por el presidente de la Nación ante el plenario de delegados al Comité Nacional de la UCR en Parque Norte". Secretaría de Prensa y Difusión, Presidencia de la Nación, Buenos Aires.
[208] Ídem
[209] Ídem

[210] Ídem
[211] Ídem
[212] Ídem
[213] Ídem
[214] Ídem
[215] Ídem
[216] Ídem
[217] Ídem
[218] Ídem
[219] Ídem
[220] Ídem
[221] Alfonsín, Raúl (Mayo 1°, 1989). "Mensaje ante la Honorable Asamblea Legislativa en la apertura del 107° período de sesiones ordinarias". Secretaría de Prensa y Difusión, Presidencia de la Nación, Buenos Aires.
[222] Ídem
[223] Ídem
[224] Ídem
[225] Se debe observar, además, que la función de escenificación propia del líder era, en este caso, un momento más de la equivalencia, inscribiéndose por lo tanto en la lógica de identidad, que era la predominante, y que sostenía la contraposición a la cadena inversa: antipueblo-imperialismo-oligarquía-clase política tradicional (Palermo; Novaro, 1996).
[226] La ley promulgada por el Congreso Nacional, en 1952, que declaró a la doctrina peronista como la doctrina nacional, justificaba la exclusión de la oposición del campo de la disputa política legítima, su represión lisa y llana, el control estricto de los medios de comunicación, y el adoctrinamiento de la juventud a través de la manipulación de los programas de educación primaria estatal.
[227] Menem, Carlos S. (Mayo 1°, 1989) "Mensaje ante el Movimiento Empresario Justicialista en la Sociedad Rural Argentina". Secretaría de Prensa y Difusión, Presidencia de la Nación, Buenos Aires.
[228] Menem, Carlos S. (Julio 8, 1989b). "Discurso emitido desde los balcones de la Casa de Gobierno". Secretaría de Prensa y Difusión, Presidencia de la Nación, Buenos Aires.
[229] Menem, Carlos S. (Julio 8, 1995). "Discurso ante la Honorable Asamblea Legislativa con motivo del Juramento Constitucional y Asunción del Mando Presidencial por el Período 1995-1999". Secretaría de Prensa y Difusión, Presidencia de la Nación, Buenos Aires.
[230] Ídem
[231] Ídem
[232] Menem, Carlos S. (Mayo 1°, 1999). "Mensaje emitido ante el Honorable Congreso de la Nación". Secretaría de Prensa y Difusión, Presidencia de la Nación, Buenos Aires.
[233] Ídem
[234] Ídem
[235] De la Rúa, Fernando (Diciembre 10, 1999). "Discurso emitido ante el Honorable Congreso de la Nación con motivo de la asunción presidencial". Secretaría de Prensa y Difusión, Presidencia de la Nación, Buenos Aires.
[236] Ídem
[237] Ídem
[238] Ídem
[239] Ídem
[240] Ídem
[241] De la Rúa, Fernando (Marzo 1°, 2001). "Discurso de apertura del 119° período ordinario de sesiones del Congreso Nacional". Secretaría de Prensa y Difusión, Presidencia de la Nación, Buenos Aires.
[242] Ídem
[243] De la Rúa, Fernando (Diciembre 20, 2001). "Discurso emitido en el Salón de Conferencias de la Casa de Gobierno". Secretaría de Prensa y Difusión, Presidencia de la Nación, Buenos Aires.
[244] Ídem
[245] Ídem
[246] Camou, Antonio; Eliaschev, Pepe; Merke, Federico; Novaro, Marcos; Ollier, María Matilde; Palermo, Vicente; Rozenwurcel, Guillermo; Schibber, Constanza; Tokatlian, Juan Gabriel. "De las Plazas al Congreso: Reflexiones acerca de la crisis argentina. Buenos Aires, Agosto de 2008.
[247] Fernández de Kirchner, Cristina. "Discurso en Plaza de Mayo". La Cámpora. 18 de Junio de 2008, Buenos Aires.
[248] Fernández de Kirchner, Cristina. "Discurso en Plaza de Mayo". La Cámpora. 18 de Junio de 2008, Buenos Aires.
[249] Fernández de Kirchner, Cristina. "Discurso en Plaza de Mayo". La Cámpora. 18 de Junio de 2008, Buenos Aires.
[250] Fernández de Kirchner, Cristina. "Discurso en Plaza de Mayo". La Cámpora. 18 de Junio de 2008, Buenos Aires.
[251] Fernández de Kirchner, Cristina. "Discurso en el encuentro de Parque Norte". Perfil.com. Buenos Aires, 27 de Marzo de 2008.
[252] Fernández de Kirchner, Cristina. "Discurso en el encuentro de Parque Norte". Perfil.com. Buenos Aires, 27 de Marzo de 2008.
[253] Fernández de Kirchner, Cristina. "Discurso en el encuentro de Parque Norte". Perfil.com. Buenos Aires, 27 de Marzo de 2008.

[254] Fernández de Kirchner, Cristina. "Anuncio de nuevas medidas para los pequeños y medianos productores agropecuarios en Casa de Gobierno". Perfil.com. Buenos Aires, 31 de Marzo de 2008.
[255] Fernández de Kirchner, Cristina. "Discurso en el encuentro de Parque Norte". Perfil.com. Buenos Aires, 27 de Marzo de 2008.

Apéndice

Antinomia: Contradicción entre dos principios racionales (Corominas, 1994).

Autoritarismo: La noción de autoritarismo posee una connotación negativa que evoca un ejercicio excesivo o injustificado de la autoridad y, en algunos casos, un uso irracional o ilegítimo. Su valor para la descripción de regímenes políticos es limitado porque sugiere más carencias y limitaciones que rasgos distintivos firmes. No obstante, en la ciencia política contemporánea, sobre todo desde la década de los sesenta, la noción de autoritarismo registró un importante desarrollo conceptual a partir de la tipificación de arreglos institucionales y formas de Gobierno cuyo común denominador era la primacía de las funciones de dominación sobre las de representación y participación. En este tipo de regímenes la coerción es fundamental para el mantenimiento de la estabilidad; pero, a diferencia de lo que ocurre en las dictaduras, no es su único apoyo, sino que también cuentan con el respaldo de justificaciones de orden ideológico, político o simbólico que sustentan la resignación, el conformismo o la adhesión pasiva de amplios sectores de la población.

A diferencia de las formas de Gobierno democrático, que se fundamentan en un modelo ideal construido con base en valores absolutos y universales como la libertad y la igualdad, el origen de los regímenes autoritarios son situaciones concretas; por ejemplo, la modernización capitalista, la agudización de conflictos políticos o el deterioro económico en una experiencia democrática fallida; es decir, estos regímenes se definen a partir de una calidad esencialmente pragmática y se distinguen porque en ellos no tiene cabida la utopía aun cuando sus objetivos sean situaciones ideales. El concepto de autoritarismo designa en primer lugar lo que es, ofreciéndose implícitamente como una negación del deber ser, que es la democracia.

La vaguedad y la imprecisión de la categoría 'régimen autoritario' también se explican porque ésta ha sido utilizada como un concepto relativo cuyas referencias apuntan, por una parte, a un modelo positivo y, por la otra, a uno negativo; el primero puede ser la democracia o la modernidad; el segundo, el totalitarismo o la tradición. Dadas estas características, dentro de la categoría de régimen autoritario cabe una amplia gama de experiencias, las cuales a su vez muestran rasgos variados; no obstante, algunos de ellos – por ejemplo, la centralización del poder, el control de la participación, el pragmatismo o la consecuente carencia de un componente utópico en la base de una estructura de poder – han servido para el ordenamiento de experiencias de organización política que son inasimilables a la democracia moderna, a las dictaduras o a las formas tradicionales de dominación (Baca Olamendi; Bokser-Liwerant; Castañeda; Cisneros; Pérez Fernández del Castillo, 2000)

Consolidación democrática: La noción de la consolidación democrática es de fecha reciente. Fue en el contexto de la "tercera ola" de expansión global de la democracia (Huntington, 1991) cuando comenzó a emplearse como categoría analítica. El concepto, si es que puede hablarse de tal, está colmado de múltiples imprecisiones. Es impreciso porque no está claro en qué momento del cambio político se inicia el proceso de consolidación. Algunos autores señalan que comienza después de la instauración democrática; otros advierten que implica una "segunda transición"; algunos más lo han malinterpretado como un continuo proceso inherentemente teleológico. En fin, todavía no hay consenso en el léxico político sobre su significado concreto. En sentido amplio, la consolidación democrática designa el proceso mediante el cual las instituciones democráticas pueden sobrevivir en el tiempo y en el espacio en un contexto político y económico determinado. En sentido restringido, demanda la construcción de instituciones fuertes y democráticas, la expansión de la legitimidad del régimen y la responsabilidad de los actores políticos involucrados en el proceso democrático. En esta dirección, podemos explorar dos rutas conceptuales: la primera es el proceso mediante el cual el régimen democrático alcanza una amplia y profunda legitimación, de tal manera que todos los actores políticos importantes, tanto de la élite como de la masa, crean que éste es mejor para su sociedad que cualquier otra alternativa realista que puedan imaginar, y la segunda es el abigarrado proceso de adaptación o congelamiento de estructuras y normas democráticas capaces de permitir la persistencia en el tiempo del régimen democrático, o de permitir su estabilización en todos los aspectos esenciales durante algunos años.

En síntesis, por consolidación democrática podemos entender, un sistema concreto de instituciones que, bajo condiciones políticas y económicas dadas, se convierte en el único concebible y nadie plantea la posibilidad de actuar al margen de él; por lo tanto, los perdedores sólo quieren volver a probar suerte en el marco de las mismas instituciones en cuyo contexto acaban de perder. Asimismo, se afirma que la democracia está consolidada cuando se impone por sí sola; esto es, cuando todas las fuerzas políticas significativas consideran preferible continuar supeditando sus intereses y valores a los resultados inciertos de la interacción de las instituciones (Baca Olamendi; Bokser-Liwerant; Castañeda; Cisneros; Pérez Fernández del Castillo, 2000).

Dictadura: Gobierno de una persona o un grupo de personas que se arrogan el poder del Estado en virtud de una afirmación personal más que de un principio tradicional. En este sentido, la dictadura trae siempre aparejada la idea de provisionalidad, de forma de Gobierno momentánea (Di Tella; Chumbita; Fajardo; Gamba, 2001).

Enemigo interno: Partido político, régimen político, personalidad del mundo de la política, o corriente ideológica considerada por el Gobierno nacional como contrario, adverso u opuesto al oficialismo; motivo por el cual se lo intenta excluir de la esfera política.

Estado: Institución política que reclama, con buen resultado, el poder supremo sobre un territorio definido. Esta pretensión se puede sostener cuando el Estado monopoliza efectivamente el uso de la violencia legítima contra los 'enemigos internos' y 'externos', cualquiera sea la forma en que los líderes del Estado definan a los 'enemigos' (Baca Olamendi; Bokser-Liwerant; Castañeda; Cisneros; Pérez Fernández del Castillo, 2000).

Fragmentación: Se puede tomar este concepto desde diferentes disciplinas. Desde el punto de vista aritmético del álgebra, más precisamente, cuando se habla de fracción se lo está haciendo para referirse a un número racional no entero. Desde la geometría fragmento es igual a segmento. Desde la perspectiva de la metalurgia, se está haciendo referencia al objeto -físico- que ha sido sometido a un esfuerzo superior al correspondiente para su coeficiente de resistencia a la fractura. En las ciencias políticas hablamos de fragmentación étnica, fragmentación democrática y autoritaria; una fragmentación que va desde el poder al pueblo, desde los partidos políticos a las identidades partidarias, desde la visión y conciencia de identidad nacional y modelo de 'ser nacional' que existe en el imaginario colectivo (Ferrater Mora, 1994).

Fragmentación de la identidad nacional: La Nación Argentina, por todo lo definido anteriormente, nace y evoluciona con trasformaciones políticas que conllevan a renovar las fragmentaciones identitarias. Partimos de que existe una fragmentación de identidad en el poder, una fragmentación en las políticas partidarias, una fragmentación en los partidos políticos, y una fragmentación en la visión y el proyecto de nación que cada ciudadano o cada comunidad desea para la soberanía e independencia del Estado Argentino.

Identidad: Se entiende como la forma en que los individuos se definen a sí mismos. En este sentido, la identidad constituye una autopercepción, un autoreconocimiento, una representación autodesignada desde la perspectiva subjetiva de los actores con respecto a su ubicación en el espacio social. En este sentido, sólo al darse una identidad, el individuo existe para sí y para los demás. La identidad emerge y se afirma como tal en su interacción con 'otros'.

La identidad es, así, la manera en que los miembros de un grupo se definen a sí mismos pero también como son definidos por los 'otros', con quienes entablan interrelación. La afirmación de la identidad es, al mismo tiempo, la afirmación de la diferencia. La cuestión del 'otro' es, por tanto, constitutiva de la identidad. En este sentido, toda identidad es 'relacional': ella se establece en una relación intersubjetiva en la que debe existir la presencia de un 'otro'. Por lo tanto, si bien la identidad es constitutiva del individuo, ella tiene un carácter 'social', pues se genera y manifiesta en un marco de relaciones sociales. En este punto, cabe señalar que, según el contexto de interacción en el que se encuentre ubicado el individuo, puede hacerse referencia a identidades individuales o colectivas. Es así como dividimos entre a) identidades personalista o individualistas; y b) identidades sociales, colectivas de pertenencia a una nación. Tenemos identidades singulares (anarquistas), identidades sociales (socialistas), identidades populares (populistas), identidades nacionales (nacionalistas) (Baca Olamendi; Bokser-Liwerant; Castañeda; Cisneros; Pérez Fernández del Castillo, 2000).

Identidad nacional: La 'identidad nacional' hace referencia a los rasgos comunes compartidos por una colectividad y no por otra. El sexo, la familia, el territorio, la religión, la etnia, la Nación, etc., propician la formación y la reproducción de redes que desarrollan elementos de representación simbólica fuertemente mediados por la cultura, a partir de los cuales se refuerzan los vínculos sociales internos y se construyen 'identidades nacionales', que incluyen a quienes comparten rasgos identitarios similares y excluyen a quienes no lo hacen.

La construcción de la 'identidad nacional' se vincula, así, con la definición de lo 'propio' y lo 'ajeno' y, por tanto, remite a una subjetividad en la que se encuentran presentes sistemas de valores, visiones del mundo, etc. La cultura se encuentra así, en el fundamento de toda identidad, aunque no constituya en sí misma el fenómeno identitario. La pertenencia al grupo otorga al individuo rasgos de identidad propios y, al mismo tiempo, cuando los individuos se identifican sólidamente con el grupo, éste adquiere una identidad colectiva, consolidada en la medida en que el grupo posea atributos y un devenir común que lo diferencie de 'otros'.

La 'identidad nacional' implica, por lo tanto, la construcción de una conciencia de Nosotros en la que los rasgos distintivos comunes configuran un sentido de pertenencia que excluye la 'alteridad'. Todo supone, así, necesariamente, que Nosotros no existiría sin los Otros, los cuales, a pesar de su posible cercanía física, permanecen remotos y distantes. Identidad y alteridad constituyen, por tanto, dos polos de una misma tensión, en la cual las representaciones de la identidad se caracterizan por no ser inmutables: ellas pueden estar sujetas a una constante reinterpretación, susceptible de variar históricamente en relación con el tiempo y el contexto social. La 'identidad nacional' en las sociedades modernas es incuestionable: ella impone la lealtad de sus ciudadanos y articula la identificación colectiva de la sociedad en torno al Estado-Nación, el cual regula, aun, la defensa militar y la legislación nacional. Por consiguiente, la 'identidad política nacional' es la dimensión política de la 'identidad nacional' (Baca Olamendi; Bokser-Liwerant; Castañeda; Cisneros; Pérez Fernández del Castillo, 2000).

Liberalismo: En la interpretación del significado último del liberalismo se oponen dos enfoques principales. Uno de ellos visualiza dicha concepción como un paradigma que, trascendido todo partidismo o sistema socioeconómico, se identifica con la misma civilización y se confunde con el porvenir de la libertad. Contrariamente, se lo considera una ideología que pretende justificar cierto estado de cosas, en especial la propiedad privada, la economía de mercado, y un individualismo adverso a transformaciones estructurales en profundidad (Di Tella; Chumbita; Fajardo; Gamba, 2001).

Militarismo: Concepto que designa una desmedida tendencia de los militares a proyectarse hacia la esfera política, también cierta forma que reviste su manejo del poder cuando se han hecho cargo de él por vía del golpe de Estado (Di Tella; Chumbita; Fajardo; Gamba, 2001).

Nación, Nacionalidad y Nacionalismo: Etimológicamente estos términos vienen del latín 'nasci'; nacer. 'Nación' se trata de todos los habitantes que pertenecen a un mismo territorio o país. Es una comunidad de individuos de un mismo origen étnico. Generalmente, sus habitantes hablan un mismo idioma y tienen una tradición común. Mientras que el concepto de 'nacionalidad' es la condición y carácter peculiar de los pueblos e individuos de una nación. Propio del nacido o nacionalizado en una Nación. Es la idea que se asocia, por una parte, con la de pueblo y, por otra, con la de Estado. Se refiere a un grupo humano que, en razón de su historia, valores y rasgos culturales comunes, posee la conciencia de una vinculación solidaria, capaz de sustentar un poder político propio que abarca a las generaciones pasadas y futuras, además de la actual. Es una representación del ser colectivo de los individuos que la componen, un mito que cumple funciones de cohesión para compatibilizar intereses diversos y de disciplinamiento para justificar el poder de la autoridad. Es éste el sentido nacional que le dieron los primeros presidentes al Estado Nacional Argentino. Toda nación está formada por distintas comunidades ideológicas y políticas. Este concepto de 'nacionalismo' dista de lo que se concibe como 'doctrina nacionalista' (Ferrater Mora, 1994).

Pluralismo: Si se desea proporcionar una connotación positiva al pluralismo es necesario evocar un estado de cosas en el cual no exista un poder monolítico. Esta caracterización positiva del pluralismo hace referencia a un ámbito en el que existen y se manifiestan diversos centros de poder, que además se encuentran perfectamente organizados y son funcionales al margen del poder centralizado del Estado. Por el contrario, es posible identificar un enfoque negativo del pluralismo, el cual hace referencia principalmente a los diversos particularismos que aparecen con frecuencia en las sociedades modernas. Estos particularismos revelan la existencia de fuertes tendencias centrífugas y desestabilizadoras dentro del cuerpo social, generando una serie de tensiones étnicas, religiosas y culturales que no pocas veces han terminado por alterar la convivencia que deben garantizar las formas modernas de la organización política.' (Ferrater Mora, 1994). La acepción ofrecida por Giovanni Sartori ubica al pluralismo en tres planos: el cultural, el social y el político, y este último lo sitúa en relación con el sistema de partidos, en el que han sido identificados grados variables del pluralismo que van desde el pluralismo simple hasta el pluralismo extremo, pasando por el pluralismo moderado (Sartori, 1987).

Pueblo: Conjunto de habitantes de un país regido por un mismo Gobierno (Corominas, 1994).

Subversión: Acción de subvertir (trastornar, resolver, desordenar o destruir generalmente en un sentido moral) el orden público (Corominas, 1994).

Bibliografía y Fuentes

Fuentes Primarias

Alfonsín, Raúl (Diciembre 10, 1983). "Mensaje de asunción presidencial ante el Honorable Congreso de la Nación". Secretaría de Prensa y Difusión, Presidencia de la Nación, Buenos Aires.

Alfonsín, Raúl (Diciembre 1°, 1985). "Discurso pronunciado por el presidente de la Nación ante el plenario de delegados al Comité Nacional de la UCR en Parque Norte". Secretaría de Prensa y Difusión, Presidencia de la Nación, Buenos Aires.

Alfonsín, Raúl (Abril 16 y 19, 1987). "No hay nada que negociar" (pp. 420-424) en De Privitellio, Luciano; Romero, Luís Alberto (2000). Grandes Discursos de la Historia Argentina. Editorial Aguilar, Buenos Aires.

Alfonsín, Raúl (Abril 19, 1987). "Desde el balcón de la Casa de Gobierno". Secretaría de Prensa y Difusión, Presidencia de la Nación, Buenos Aires.

Alfonsín, Raúl (Abril 19, 1987b). "A su regreso de Campo de Mayo, desde los balcones de la Casa de Gobierno". Secretaría de Prensa y Difusión, Presidencia de la Nación, Buenos Aires.

Alfonsín, Raúl (Mayo 1°, 1989). "Mensaje ante la Honorable Asamblea Legislativa en la apertura del 107° período de sesiones ordinarias". Secretaría de Prensa y Difusión, Presidencia de la Nación, Buenos Aires.

Alvear, Marcelo T. (Octubre 12, 1922). "Mensaje de asunción de la Presidencia ante la Honorable Congreso de la Nación". Secretaría de Prensa y Difusión, Presidencia de la Nación, Buenos Aires.

Alvear, Marcelo T. (Mayo, 1923). "Mensaje de asunción de la Presidencia ante la Honorable Congreso de la Nación". Secretaría de Prensa y Difusión, Presidencia de la Nación, Buenos Aires.

Alvear, Marcelo T. (Octubre 12, 1928) "Mensaje de asunción de la Presidencia ante la Honorable Congreso de la Nación". Secretaría de Prensa y Difusión, Presidencia de la Nación, Buenos Aires.

Aramburu, Pedro E. (Noviembre 13, 1955). "Discurso de Asunción del Cargo como presidente provisional de la Nación". Secretaría de Prensa y Difusión, Presidencia de la Nación, Buenos Aires.

Aramburu, Pedro E. "Mensaje emitido por radiodifusión, en Mar del Plata, 1957". http://lanic.utexas.edu/project/arl/pm/sample2/argentin/index.html

Bignone, Reynaldo (Junio 25, 1982). "Conceptos y diálogo mantenidos por el presidente con dirigentes de partidos políticos". Secretaría de Prensa y Difusión, Presidencia de la Nación, Buenos Aires.

Bignone, Reynaldo (Julio 1°, 1982). "Mensaje dirigido al país al asumir la primera magistratura". Secretaría de Prensa y Difusión, Presidencia de la Nación.

Cámpora, Héctor J. (Mayo 25, 1973). "Mensaje del presidente de la Nación ante el Congreso de la Nación al inaugurar el 98° período ordinario de sesiones". Secretaría de Prensa y Difusión, Presidencia de la Nación, Buenos Aires.

Castillo, Ramón (1941) "Mensaje ante el Honorable Congreso de la Nación". Secretaría de Prensa y Difusión, Presidencia de la Nación, Buenos Aires.

Castillo, Ramón (1942). "Mensaje ante el Honorable Congreso de la Nación". Secretaría de Prensa y Difusión, Presidencia de la Nación, Buenos Aires.

De la Rua, Fernando (Diciembre 10, 1999). "Hay que bajar el déficit" (pp. 436-440) en De Privitellio, Luciano; Romero, Luís Alberto (2000). Grandes discursos de la Historia Argentina. Aguilar, Buenos Aires.

De la Rúa, Fernando (Diciembre 10, 1999). "Discurso emitido ante el Honorable Congreso de la Nación con motivo de la asunción presidencial". Secretaría de Prensa y Difusión, Presidencia de la Nación, Buenos Aires.

De la Rúa, Fernando (Marzo 1°, 2001). "Discurso de apertura del 119° período ordinario de sesiones del Congreso Nacional". Secretaría de Prensa y Difusión, Presidencia de la Nación, Buenos Aires.

De la Rúa, Fernando (Diciembre 20, 2001). "Discurso emitido en el Salón de Conferencias de la Casa de Gobierno". Secretaría de Prensa y Difusión, Presidencia de la Nación, Buenos Aires.

Ejército Azul (Septiembre 23, 1962 y Abril 7, 1963). "Comunicados del Ejército Azul" (pp. 330-333) en De Privitellio, Luciano; Romero, Luís Alberto (2000). Grandes Discursos de la Historia Argentina. Aguilar, Buenos Aires.

Farrell, Edelmiro J. (Junio 4, 1944). "Mensaje ante el Honorable Congreso de la Nación". Secretaría de Prensa y Difusión, Presidencia de la Nación, Buenos Aires.

Farrell, Edelmiro J. (Junio 4, 1946). "Mensaje ante el Honorable Congreso de la Nación". Secretaría de Prensa y Difusión, Presidencia de la Nación, Buenos Aires.

Fernández de Kirchner, Cristina. "Discurso en el encuentro de Parque Norte". Perfil.com. Buenos Aires, 27 de Marzo de 2008.

Fernández de Kirchner, Cristina. "Discurso en Plaza de Mayo". La Cámpora. 18 de Junio de 2008, Buenos Aires.

Fernández de Kirchner, Cristina. "Anuncio de nuevas medidas para los pequeños y medianos productores agropecuarios en Casa de Gobierno". Perfil.com. Buenos Aires, 31 de Marzo de 2008.

Frondizi, Arturo. (Mayo 1°, 1958). "Mensaje emitido ante el Honorable Congreso de la Nación". Servicio de Prensa de la Presidencia de la Nación, Buenos Aires.

Frondizi, Arturo (Julio 24, 1958). "La Batalla del Petróleo" (pp. 319-323) en De Privitellio, Luciano; Romero, Luís Alberto (2000). Grandes Discursos de la Historia Argentina. Aguilar, Buenos Aires.

Frondizi, Arturo (Mayo 1°, 1960). "Síntesis de la labor realizada". Mensaje del presidente de la República al Honorable Congreso de la Nación. Servicio de Prensa de la Presidencia de la Nación, Buenos Aires.

Frondizi, Arturo (Noviembre 23, 1960). "El Gobierno y el Comunismo". Mensaje pronunciado por el presidente de la Nación desde su despacho oficial en la Casa de Gobierno. Servicio de Prensa de la Presidencia de la Nación, Buenos Aires.

Frondizi, Arturo (Febrero 3, 1962). "Discurso de Paraná" (pp. 324-329) en De Privitellio, Luciano; Romero, Luís Alberto (2000). Grandes Discursos de la Historia Argentina. Aguilar, Buenos Aires.

Frondizi, Arturo (Septiembre 26, 1958). "Discurso ante el Honorable Congreso de la Nación". Servicio de Prensa de la Presidencia de la Nación, Buenos Aires.

Galtieri, Leopoldo Fortunato (Abril 2, 1982). "Hemos recuperado el honor nacional" (pp. 391-394) en De Privitellio, Luciano; Romero, Luís Alberto (2000). Grandes Discursos de la Historia Argentina. Aguilar, Buenos Aires.

Illia, Arturo U. (Octubre 12, 1963). "La Democracia Argentina Necesita Perfeccionamiento" (pp. 334-338) en De Privitellio, Luciano; Romero, Luís Alberto (2000). Grandes Discursos de la Historia Argentina. Aguilar, Buenos Aires.

Illia, Arturo. (Julio 8, 1965) "Discurso emitido con motivo de la celebración del aniversario de la Independencia". Secretaría de Prensa y Difusión, Presidencia de la Nación, Buenos Aires.

Junta Militar (24/3/1976). "Acta". Secretaría de Prensa y Difusión, Presidencia de la Nación, Buenos Aires.

Justo, Agustín P. (1932). "Mensaje dirigido al Honorable Congreso de la Nación". Secretaría de Prensa y Difusión, Presidencia de la Nación, Buenos Aires.
Justo, Agustín P. (Mayo 4, 1937). "Mensaje dirigido al Honorable Congreso de la Nación". Secretaría de Prensa y Difusión, Presidencia de la Nación, Buenos Aires.
Lanusse, Alejandro A. (Mayo 1°, 1971). "Mensaje del presidente de la Nación al Pueblo de la Nación Argentina". Secretaría de Prensa y Difusión, Presidencia de la Nación, Buenos Aires.
Lanusse, Alejandro A. (Octubre 8, 1971). "Mensaje del presidente de la Nación al país". Secretaría de Prensa y Difusión, Presidencia de la Nación, Buenos Aires.
Lanusse, Alejandro A. (Diciembre 30, 1971). "Mensaje del presidente de la Nación al país". Secretaría de Prensa y Difusión, Presidencia de la Nación, Buenos Aires.
Lanusse, Alejandro A. (Julio 7, 1972). "Mensaje del presidente de la Nación a las Fuerzas Armadas". Secretaría de Prensa y Difusión, Presidencia de la Nación, Buenos Aires.
Lanusse, Alejandro A. (Julio 3, 1972). "Palabras a los periodistas acreditados en la Casa de Gobierno, al anunciar la entrega del cadáver de María Eva Duarte de Perón, en cumplimiento del 'juego limpio'". Secretaría de Prensa y Difusión, Presidencia de la Nación, Buenos Aires.
Lanusse, Alejandro A. (Julio 7 y 27, 1972). "A Perón no le da el cuero para venir" (pp. 349-356) en De Privitellio, Luciano; Romero, Luís Alberto (2000). Grandes Discursos de la Historia Argentina. Aguilar, Buenos Aires.
Lastiri, Raúl A. (Julio 30, 1973). "67 Días de Gobierno del Pueblo. Mensaje al País del presidente Lastiri". Secretaría de Prensa y Difusión, Presidencia de la Nación, Buenos Aires.
Levingston, Roberto M. (Junio 23, 1970). "Mensaje del presidente de la Nación al Pueblo de la Nación Argentina". Secretaría de Prensa y Difusión, Presidencia de la Nación, Buenos Aires.
Levingston, Roberto M. (Septiembre 29, 1970). "Mensaje del presidente de la Nación a los Gobernadores". Secretaría de Prensa y Difusión, Presidencia de la Nación, Buenos Aires.
Lonardi, Eduardo (Septiembre 23, 1955). "Discurso pronunciado al prestar juramento como presidente provisional de la Nación". Secretaría de Prensa y Difusión, Presidencia de la Nación, Buenos Aires.
Lonardi, Eduardo (Octubre 27, 1955). "Decreto Ley del 27 de octubre de 1955". Secretaría de Prensa y Difusión, Presidencia de la Nación, Buenos Aires.
Martínez de Perón, María Estela (Diciembre 21, 1973). "Mensaje pronunciando por la vicepresidente de la Nación en el acto organizado por el Departamento de la Mujer de la CGT". Secretaría de Prensa y Difusión, Presidencia de la Nación, Buenos Aires.
Martínez de Perón, María Estela (Agosto 27, 1974). "Mensaje de la presidente de la República al Pueblo de la Nación". Secretaría de Prensa y Difusión, Presidencia de la Nación, Buenos Aires.
Martínez de Perón, María Estela (Septiembre 20, 1974). "Mensaje de la presidente de la República a los trabajadores del país, desde los balcones de la Casa de Gobierno. Promulgación de la Ley de Contrato de Trabajo". Secretaría de Prensa y Difusión, Presidencia de la Nación, Buenos Aires.
Menem, Carlos S. (Mayo 1°, 1989) "Mensaje ante el Movimiento Empresario Justicialista en la Sociedad Rural Argentina". Secretaría de Prensa y Difusión, Presidencia de la Nación, Buenos Aires.
Menem, Carlos S. (Julio 8, 1989). "Argentina, levántate y anda" (pp. 425-435) en De Privitellio, Luciano; Romero, Luís Alberto (2000). Grandes Discursos de la Historia Argentina. Aguilar, Buenos Aires.

Menem, Carlos S. (Julio 8, 1989b). "Discurso emitido desde los balcones de la Casa de Gobierno". Secretaría de Prensa y Difusión, Presidencia de la Nación, Buenos Aires.

Menem, Carlos S. (Marzo 1°, 1995). "Mensaje Presidencial en ocasión de la Apertura del 113er Período de Sesiones Ordinarias de la Honorable Asamblea Legislativa, según lo establecido por la Reforma Constitucional de 1994". Secretaría de Prensa y Difusión, Presidencia de la Nación, Buenos Aires.

Menem, Carlos S. (Julio 8, 1995). "Discurso ante la Honorable Asamblea Legislativa con motivo del Juramento Constitucional y Asunción del Mando Presidencial por el Período 1995-1999". Secretaría de Prensa y Difusión, Presidencia de la Nación, Buenos Aires.

Menem, Carlos S. (Mayo 1°, 1999). "Mensaje emitido ante el Honorable Congreso de la Nación". Secretaría de Prensa y Difusión, Presidencia de la Nación, Buenos Aires.

Onganía, Juan C. (Junio 30, 1966). "Mensaje al asumir la Presidencia de la Nación". Secretaría de Prensa y Difusión, Presidencia de la Nación, Buenos Aires.

Onganía, Juan C. (Agosto 4, 1966). "Mensaje Directiva para el Planeamiento y Desarrollo de la Acción de Gobierno, emitido en conferencia de prensa". Secretaría de Prensa y Difusión, Presidencia de la Nación, Buenos Aires.

Onganía, Juan C. (Diciembre 30, 1966). "La Revolución no tiene plazos, sino objetivos" (pp. 339-345) en De Privitellio, Luciano; Romero, Luis Alberto (2000). Grandes Discursos de la Historia Argentina. Aguilar, Buenos Aires.

Onganía, Juan C. (Marzo 10, 1967). "Discurso del acto de clausura de la Primera Junta de Gobernadores de la Patagonia". Secretaría de Prensa y Difusión, Presidencia de la Nación, Buenos Aires.

Onganía, Juan C. (Abril 4, 1970). "Discurso emitido con motivo de la Quinta Reunión de Gobernantes". Secretaría de Prensa y Difusión, Presidencia de la Nación, Buenos Aires.

Ortiz, Roberto M. (Julio 6, 1937). "Mensaje emitido ante el Congreso Nacional". Secretaría de Prensa y Difusión, Presidencia de la Nación, Buenos Aires.

Ortiz, Roberto M. (1938). "Mensaje ante el Honorable Congreso de la Nación". Secretaría de Prensa y Difusión, Presidencia de la Nación, Buenos Aires.

Ortiz, Roberto M. (Febrero 11, 1941). "Es necesario condenar toda manifestación de fraude" (pp. 262-267) en De Privitello, Luciano; Romero, Luís Alberto (2000). Grandes Discursos de la Historia Argentina. Aguilar, Buenos Aires.

Perón, Juan D. (Julio 8, 1944). "El Primer Trabajador" (pp. 273-275) en De Privitello, Luciano y Romero, Luís Alberto (2000). Grandes Discursos de la Historia Argentina. Aguilar, Buenos Aires.

Perón, Juan D. (Septiembre 6, 1944) "Anulación de los extremismos". Acto de creación del Consejo Nacional de Postguerra (p. 20) en Perón, Juan D. (1950). Habla Perón. Secretaría de Información de la Presidencia de la Nación, Buenos Aires.

Perón, Juan D. (Octubre 17, 1945). "Mensaje emitido el desde los balcones de la Casa Rosada". Las Voces de Nuestro Siglo, Grabación Hyspamérica, Buenos Aires.

Perón, Juan D. (1946). "Mensaje emitido ante el Honorable Congreso de la Nación". Secretaría de Prensa y Difusión, Presidencia de la Nación, Buenos Aires.

Perón, Juan D. (Junio 4, 1946). "Ideal Democrático". Mensaje de Juramento Constitucional ante el Congreso de la Nación (p. 44) en Perón, Juan D. (1950). Habla Perón. Secretaría de Información de la Presidencia de la Nación, Buenos Aires.

Perón, Juan D. (Mayo 1°, 1947). "Mensaje pronunciado ante el Honorable Congreso de la Nación". Secretaría de Prensa y Difusión, Presidencia de la Nación, Buenos Aires.

Perón, Juan D. (Febrero 12, 1946). "Braden o Perón" (pp. 276-287) en De Privitello, Luciano; Romero, Luís Alberto (2000). Grandes Discursos de la Historia Argentina. Aguilar, Buenos Aires.

Perón, Juan D. (Octubre 21, 1946). "Arte de Gobernar". Mensaje emitido ante el Congreso de la Nación (p. 22) en Perón, Juan D. (1950). Habla Perón. Secretaría de Información de la Presidencia de la Nación, Buenos Aires.

Perón, Juan D. (Mayo 1°, 1948). "Nuestra Democracia". Acto en la Avenida 9 de Julio con motivo de la Fiesta del Trabajo (p. 62) en Perón, Juan D. (1950). Habla Perón. Secretaría de Información de la Presidencia de la Nación, Buenos Aires.

Perón, Juan D. (Junio 18, 1948). "En reunión con legisladores nacionales y dirigentes políticos de Partido Peronista". Secretaría de Información, Presidencia de la Nación, Buenos Aires.

Perón, Juan D. (Mayo 1°, 1949). "Arrebatos Imperialistas". Mensaje ante la Asamblea Legislativa (p. 21) en Perón, Juan D. (1950). Habla Perón. Secretaría de Información de la Presidencia de la Nación, Buenos Aires.

Perón, Juan D. (Mayo 1°, 1950). "Doctrina Nacional". Mensaje ante la Asamblea Legislativa (p. 31) en Perón, Juan D. (1950). Habla Perón. Secretaría de Información de la Presidencia de la Nación, Buenos Aires.

Perón, Juan D. (Mayo 1°, 1950). "Mensaje emitido en el acto de apertura de sesiones del Honorable Congreso de la Nación". Secretaría de Información de la Presidencia de la Nación, Buenos Aires.

Perón, Juan D. (Mayo 1°, 1952). "Mensaje emitido ante el Honorable Congreso de la Nación". Secretaría de Información de la Presidencia de la Nación, Buenos Aires.

Perón, Juan D. (Mayo 1°, 1955). "Mensaje emitido al inaugurar el 89° período ordinario de sesiones del Honorable Congreso de la Nación". Secretaría de Información de la Presidencia de la Nación, Buenos Aires.

Perón, Juan D. (Septiembre 20, 1955). "Cuando uno de los nuestros caiga, caerán cinco de ellos" (pp. 315-318) en De Privitellio, Luciano; Romero, Luís Alberto (2000). Grandes Discursos de la Historia Argentina. Aguilar, Buenos Aires.

Perón, Juan D. (septiembre 20, 1955). "Trascripción de la copia manuscrita publicada en el diario Democracia", Buenos Aires.

Perón, Juan D. (Junio 21, 1973). "Necesitamos una paz constructiva" (pp. 357-361) en De Privitellio, Luciano; Romero, Luís Alberto (2000). Grandes Discursos de la Historia Argentina. Aguilar, Buenos Aires.

Perón, Juan D. (Mayo 1°, 1974). "Mensaje pronunciado ante el Honorable Congreso de la Nación". Secretaría de Información de la Presidencia de la Nación, Buenos Aires.

Perón, Juan D. (Mayo 1°, 1974). "...pese a estos estúpidos que gritan" (pp. 367-369) en De Privitellio, Luciano; Romero, Luís Alberto (2000). Grandes Discursos de la Historia Argentina. Aguilar, Buenos Aires.

Perón, Juan D. (Mayo 13, 1974). "Mensaje emitido ante la Comisión Organizadora de los actos del 1° de mayo en la Casa de Gobierno". Secretaría de Información de la Presidencia de la Nación, Buenos Aires.

Perón, Juan D. (Julio 12, 1974). "Ya pasaron los días de exclamar 'la vida por Perón'" (pp. 370-376) en De Privitellio, Luciano; Romero, Luís Alberto (2000). Grandes Discursos de la Historia Argentina. Aguilar, Buenos Aires.

Pistarini, Pascual Ángel; Varela, Benigno Ignacio; Álvarez, Teodoro (Junio 28, 1966). "Acta de la Revolución Argentina". Secretaría de Difusión de la Presidencia de la Nación, Buenos Aires.

Ramírez, Pedro P. (Junio 7, 1943). "Acordada del 7/6/1943 de la Corte Suprema de Justicia". Secretaría de Difusión de la Presidencia de la Nación, Buenos Aires.

Uriburu, José F. (Octubre 1°, 1930). "Manifiesto del 1° de Octubre de 1930" (pp. 207-210) en De Privitello, Luciano; Romero, Luís Alberto (2000). Grandes Discursos de la Historia Argentina. Aguilar, Buenos Aires.

Videla, J. R.; Massera, E. E.; Agosti, A. (Marzo 24, 1976). "Acta fijando el propósito y los objetivos básicos para el Procesos de Reorganización Nacional". Secretaría de Prensa y Difusión, Presidencia de la Nación, Buenos Aires.

Videla, Jorge R. (Marzo 30, 1976). "El Proceso de Reorganización Nacional" (p. 380-386) en De Privitellio, Luciano; Romero, Luís Alberto (2000). Grandes Discursos de la Historia Argentina. Aguilar, Buenos Aires.

Videla, Jorge R. (Marzo 30, 1976). "Discurso pronunciado al asumir la Primera Magistratura de la República Argentina". Secretaría de Prensa y Difusión, Presidencia de la Nación, Buenos Aires.

Videla, Jorge R. (Marzo 26, 1981). "Discurso dirigido al pueblo de la Patria con motivo de su inminente alejamiento del cargo". Secretaría de Prensa y Difusión, Presidencia de la Nación, Buenos Aires.

Viola, Roberto E. (Marzo 30, 1981). "Discurso del presidente al asumir la primera magistratura". Secretaría de Prensa y Difusión, Presidencia de la Nación, Buenos Aires.

Yrigoyen, Hipólito. (Mayo 11, 1917). "Mensaje ante el Honorable Congreso de la Nación". Secretaría de Prensa y Difusión, Presidencia de la Nación, Buenos Aires.

Yrigoyen, Hipólito. (Junio 30, 1917). "Mensaje ante el Honorable Congreso de la Nación". Secretaría de Prensa y Difusión, Presidencia de la Nación, Buenos Aires.

Yrigoyen, Hipólito. "Manifiesto de la Unión Cívica Radical". Pueblo y Gobierno, t. III.

Yrigoyen, Hipólito (1919). "Mensaje de Inauguración de Sesiones Ordinarias del Honorable Congreso de la Nación". Secretaría de Prensa y Difusión, Presidencia de la Nación, Buenos Aires.

Yrigoyen, Hipólito. (Mayo, 1922). "Mensaje ante el Honorable Congreso de la Nación". Secretaría de Prensa y Difusión, Presidencia de la Nación, Buenos Aires.

Yrigoyen, Hipólito (Mayo 24, 1929). "Mensaje ante el Honorable Congreso de la Nación". Secretaría de Prensa y Difusión, Presidencia de la Nación, Buenos Aires.

Fuentes Secundarias

Aboy Carlés, Gerardo (2004). "Parque Norte o la doble ruptura alfonsinista" (pp. 35-50) en Novaro, Marcos; Palermo, Vicente (2004). *La Historia Reciente: Argentina en Democracia*. Ensayo Edhasa, Buenos Aires.
Alfonsín, Raúl (1992). *Alfonsín responde*. Tiempo de Ideas, Buenos Aires en Tedesco, Laura (1999). *Democracy in Argentina: hope and disillusion*. Frank Class Publishers, London.
Anderson, Benedict (1993). *Comunidades Imaginadas: Reflexiones sobre el Origen y la Difusión del Nacionalismo*. Fondo de Cultura Económica, Buenos Aires.
Baca Olamendi, Laura; Bokser-Liwerant, Judit; Castañeda, Fernando; Cisneros, Isidro H.; Pérez Fernández del Castillo, Germán (2000). *Léxico de la Política*. Facultad Latinoamericana de Ciencias Sociales, México D.F.
Bachelard, Gastón (1978). *La Formación del Espíritu Científico: Contribución a un Psicoanálisis del Conocimiento Objetivo*. Siglo Veintiuno Editores, Buenos Aires.
Caimari, Lila (1995). *Perón y la Iglesia Católica. Religión, Estado y sociedad en la Argentina (1943-1955)*. Ariel, Buenos Aires.
Camou, Antonio; Eliaschev, Pepe; Merke, Federico; Novaro, Marcos; Ollier, María Matilde; Palermo, Vicente; Rozenwurcel, Guillermo; Schibber, Constanza; Tokatlian, Juan Gabriel. "De las Plazas al Congreso: Reflexiones acerca de la crisis argentina". Buenos Aires, Agosto de 2008.
Cavarozzi, Marcelo (2002.) *Autoritarismo y Democracia*. Editorial Universitaria de Buenos Aires, Buenos Aires.
Chasquetti, Daniel (2001). "Democracia, multipartidismo y coaliciones en América Latina: evaluando la difícil combinación" (mimeo) en Ollier, María Matilde (2006). "La inestabilidad presidencial en perspectiva comparada. Elementos para pensar la construcción de una hipótesis: Brasil (1992), Paraguay (1999), Argentina (2001)". *Política y Gestión*, No. 9, Homo Sapiens Ediciones, Buenos Aires.
Cheibub, José Antonio (2005). "Why are Presidential Democracies Fragile?". Yale University (mimeo) en Ollier, María Matilde (2006). "La inestabilidad presidencial en perspectiva comparada. Elementos para pensar la construcción de una hipótesis: Brasil (1992), Paraguay (1999), Argentina (2001)". *Política y Gestión*, No. 9, Homo Sapiens Ediciones, Buenos Aires.
Ceresole, Norberto (Coordinador); Gazzera, Miguel; Mastrorilli, Carlos; Carri, Roberto; Moreno, Antonio (1971). *Argentina: Estado y Liberación Nacional*. Organización Editorial, Buenos Aires.
Corominas, Joan (1994). *Breve Diccionario Etimológico de la Lengua Castellana*. Editorial Gredos, Madrid.
De la Vega, Julio César (1996). *Diccionario Consultor Político*. Editorial Libres, Buenos Aires.
De Privitellio, Luciano; Romero, Luís Alberto (2000). *Grandes Discursos de la Historia Argentina*. Aguilar, Buenos Aires.
De Privitellio, Luciano (2001). "La política bajo el signo de la crisis" (pp. 97-142) en *Nueva Historia Argentina*, Tomo 7, *Crisis Económica, Avance del Estado e Incertidumbre Política (1930-1943)*. Director de tomo: Alejandro Cattaruzza. Editorial Sudamericana, Buenos Aires.
Di Tella, Torcuato (1993). *Historia Argentina: desde 1830 hasta nuestros días*. Editorial Troquel, Buenos Aires.
Di Tella, Torcuato; Chumbita, Hugo; Gajardo, Paz; Gamba, Susana (2001). *Diccionario de Ciencias Sociales y Políticas*. Emecé Editores, Buenos Aires.
Duverger, Maurice (1962). *Métodos de las Ciencias Sociales*. Ediciones Ariel, Barcelona.

Eco, Humberto (1977). *Cómo se hace una Tesis: Técnicas y Procedimientos de Investigación, Estudio y Escritura*. Editorial Gedisa, Barcelona.
Escudé, Carlos (1983). *Gran Bretaña, Estados Unidos y la Declinación Argentina (1942-1949)*. Editorial de Belgrano, Buenos Aires.
Ferrater Mora, J. (1994). *Diccionario de Filosofía*. Editorial Ariel, Barcelona. Floria, Carlos; Belsunce, César A. (2005). *La Argentina Política: Una Nación Puesta a Prueba*. Editorial El Ateneo, Buenos Aires.
Floria, Carlos A.; García Belsunce, César A. (1992). *Historia de los Argentinos*. Larousse, Buenos Aires.
Fontana, A. "De la crisis de Malvinas a la subordinación condicionada: conflictos intramilitares y transición política en Argentina". The Helen Kellog Institute for International Studies, Working-paper, 74 (Notre Dame, IN: University of Notre Dame), en Tedesco, Laura (1999.) *Democracy in Argentina: hope and disillusion*. Frank Class Publishers, London.
Gellner, Ernest (1991). *Naciones y Nacionalismo*. Alianza Editorial, Buenos Aires.
Gerth, H.; Wright Mills, C. (1984). *Carácter de Estructura Social*. Ediciones Paidós, Buenos Aires.
Gnavi, Pedro A. J. "Mensaje de la Junta de Comandantes en Jefe, leído por el presidente". Diario La Nación 10/6/1970, Buenos Aires.
Halperín Donghi, Tulio (2004). *La Republica Imposible (1930-1945)*. Grupo Editorial Planeta, Buenos Aires.
Halperín Donghi, Tulio (1994). *La larga agonía de la Argentina peronista*. Ariel, Buenos Aires.
Hernández Arregui, Juan José (1960). *La Formación de la Conciencia Nacional 1930-1960)*. Ediciones Hachea, Buenos Aires.
Huntington, S. P. (1991). *The Third Wave: Democratization in the Late Twentieth Century*. University of Oklahoma Press, Norman. Hochstetler, Kathryn (mimeo) "Rethinking Presidentialism: Challengers and Presidential Falls in South America", Political Science Department, Colorado State University en Ollier, María Matilde (2006). "La inestabilidad presidencial en perspectiva comparada. Elementos para pensar la construcción de una hipótesis: Brasil (1992), Paraguay (1999), Argentina (2001)". *Política y Gestión*, No. 9, Homo Sapiens Ediciones, Buenos Aires.
Jones, Mark P. (2002). "Una evaluación de la democracia presidencialista argentina: 1983-1995) en Scott Mainwaring y Matthew Soberg Shugart (comp.) *Presidencialismo y democracia en América Latina*. Paidós, Buenos Aires en Ollier, María Matilde (2006). "La inestabilidad presidencial en perspectiva comparada. Elementos para pensar la construcción de una hipótesis: Brasil (1992), Paraguay(1999), Argentina (2001)". *Política y Gestión*, No. 9, Homo Sapiens Ediciones, Buenos Aires.
Landi, Oscar (1983). "Sobre lenguaje, identidades y ciudadanías políticas" en Lechner (comp). *Estado y política en América Latina*. Siglo XXI, México D.F.
Linz, Juan J. (1990) "Perils of Presidentialism", Journal of Democracy Vol 1, No 1 (Winter). Primera versión (1984): "Democracy: Presidential or Parlamentary. Does it Make a Difference?" (mimeo).
Luna, Félix y otros (1988). *El Radicalismo*. Editorial Abril, Buenos Aires.
Mackinnon, María Moira; Petrone, Mario Alberto (1998). "El problema de la Cenicienta" en *Populismo y neopopulismo en América latina*. Eudeba, Buenos Aires.
Mainwaring, Scott; Soberg Shugart, Matthew (2002). *Presidencialismo y democracia en América Latina*. Paidós, Buenos Aires.
McGee Deutsch, Sandra; Dolkart, Ronald H. (1993). *The Argentine Right: Its History and Intellectual Origins, 1910 to the Present*. Scholarly Resources Inc., Delaware, USA.

Nérici, Imídeo G. (1980). *Metodología de la Enseñanza*. Editorial Kapelusz Mexicana, México.
Novaro, Marcos; Palermo, Vicente (2003). *La dictadura militar (1976-1983): Del golpe de Estado a la restauración democrática*. Editorial Paidós, Buenos Aires.
Novaro, Marcos (1994). *Menemismo y populismo. Viejo y nuevo populismo*. Universidad de Buenos Aires, Buenos Aires.
O'Donnell, Guillermo (1982). *1966-1973 El Estado Burocrático Autoritario*. Editorial de Belgrano, Buenos Aires.
O'Donnell, Guillermo y otros (2003). *Democracia, Desarrollo Humano y Ciudadanía Reflexiones sobre la calidad de la democracia en América Latina*. Homo Sapiens Ediciones, Buenos Aires en Ollier, María Matilde (2006). "La inestabilidad presidencial en perspectiva comparada. Elementos para pensar la construcción de una hipótesis: Brasil (1992), Paraguay (1999), Argentina (2001)". *Política y Gestión*, No. 9, Homo Sapiens Ediciones, Buenos Aires.
O'Donnell, Guillermo (1994). "Delegative Democracy", Journal of Democracy, 5, No. 1 en Ollier, María Matilde (2006). "La inestabilidad presidencial en perspectiva comparada. Elementos para pensar la construcción de una hipótesis: Brasil (1992), Paraguay (1999), Argentina (2001)". *Política y Gestión*, No. 9, Homo Sapiens Ediciones, Buenos Aires.
Ollier, María Matilde (1989). *Orden, Poder y Violencia (1968-1973)*. Centro Editor de América Latina, Buenos Aires.
Ollier, María Matilde (2001). *Las coaliciones políticas en Argentina: El caso de la Alianza*. Fondo de Cultura Económica, Buenos Aires.
Ollier, María Matilde (2003). "Argentina: Up a blind alley once again". Bulletin of Latin American Research, Buenos Aires.
Ollier, María Matilde (2006). "La inestabilidad presidencial en perspectiva comparada. Elementos para pensar la construcción de una hipótesis: Brasil (1992), Paraguay (1999), Argentina (2001). *Política y Gestión*, No. 9, Homo Sapiens Ediciones, Buenos Aires.
Palacio, Ernesto (1999). *Historia de la Argentina 1515-1989*. Abeledo-Perrot, Buenos Aires.
Palermo, Vicente; Novaro, Marcos (1996). *Política y poder en el Gobierno de Menem*. Grupo Editorial Norma, Buenos Aires.
Perez Liñán, Aníbal (2003). "Pugna de poderes y crisis de gobernabilidad: ¿Hacia un nuevo presidencialismo?", *Latin American Research Review*, Vol. 38, No 3, October en Ollier, María Matilde (2006). "La inestabilidad presidencial en perspectiva comparada. Elementos para pensar la construcción de una hipótesis: Brasil (1992), Paraguay (1999), Argentina (2001)". *Política y Gestión*, No. 9, Homo Sapiens Ediciones, Buenos Aires.
Perón: El Hombre del Destino (1960). s.e., Buenos Aires. Potash, Robert A. (1984). *El Ejército y la Política en la Argentina 1945-1962: De Perón a Frondizi*. Editorial Sudamericana, Buenos Aires.
Potash, Robert A. (1994). *El Ejército y la Política en la Argentina 1962-1973*. Editorial Sudamericana, Buenos Aire.
Quiroga, Hugo (2004). *El tiempo del proceso: conflictos y coincidencias entre políticos y militares 1976-1983*. Homo Sapiens Ediciones, Buenos Aires.
Raventos, Jorge (2006). "La Hora del Pueblo".
    http://www.agendaestrategica.com.ar/EstrategiaDetalles.asp? IdMaterial=962
Rock, David (2001). *El radicalismo argentino 1880-1930*. Amorrortu Editores, Buenos Aires.
Romero, José Luís (2005). *Las Ideas Políticas en Argentina*. Fondo de Cultura Económica, Buenos Aires.
Romero, José Luís (1998). *El Desarrollo de la Ideas en la Sociedad Argentina del Siglo XX*.

A.Z. Editora, Buenos Aires.
Romero, Luís Alberto (2001). *Breve Historia Contemporánea de la Argentina.* Fondo de Cultura Económica, Buenos Aires.
Rouquié, Alain (1994). *Poder Militar y Sociedad Política en la Argentina I, hasta 1943.* Emecé Editores, Buenos Aires.
Rouquié, Alain (1998). *Poder Militar y Sociedad Política en la Argentina II, 1943-1973.* Emecé Editores, Buenos Aires.
Sánchez Jurado, Mercedes. "Investigación sobre Identidad Nacional". Universidad de Sevilla.
Sartori, Giovanni (1987). *La Política: Lógica y Método de las Ciencias Sociales.* Fondo de Cultura Económica, México D.F.
Schmitt, Carl (2002). "Sobre el Parlamentarismo". Editorial Tecnos, Madrid.
Sebreli, Juan J. (2002). *Critica de las Ideas Políticas Argentinas.* Editorial Sudamericana, Buenos Aires.
Selltiz, C.; Jahoda, M.; Deutsch, M.; Cook, S.W. (1976). *Métodos de Investigación en las Relaciones Sociales.* Ediciones Rialp, Madrid.
Sigal, Silvina; Verón, Eliseo (2003). *Perón o Muerte: Los Fundamentos Discursivos del Fenómeno Peronista.* Editorial Universitaria de Buenos Aires, Buenos Aires.
Smulovitz, Catalina (1988). *Oposición y Gobierno: los Años de Frondizi.* Centro Editor de América Latina, Buenos Aires.
Talavera Fernández, Pedro A. "El Valor de la Identidad Nacional". htm. Universidad de Valencia.
Tedesco, Laura (1999). *Democracy in Argentina: hope and disillusion.* Frank Class Publishers, London.
Torre, Juan Carlos (1989). *Interpretando una vez más a los orígenes del peronismo.* Desarrollo Económico, Buenos Aires.
Torre, Juan Carlos (1990). *La vieja guardia sindical y Perón.* Editorial Sudamericana, Buenos Aires.
Touraine, Alain (1989). *América Latina, Política y Sociedad.* Editorial Espasa Calpe, Madrid.
Verón, Eliseo. "La palabra adversativa. Observaciones sobre la enunciación política", en Autores varios (1987). *Discurso político. Lenguajes y acontecimientos.* Hachette, Buenos Aires.
Viñas, David (1995). *Literatura y Política.* Editorial Sudamericana, Buenos Aires.
Zarazaga, Rodrigo (2004). *La Pobreza de un País Rico: Dilemas de los proyectos de Nación, de Mitre a Perón.* Siglo XXI Editores, Buenos Aires.

www.ingramcontent.com/pod-product-compliance
Ingram Content Group UK Ltd.
Pitfield, Milton Keynes, MK11 3LW, UK
UKHW022231230426
12048UKWH00016BA/1194